日本教師教育学会年報

第28号

日本教師教育学会編

〈特集〉
開放制の教員養成を考える

日本教師教育学会年報（第28号）目次

開放制の教員養成を考える

1 開放制の教員養成を考える

戦後の開放制養成の意義と課題
　── リベラルアーツ教育を基盤とした教員養成の再考 ──　　　町田　健一‥‥‥‥ 8

文部科学行政における教員養成と開放制の行方　　　前川　喜平‥‥‥‥ 18

規制緩和と「開放制」の構造変容
　── 小学校教員養成を軸に ──
　　　　　岩田　康之／米沢　崇／大和　真希子／早坂　めぐみ／山口　晶子‥‥‥‥ 30

課程認定行政の問題点と改革の方向性　　　勝野　正章‥‥‥‥ 42

教師教育改革と私立大学の課題　　　牛渡　淳‥‥‥‥ 52

開放制の理念下の、教科に関する科目と各教科の指導法
　── 理科教育における連携を中心に ──　　　田幡　憲一‥‥‥‥ 60

2 研究論文

教師の研修権理論の再検討
　── 教育公務員特例法22条2項の画餅化に抗して ──　　　新岡　昌幸‥‥‥‥ 72

性の多様性に向けた教育実践の諸相
　── セクシュアル・マイノリティの教師の語りの分析 ──
　　　　　有間　梨絵／植松　千喜／石塚　悠／志津田　萌‥‥‥‥ 84

協働的でより深い省察を伴う授業検討会に向けての話し合いの様相の変容
　── 教職大学院における模擬授業検討会の取り組みの事例を手がかりに ──
　　　　　　　　　　　　　　　　　　　　　　　　　渡辺　貴裕‥‥‥‥ 96

師範教育の「学習指導力」への影響
　── 1921年実施「小月小学校外三校学校調査」の分析を中心に ──　長谷川　鷹士‥‥‥‥ 108

日本教師教育学会年報（第28号）

教員の管理職志向性の規定要因に関する研究
　——性別による相違に着目して——　　　　　　　　　　　川崎　知巳………120

3　書評・文献紹介

〈書評〉
鈴木悠太 著
『教師の「専門家共同体」の形成と展開：アメリカ学校改革研究の系譜』
　　　　　　　　　　　　　　　　　　　　　　　　　　　紅林　伸幸………132

佐久間亜紀 著
『アメリカ教師教育史——教職の女性化と専門職化の相克』　宮本　健市郎………135

〈文献紹介〉
久冨善之・長谷川裕・福島裕敏 編著
『教師の責任と教職倫理——経年調査にみる教員文化の変容』　長谷川　哲也………138

河野銀子 編著
『女性校長はなぜ増えないのか——管理職養成システム改革の課題』　中嶋　みさき………139

日本教師教育学会年報（第28号）

4 　第28回大会の記録

【シンポジウム】
　教師教育研究の射程を問い直す……………………………………………………142
【課題研究Ⅰ】
　教師教育研究の成果と課題の検討…………………………………………………144
【課題研究Ⅱ】
　教師教育改革の国際動向と比較教育の課題
　　── 教師教育における社会的公正の観点と課題 ──……………………………146
【課題研究Ⅲ】
　「教育学部」の30年：事例に学ぶ……………………………………………………148
【特別課題研究Ⅰ】
　防災・学校安全・教師教育…………………………………………………………150
【特別課題研究Ⅱ】
　大学教育と教職課程
　　──「教職課程の再課程認定についての教師教育学会会員アンケート」調査結果 ──…152

5 　日本教師教育学会関係記事

　1　日本教師教育学会第10期（2017.10-2020.大会時）役員・幹事等一覧…………156
　2　日本教師教育学会活動履歴………………………………………………………157
　3　日本教師教育学会会則……………………………………………………………160
　4　日本教師教育学会役員選出規程…………………………………………………162
　5　日本教師教育学会年報編集委員会関係規程等…………………………………164
　6　日本教師教育学会申し合わせ事項………………………………………………168
　7　日本教師教育学会入会のご案内…………………………………………………172

〔編集後記・年報第28号　第10期編集委員会活動記録〕……………………………174

日本教師教育学会年報
第28号

①

〈特集〉
開放制の教員養成を考える

　免許状授与の「開放制」と「大学における教員養成」は、戦後日本の教員養成制度の二大原則であり、今回の特集企画は、この教員養成の「開放制」原則について取り上げる。
　教員養成が開放制で行われるというとき、それが何を指すのかは、対置する「閉鎖制」の状況を考えてみればよい。開放制とは、認定課程を有する大学・短大であれば、どこであれ免許状の取得が可能であることを指している。この意味で、2005年から始まる初等教員養成の抑制策緩和は、開放制原則に弾みをつけたともいえる。
　しかしながら、教員養成の「開放制」とはあくまでシステムの話であり、このことが即座に質の高い教員養成を意味するものではない。それは課程認定による一定水準を保持する仕組みを伴うとともに、より重要なのは、「大学における教員養成」とセットになることで、師範学校での養成とは異なり、教員となる学生に、単なる知識・技術の伝達のみならず、大学における学問的素養と批判的思考の育成を期待する点にある。
　こうした教員養成の原則は、近年の改革の中で大きく変容している。開放制の原則が展開される一方で、とりわけ最近の教員養成コア・カリキュラムの制定や課程認定の厳格化は、教員養成に責任を持つ大学をどのようにコントロールするようになるのだろうか。学問的素養や批判的思考の育成に、それはどのように影響するのか。
　専門学会等の関与も低く、行政側から一方向的に進められた教員養成コア・カリキュラム制定の経緯はもちろん、今後の展開を含め検討すべき点は多い。同時に、原則を自明のこととしてこれまで棚上げしてきた様々な問題も改めて問われるに至っている。新しく初等教員養成に参入した『教員養成』の名を冠さない大学・短大での教員養成と、従来の初等教員養成の異同はどこにあるのか。教員養成学部・大学と、教職課程で免許を授ける多くの私立大学とでは、教員養成という点でどのような違いがあるのか、等々。
　本特集では「開放制の教員養成」を検討すべく、多角的な領域から論稿を依頼した。それぞれの研究の一助となれば幸いである。

〈特集〉開放制の教員養成を考える

戦後の開放制養成の意義と課題
―― リベラルアーツ教育を基盤とした教員養成の再考 ――

町田　健一（元国際基督教大学・前北陸学院大学）

1．戦後の教員養成制度改革

　戦後の教員養成は「免許状主義」「大学での教員養成」「開放制の原則」の3つの原則によって成り立ってきた。2006年（平成18年）中教審は、その答申『今後の教員養成・免許制度の在り方について』において、今日的な問題点・課題を挙げながらも、「我が国の教員養成は、戦前、師範学校や高等師範学校等の教員養成を目的とする専門の学校で行うことを基本としていたが、戦後、幅広い視野と高度の専門的知識・技能を兼ね備えた多様な人材を広く教育界に求めることを目的として、教員養成の教育は大学で行うこととした（「大学における教員養成」の原則）。また、国立・公立・私立のいずれの大学でも、教員免許状取得に必要な所要の単位に係る科目を開設し、学生に履修させることにより、制度上等しく教員養成に携わることができることとした（「開放制の教員養成」の原則）。」と再確認している。

　戦後、それまでの順良、信愛、威重の3気質を重視、教育技術に優れ、強い使命感を有する即戦力の教員の育成を目指してきた師範学校の養成は、非学問的だと批判され、教員養成の大きな転換がなされた。大学における、しかも、一般大学にも開かれた教員養成に舵を切った意義は大きく、今日、師範学校養成の反省に基づき、戦後間もない頃の「大学教育」と「教員養成」それぞれの在り方についての議論・試みを問い直してみる必要がある。

2．大学教育とリベラルアーツ教育

　教育使節団の帰国後、文部省の影響を排除するためGHQの要請で内閣総理大臣直属に設置された教育刷新委員会は、それまでの師範教育を批判、完全に排除するために、一般教養を重視し、それ自体を専門教養として教員養成を行う事を提言した[1]。教育刷新委員会はまた、教職志望者がそうでない学生とともに一般教養や教科に関する科目を履修、それにより幅広い一般教養や学問に触れる事を重視した。文科省もリベラルアーツカレッジと教員養成をともに担う学芸学部構想を提唱した[2]。東京学芸大学は一時、その英語名を「University of Liberal Arts」とする案があったという。

　特筆すべきは、戦後、これらの考え方のベースには大学教育としてリベラルアーツ教育の重要性が認識されていたことである。しかし、当時の議論は、一般的に、リベラルアーツ教育の捉え方、リベラルアーツ教育の授業方法、リベラルアーツ教育の一環としての教員養成カリキュラムの構築に失敗したと考える。それは、当時のリベラルアーツ教育による教員養成の議論をまとめきれず、大学教育全体の制度改革に翻弄され、さらに"教養"教育に堕した点にあると筆者は主張したい。一番は、教員養成以前の現実的な問題、すなわち、学部教育本体の様々な改革、特に、マスの教育、そして決定的な問題がリベラルアーツ教育の"理念"、"内容"と"方法"の表裏一体の普及の欠如だったのではないか。さらに、専門職教育が、狭い学問中心の専

門教育か、"即戦力"かの考え方に傾斜していくことに因ったと考える。

しかし今日、再度リベラルアーツ教育に注意が向けられ始めた。21世紀に生きる子どもたちの教育の在り方を考えるにあたってである。1998年（平成10年）改訂の指導要領で「生きる力」の教育が強調されてから、今回の2017年（平成29年）、2018年（平成30年）改定の指導要領ではより鮮明になったが（リベラルアーツ教育という言葉は出てこないが）、リベラルアーツ教育で重視する「生きる力」の育成として、「学びに向かう力、人間性」など、「実際の社会や生活で生きて働く知識・技能」「未知の状況にも対応できる思考力・判断力・表現力」の教育が求められている。当然ながら、その子どもたちの教育を司る"教員"の養成機関でそのような教育がなされ、リベラルアーツ教育を行う力量の育成が求められる。教員養成の中核となってきた東京学芸大学は、2009年度プロジェクト中間報告書で、1）幅広いリベラルアーツを教育課程の基盤に置く、2）諸事象を研究的に捉える手法と思考（あるいは研究能力）を身につける目的である、3）自ら課題を発見し、それへの対処を自覚的に選び取れる人材を育てる、の3点を共通理解としている。さらに、直接的な「実践力」（教科内容）か、研究的な力量の養成か、という問題があり、慎重な検討を要する、とある[3]。

教育界に限らず、21世紀の大学教育にリベラルアーツ教育の必要が強調されている。早稲田は、"実学"にシフトしがちな大学において、"実学"を駆使する人間に新たなリテラシー、すなわち"リベラルアーツ"の教育が求められていると言う[4]。具体的には、新しいリベラルアーツ教育の内容として、①総合的な判断力の基礎となる人間として偏らない基礎的な素養、②社会的責任を果たすための基礎的素養、③語学力を含むグローバルな視点で多様な物事に対応するための基礎的な素養を提言している。

中教審は2003年（平成14年）、その答申『新しい時代における教養教育の在り方について』で、「教養とは、……ものの見方、考え方、価値観の総体ということができる。……知的側面のみならず、規範意識と倫理性、感性と美意識、主体的に行動する力、バランス感覚、体力や精神力などを含めた相対的な概念」（p.3）と定義、大学教育の改善（pp.14-18）と、大学の教員の力量形成（pp.9-10）を求めている。議論の折に、文科省が参考資料として配布した『我が国の大学における教養教育について』で、戦後の新制大学が、アメリカのリベラルアーツ教育をモデルに、一般的、人間的教養の上に、学問研究と職業人養成を一体化しようとする理念を掲げ、一般教育を重視、人文・社会・自然の諸科学にわたり、豊かな教養と広い識見を備えた人材の育成を目指したことを再評価、しかし、少人数教育や学生と教員の密接な交流など全人的な教育が出来ず、また、一般教育を担当する組織や教員にその理念が浸透できなかった問題をあげている。特に、大学設置基準が大綱化され、大学の多様化が進むとともに、教養教育に関するカリキュラムの安易な削減（大幅な削減）、教員・学生双方に一般教育に対する軽視も進んだことを指摘している。そのうえで、上記答申となった。教員養成の在り方は、リベラルアーツ教育の重要さの再確認から、大学自体の改革、さらには、教員養成の在り方として教養教育の理念・目的である「学問のすそ野を広げ、様々な角度から物事を見ることが出来る能力や、自主的・総合的に考え、的確に判断する能力、豊かな人間性を養い、自分の知識や人生を社会との関係で位置付けることのできる人材を育てる」ことを目指したい。これこそ全人教育としてのリベラルアーツ教育の目指すところである。今日、教員に求められる重要な資質能力は、即戦力的な教育技術ではなく、むしろ、広く深い教養に裏打ちされた人間性であり、倫理観も含めた人格形成が一番の課題と考えるからである。大学の教職課程だけで育成出来ない、変動する現代の学校教育の重要課題である。

今日、養成系大学が即戦力的な養成を求められる傾向がある時に、一般大学は開放制である

からこそ、開放制養成の本来の意義を思い返す必要がある。教職を専門職と位置づけ、専門性重視だからこそ、その専門性を支えるリベラルアーツ教育の内容・方法が重視されるべきと考える。目の前のことがら（指導要領等）、テクニカルな指導法の訓練よりも、リベラルアーツ教育による豊かな人間性、どう変わるかわからない世の中に対応できる研究できる教員の養成である。

3．開放制養成の意義と課題

　当時の、しかも現代においても考慮すべき「大学における教員養成」、しかも、教員養成大学に限らず、免許課程を持つことを条件に広く一般大学の養成に門戸を開き「開放制」とした意義は何であろうか？　戦後、小学校課程は主として教員養成系大学に、中高の教員養成を特に開放制大学に委ねた歴史は、教員養成における教科の専門知識、教科に関する純粋な学問としての学びの重視からであった。しかし、今日、特に中学校、高等学校教員に問題となるのは、詳しくは後述するが、1998年（平成10年）の免許法改正により、指導法が重視され、教科に関する科目の履修が半減、学問としての教科に関する専門的な知識・能力の大幅な不足である。

　臨教審から始まる今日までの政府の諮問機関である教育再生実行会議は、目に見える教育の成果を重視、さらに実利的な教育が強調されてきた。いわゆる目に見える形で役に立つ部門にお金が流れ、典型的な例として教育学では教育哲学的な研究が軽視されてきていないか？　専門職大学院の創設に始まり、（大手の専門学校の長年の悲願であったと聞くが）専門学校が専門職大学に昇格していく動きがあり、当然ながら教員も研究職教員より、いわゆる実務家教員が重視されるようになった。すぐに役に立たないと見られる学問が軽視され、即戦力的な人材育成が求められる。これは教育界では非常に危険な動きである。採用試験合格者を何人出しているかが問われる世の中になり、教職課程の科目が採用試験対策の授業に堕し、採用試験に出ない内容はおのずと軽く扱われるか、扱われていない。学校ボランティア、インターンシップ、過重なプレ実習が課され、教育学関連の科目はもちろん、大学の一般の授業の履修に明らかなしわ寄せがきている（学外活動のための欠席日数など）。それでも養成系大学では科目配置に工夫がなされているようであるが、養成系大学の研究者教員でさえ問題を感じている例がある。ところが、開放制大学の場合、大学の純粋な学問としての授業の在り方が問われ、深刻な問題になっており、純粋な学問研究にこれ以上の影響が出ることは許せないと、教職課程を閉じる大学が出てきている。一概に、教員養成の出来ない大学は淘汰できているという見解は間違いである。

　「大学における養成」とは、まず、目的養成であっても、開放制であっても、授業は学問に裏打ちされ、学問的に教育的事象を分析・研究できる教員の養成が求められている。大学としての養成は、教育委員会の研修、学校現場の研修との明らかな差異化を図る必要がある。今日、小中高の現場の貴重な経験を持ったベテランの教員が、大学の教員養成に、特に大学院レベルまでの養成に多くかかわっているが、経験に基づく授業展開で、学問的な裏打ちが示されない授業は、「大学としての養成」としていかがなものか。研究者教員が卒業生に「現場で役に立たなかった」と言われる授業の反動で、振り子が反対に振れすぎてしまった。

　さらに、「大学における養成」は、戦後の改革で重視されたリベラルアーツ教育のレベルでの一般教養教育の充実が求められる。教員養成系の一般教養科目は大綱化後、ある国立大学の場合、（体育・語学を除いて）36単位から14単位に。ある私立大学に至っては現在16単位開講しているが卒業要件は2単位以上とまで軽視されている。「大学における養成」とは、学問としての学びはもちろんのこと、「幅広い一般教養や学問に触れる事を重視した」戦後の重要な改革を思い起こしてほしい。

4．事例：リベラルアーツ教育の一環としての高度専門職者養成

　本務校であった国際基督教大学における教職課程改革を事例に、リベラルアーツ教育の一環としての高度専門職者養成の在り方をまとめる[5]。リベラルアーツ教育は、「自らの生き方を問い続け、より良い市民教育を受け、基盤となる学問を広く学びつつ自らの専門を確立し、Critical ThinkingとCommunication Skillを身につける教育」であり、まさしく、1997年（平成9年）教養審の提言する教員に求められる資質能力の育成である。これらは、2006年（平成18年）のいわゆる18年答申冒頭でも追認している。2つの答申においては"リベラルアーツ教育"の用語は使っていないが、求める資質能力とは、まさしくそれである。国際基督教大学（以下ICU）では、教養学部アーツサイエンス学科、大学院もアーツサイエンス研究科として、リベラルアーツ教育としての学問展開をしてきた。教職課程委員会は、1学科、1研究科として全学の教職課程カリキュラムを統括、学部・大学院・卒業生研修・相談活動を通じた、教員養成・研修・研究を行っている。学生たちは教育者となるための専門科目（教科専門と教職専門）を事実上ダブル・メジャーとして学び、大学院研究科まで教科専門・教職専門科目を履修できる。大学すべての授業で個別／グループ研究（リサーチメソッドを含む）、プレゼンテーション、討論、論文作成等の訓練を受けて（リベラルアーツ教育の方法）、問題解決型の研究が出来、実践できる教員養成教育を受ける。また、大学・大学院教育としての教職専門科目間、教職専門科目と一般教育・教科専門科目間、教職

ICUにおける教員養成の理念（教職課程設置の趣旨）

　International Christian University(ICU)の名前は文字どおり建学の精神（大学の使命）を端的に顕わしている。すなわち「I：国際性」「C：キリスト教精神」「U：高度の学術性」である。教職課程の理念は大学の使命の具現化でもある。より具体的には、他者の人権を尊重し、他者理解に努め、他者に仕え、他者を活かす、真のリーダーシップを備えた教員の育成である。

　「I：国際性」は、英語教員養成のみに課せられているのではなく、全免許取得者に大学カリキュラムを通して期待されている。英語力はもちろん、国際理解教育、平和・人権・共生教育、環境教育等に関わる授業科目の履修が強く奨励され（教職必修科目の内容にも含まれている）、海外での様々な体験の機会も用意されている。

　「C：キリスト教精神」は、世界、特に西洋文化・思想理解のための重要な研究テーマとして全学でとりあげられ、さらに教職課程では、キリスト教精神の具現化として、「教科または教職に関する科目」のうち、中・高の教員免許の区別なく「特別支援教育研究」「社会福祉概論」を必修にしている。ICUの教職課程は、高い能力とリーダーシップを持つと同時に、キリスト教精神に則り高い倫理性とへりくだった心で他者に仕える教員の輩出に努めている。また、本学は、建学以来、多くのキリスト教主義学校に対する教員養成を1つの重要な目的にしているため、キリスト教主義学校への就職希望者には、教職必修科目以外にもキリスト教理解、キリスト教学校教育理解に役立つ授業科目の履修を強く奨励している。

　「U：高度の学術性」については、リベラルアーツ教育により、高度な知識とともに、学生参画型の授業、討論・リサーチ・省察を通して、問題解決能力の育成を目指している。教職課程カリキュラムに数えられている科目は、すべて教養学部としての基礎科目・専攻科目・選択科目として位置付けられ、リベラルアーツ教育の具現化として意味付けられているものでもある。

　教職課程としては、「教職原論」「カリキュラム論」「教育実習事前事後指導」「教職実践演習I, II」「（大学院科目）カリキュラム開発と教員養成（特論、演習）」を教職コアカリキュラムと位置づけてICUらしい教員養成プログラムを用意し、教師となる学生に対して高いレベルの倫理観と問題解決型の即戦力を備えた、教員としての重要な資質の育成をめざし、一方で、リベラルアーツ教育に根ざした「地球市民」としての教員の育成に努力している。

　本学は教員養成大学ではないが、大学院においてもリベラルアーツ教育を標榜する大学院として、「開放制の理念」に基づき、教員養成の高い理念と、最も充実した科目群・指導体制をもって、より良い教員養成を目指し続ける。各教科の専修免許取得希望学生に対して、多くの「教職に関する専門科目」「教科に関する専門科目」を用意して、現場では養えない「高度なリベラルアーツの学び」、すなわち「アカデミックな学び」「学問的な広さ・深さの理解と楽しさ」を体験し「教える教材の今後の展開を示せる専門分野の力」の育成を重視する（開放制の意義、高度専門職者養成）。基本的に、学生の教科専門領域における学問的背景や学問としての内容・方法論を極め、独自に調査・研究を進められる能力の育成を重視し、高度なリベラルアーツ教育を受けた、学校現場においても「研究できる教員」の育成をめざす。

科目と教育実践の「往還」が出来るカリキュラムになっている。ICUにおける教員養成の理念は大学の教育理念・リベラルアーツ教育を、そのままリベラルアーツ教育の一環として教員養成に具現化している。独自の教員養成理念に基づいて免許法を超えた科目を配置して、それぞれの科目の内容は約25年間ほとんど変更せず、1998年以降の免許法改正以降、それぞれの改正に合わせた科目名変更のみで対応できた。学生に配布される『教職課程履修カルテ』に記載されている「ICUにおける教員養成の理念」及び、「教職課程コアカリキュラム」の各表を前頁及び下に記す[6]。教職課程コアカリキュラムと指定している科目はすべて筆者の担当科目であったので、それらのコアカリキュラムに対して、他のすべての科目をコアカリキュラムに対する周辺科目として、位置づけて展開してきた。また、私学の教員養成の独自性として、キリスト教学校教育の在り方をコアカリキュラムの内容に含めてある。ICUの建学の理念には、日本の多くのキリスト教主義学校への教員養成が謳われていること、実際、毎年教員になる卒業生の半数以上がキリスト教主義学校に採用されているからである。

5．開放制養成と教科カリキュラム：
　教科に関する専門科目の意義と課題

2015年（平成27年）12月の中教審答申『これからの学校教育を担う教員の資質能力の向上について』を受けて、2016年（平成28年）11月教育職員免許法が改正された。これまでの「教職に関する科目」6区分を「教育の基礎的理解に関する科目」「道徳、総合的な学習の時間等の指導法及び生徒指導、教育相談等に関する科目」「教育実践に関する科目」の3区分に、今までの「教科に関する科目」に「各教科の指導法」を合わせて、「教科及び教科の指導法に関する科目」の1区分となった。

この「教科及び教科の指導法に関する科目（28単位）」への移行、すなわち、これまでの「教

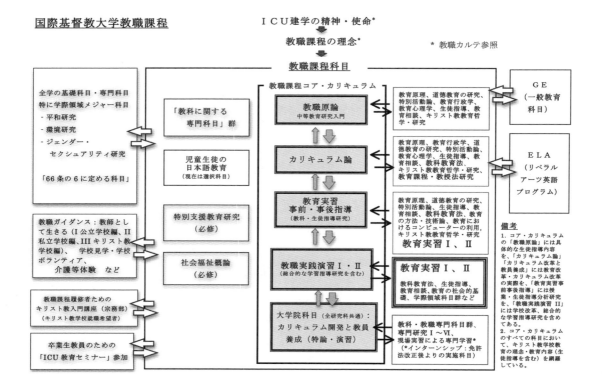

科に関する科目（20単位）」「各教科の指導法（8単位）」の合体で合計28単位としたことの意義と課題は何か？　主な意義としては、「架橋となる科目」の位置づけが出来たこと（養成系の「教科に関する科目」の特色とできる）、教科の内容・方法論としての自由な組み合わせができることであり、課題は、開放制の「教科に関する科目」が純粋学問として展開できることが保証されるか？　開放制にとっては今まで通り、「教科専門」20単位以上、「教科の指導法」8単位で良いとしたい。また、今回の再課程認定、課程認定申請において、コアカリキュラムの導入となったが、以下の問題提起をしたい。
・教科のコアカリキュラムを作成する動きがあるが、範囲はどこまでが許されるのか？
・教員養成科目として、その内容をコアカリキュラムとして決められるものなのか？

この問題について、以下、「(1)コアカリキュラム以前の課題」「(2)教科カリキュラムの課題」として整理する。

(1)コアカリキュラム以前の課題

① 「教科の専門知識」を、狭く、小中高の教科内容・指導法と考える危険性。

"即戦力"養成に傾きすぎていないか？　「教科及び教科の指導法に関する科目」の「教科に関する科目」を、小中高の教育内容の検討・議論に偏ることは、養成系大学の特色になりうるように見えるが、教科に関する専門性、知識・研究能力が、能力のある高校生と変わらない／劣るものになってしまう危険がある。

② 幼稚園・小学校課程と中学校・高等学校課程の違い。

基本的に、中等教育課程における教科の専門性は、初等教育課程とは異なる。中等教育課程においては、学問としての専門分野科目の十分な知識、研究できる能力の育成が求められる。中等教育課程の教科専門科目は、その教科分野（理学、文学等）の学問として展開される必要がある。もし、中高の教育内容の指導に特化されれば、特にその教科（分野）を専門に学びたい、あるいは、可能性を持つ中高生に学問的楽しさ・道筋を示せない教員を育ててしまう。

〈注〉しかし、今日、小中の連携接続、一貫教育（義務教育学校）の課題を考えれば、小学校課程でも（養成系小学校課程でピーク制と言われる）いずれかの科目で、教科に関する専門科目を学問として十分に履修させたい。一方、出来れば中等教育課程の学生には、逆に小学校課程の科目履修を義務づけたい。「初等・中等教育コース」の課程認定が必要と考える。

③「教科に関する専門科目」の半減。

1998年（平成10年）の教職員免許法の改正で、教科専門が「40単位以上（各領域8単位以上）」から「20単位以上（各領域1単位以上）」になっている現状での、「小中高の教科内容に即しての指導」の要請と「架橋となる科目」の導入は、再検討すべきと考える。

なぜならば、まず第一に、中学校理科の免許を例にすると、現在の免許法で20単位そこそこの「教科に関する科目」で中学校理科の免許を与えると、学生の理科のある分野の能力はほとんど中学校の知識止まりとなる。高校時代の物化生地から2科目選択の選択制（昭和30年～40年代の高校では、同じ選択制であったが、実際は少なくとも理科系の生徒は物化生地すべてを履修していた）、さらに大学の教職課程で高校で履修していない科目については、概論科目の1～2単位履修、教職大学院では大学レベルの教科専門科目を基本的に履修しない。

それゆえ、これまでの「教科の指導法」（8単位）を内容・方法論として展開すべきで、「教科に関する専門科目」領域に代替させないことを強く望む。今日、提案されている「架橋となる科目」は、少なくとも開放制養成では「教職に関する科目」領域の内容と考えたい。そもそも、重要な事実は、「架橋となる科目」は、2001年（平成13年）『国立の教員養成系大学・学部のあり方に関する懇談会報告』で"教員養成学部と他学部との差異化を計るために"提案されたものであり、しかも、特に「小学校教員養成の場合」の項目で謳われたことがである。

一方、開放制養成における「教科に関する科

目」は、その分野の純粋学問であり、担当者は、その分野の研究者であって、その授業内容こそ中高の教員の資質・能力（教育学・教育心理学以外の学問の広さ・深さ、研究できる能力）の育成に重要な科目群と考える。

④養成系大学、開放制大学、それぞれの長所短所の自覚の必要。

より良い養成のためには、少しでもその弱さの修正をする努力が必要である。そもそも59単位に収めようとすることに無理がある。

開放制大学は、教職に関する科目19単位時代に、私学は最低教育学系1人、心理学系1人で対応。31単位になった今、専任で揃えられない現実（多くを非常勤対応）がある。一方、教科に関する専門性は、当然ながら学問領域の教員が揃っていて充実している。

一方、養成系大学は、教職に関する科目の専任は揃っているが、（一部の大学を除き）教科に関する専門性が弱い。

今回の中教審WGの検討課題である「学部学科を超えた授業科目の共通開設」の答申に期待したい。

⑤教科の専門性を深める意義。

師範学校における教員養成の反省から、戦後の大学レベルの開放制養成へと制度改革された趣旨・意義に立ち返り、さらに、大学の授業がリベラルアーツ教育としてなされ、その一環としての教員養成となれば、教科の専門性を深め、（教科指導での）研究できる教員の育成をすることが出来ると考える。

(2)「教科に関する科目」に教職課程として"コアカリキュラム"を考えられるのか？

①今日、導入されたコアカリキュラムは、アメリカのコア・スタンダードの位置づけか？　コア・コンテンツの位置づけか？

アメリカで導入されたコア・スタンダードは、より広い評価基準である。日本のコアカリキュラムは、むしろコア・コンテンツの概念により近いものと考える

本来、コアカリキュラムと言えば、中核をなす教育内容・科目群（コアカリキュラム）があり、そのコアカリキュラムとの関係性をはっきりし、深め、豊かにする周辺科目群を配置する。"コアカリキュラム"の定義と内容の再検討が必要である。上述のICU教職課程カリキュラムを参照のこと。

②開放制養成における「教科に関する科目」は、理学、文学等の学問的専門科目。

仮に、今日言われているいわゆるコアカリキュラムを作るのであれば、それは、教職課程として決められるものでなく、それぞれの学問領域の学会、または、各大学がそのカリキュラムを決めるべきことであろう。あえて、教職課程として言えることは、それぞれの学問領域の「概論」科目を必修とすることの要請までである。

③教科の内容・方法論（架橋となる科目を含めて）であれば、教職に関する専門科目として、いわゆるコアカリキュラムの研究、導入を検討する意義がある。

ただし注意すべきは、特に、開放制養成課程としては、「教職に関する科目」としての「教科の内容・方法論」（架橋となる科目を含む）は、くり返すが以前と同じ8単位までで、今までの、教科専門である（理学・文学等の）純粋学問としての「教科に関する科目」のわずか20単位以上（各領域1単位以上）には、本節(1)③で指摘したように含めるべきでないと考える。

(3)補足としての主張

第一に、教育学部の在り方について、主張し続けてきたことであるが、緊急課題として以下のことがらについて再確認をしたい。

①教育学部は教員養成の重要な機関であるが、教員養成のためだけにあるのではない。

②教育学部は教育学を学問として学生とともに研究、また、研究者養成のためにもある（教育学研究、研究者養成を一部の大学に限るべきでない）。

③教育学部は、何より、良き市民の育成、教育の業の良き理解者の育成とともに、生き方を

考えさせるリベラルアーツ教育の一環をなすべきものである。

よって、教員養成の働きは、リベラルアーツ教育の一環として、また、研究できる教員（現場の教員も研究者にならねばならぬ）の育成としてなされるべきである。今日の国立大学におけるすべての教員養成機関を、即戦力に特化しすぎた専門職大学化することは要注意と考える。中等教育の教員養成は特に、教職に関する科目（教育学、教育心理学領域）のみならず、教科に関する専門科目においても、その分野の学問的広さ・深さを学び、出来る限り修士課程で研究できる能力のある教員の育成を期待したい。専修免許は、教職に関する科目、及び、教科に関する科目による、高度専門職者養成として考えたい[7]。

第二に、時代の変化に対応できる教員の養成である。教科指導で言えば、目の前の新課程と言われる指導要領対応の即戦力的指導では、すぐに時代遅れになる。10年後、20年後が見通せない時代である。ましてや20代で教職に就き、50代で指導的な立場に着いた時に、若い教員より時代遅れになってしまわぬように、学問的な基礎（知識と技能）をしっかりと築かねばならない。わかりやすい例で言えば、40～50年前にそのような教育を受けた教員は、科学教育の現代化運動の波も、その後の人間化運動（日本の指導要領で当時謳われたゆとり教育ではなく、humanization）の波も、意義と課題をcriticalに理解し対応できた。教科書の内容の展開・指導法も大きく変わる。50年前、理科・数学の教師は新教材を学んでおらず、導入に抵抗があった。その後の英語教師も、文法や長文読解の指導だけでなく、聞き・話す英語教育の必要を理解するだけでなく、テープレコーダー（CD）を使わず、臨機応変に授業展開できなかった。特に、聞く・話すは文法と異なり、すぐにはその技能は身につかない。さらに新課程で強調される学び方は、リベラルアーツ教育の方法である。

また、指導要領の目指す理念の時代的変化に対応できるため、教育観として様々な教育に関する立場・考え方を学ぶ必要がある。例えば、教育学として、即戦力には結びつかないこともある教育哲学の価値・必要を、教職課程を置くからには一般大学においても良く理解し、充実した授業を提供するべきと考える。

第三に、どのような科目群をコアとして据えるか、教職に関する科目のみならず、必要に応じて大学教育としてのさまざまな専門科目を周辺科目として関連づけ、教員養成をする大学として主体的に、教職課程としての豊かなカリキュラムマネジメントを行わねばならない。

第四に、まとめとして繰り返すが、開放制養成として一般大学で教員養成をする意義は、①一般教育科目の豊かさ（履修指導による他学部も含めた豊富な選択科目設定の可能性）、②教職だけでない／教職も含めた広く生き方の選択肢（目的養成と選択肢）を持たせられること、③教科の専門性を純粋学問として深め、教職課程科目以外でも学問的研究力をつけられることである。さらに、大学教育として再考すべきは、④戦後の大学教育改革で達成できなかったリベラルアーツ教育（内容と教育方法）を、ICUの事例で示したように、教員養成に取り入れられることである。一般教養科目の提供だけでなく、リベラルアーツ教育の方法で展開される必要である。

我々教員養成に携わる研究者として、即戦力化する教員養成に抗して、今日こそ戦後の教育改革において目指していたことを再考し、「大学教育」としての「教職課程（教員養成）」の在り方の"理想"を追い求め、教育実践に移す努力をしたいものである。

注

(1) 千々布敏弥「玖村敏雄の教育観について」『教育経営 教育行政学研究紀要1』1994年、58ページ、山崎奈々絵「教員養成における一般教養の位置づけ―IFEL研究集録の検討から―」『PROCEEDINGS 08』2009年、13ページ、山崎奈々絵『戦後教員養成改革と「教師教育」』六花出版、2017年、特に第Ⅰ部、土屋基規「第3章 大学に

おける教員養成」教師教育学会編『教師教育学Ⅱ 教師をめざす』2002年など。
(2)橋本鉱市「文理学部の成立と改組―戦後国立大学システムにおける意義とインパクト―」「大学評価・学位授与機構 研究紀要 学位研究」2000年、115-116ページ、山崎奈々絵、前掲書、2017年など。
(3)東京学芸大学「教員養成教育におけるアクレディテーションの可能性を求めて」『2009年度プロジェクト中間報告』2010年、8-10ページ。
(4)早稲田嘉夫「21世紀の大学教育に求められるリベラル・アーツの考え方（巻頭言）」『日立金属技報』vol. 25、2009年、6-7ページ。
(5)町田健一「大学院教職課程のあり方―前提となる学部における『専門職化カリキュラム』と大学院における全学的『高度専門職化カリキュラム』の事例―」教員養成制度検討委員会WG編『私立大学の特色ある教職課程事例集』全国私立大学教職課程研究連絡協議会、2014年。
(6)今回の再課程認定時に導入されたコアカリキュラムと同義ではない。
(7)町田健一「研究・改革のできる自立・自律した教員の養成を目指して―バランスのとれた教員養成カリキュラムの構築―」全国私立大学教職課程研究連絡協議会『教師教育研究』第29号、2016年、61-67ページ。

ABSTRACT

Significance and Problem of the Postwar Opening System Training : Reconsideration of the teacher training based on liberal arts education

MACHIDA Kenichi
（Independent Scholar）

The current Japanese system for teaching certification has three principles: licensure-ism, university-based teacher preparation, and open system. Since the end of the last world war, the normal school based teacher preparation (Shihan-Gakkou) has undergone reforms with three principles. The university-based preparation was the earliest proposal of the three with an aim to widen scholarly learning through liberal arts education.

The "open system" is another significant reform that has "opened" the door for general universities outside of those universities specialized in teacher preparation to be a providers of the initial teacher preparation. It is significant that the "open system" allows the preparation of teachers with a background not only in the area of education but also in disciplinary areas such as science, literature and so on. This type of teacher preparation programmes prepares teachers teaching in middle and high schools.

The Central Education Council has confirmed the post-war principles on teacher preparation system to be continuously held as the fundamentals of Japan's teacher preparation and licensure systems. However, recent major reforms undermined the principles by pushing teacher preparation providers to align their curriculum to the core curriculum and to put greater emphasis on practicums. In so doing, the reforms have weaken the autonomy of universities on curriculum control and the basic principle of teacher preparation through liberal arts education. Those reforms are also endangering the principle of "open system", and reforms are expected for both the teacher preparation system and the open system.

This paper aims to raise an alarm on the current trend of reform on teacher preparation systems. This paper then proposes an alternative by drawing an example from the development of teacher preparation curriculum at the ICU for over 20 years. The main argument highlights the importance of teacher preparation through liberal arts education with a curriculum that provides academic learning of subject matter of teaching.

Keywords : **Teacher Education, Open System Training, Liberal Arts Education, Curriculum Development**

〈特集〉開放制の教員養成を考える

文部科学行政における教員養成と開放制の行方

前川　喜平（現代教育行政研究会代表・元文部科学事務次官）

はじめに

　私は2000年7月から約1年間文部科学省（文科省）初等中等教育局（初中局）教職員課長として、大学における教員養成課程の認定や教員免許制度を所管する課長だった。また、2007年7月から約3年間は初中局担当審議官として、2013年7月から約1年間は初中局長として、教員養成を所掌する立場にいた。さらに、2014年7月からは文部科学審議官として、2016年6月から2017年1月までは文部科学事務次官として文科省の教育行政全般を統括する立場にいた。

　本稿では、この間の教員養成制度の変遷について、私が見聞きし経験し考えたことを記そうと思う。ただし、必ずしも一貫性のある説明ができるわけではないこと、及び私の見解が文科省の方針とはかなり食い違っていることは、ご承知おきいただきたい。

1．「自ら学問する教師」

　教師養成については、アカデミシャン（学問が十分にできることが優れた教員の第一条件と考える人たち）とエデュケーショニスト（教員としての特別な知識・技能を備えることこそが優れた教員の第一条件と考える人たち）との対立があると言われてきた。「どちらも大事。バランスが大事」と言えば無難なのだろうが、私はあえて「学問」という言葉にこだわりたい。

　憲法第23条は「学問の自由はこれを保障する」と規定する。学問の自由は、学術的な研究と教育に携わる大学教授などのものだと考えられがちだが、基本的人権なのだからすべての人が享有する自由である。その中には小中学校の教師も入るし児童生徒も入る。福沢諭吉は1872年に著した『学問のすゝめ』初編の中で「いろは四十八文字を習い、手紙の文言、帳合いの仕方、算盤の稽古、天秤の取扱い等を心得」ることも「学問」だと言っている。同じ1872年に明治政府が公布した「学制」の序文「学事奨励に関する被仰出書」には「学問は身を立つるの財本」という言葉が出てくる。つまり「学問」という言葉は、もともと子どもが学校で学ぶことも含んでいる。「学術」だけでなく「学習」の意味も持つ広い概念であり、「学ぶこと」と「考えること」全体を指す言葉だと言ってよい。

　「学問をする場所」という点では大学も小学校も同じだ。小学校で教師と児童は学問をしているのだ。子どもを学習の主体ととらえることは、憲法、教育基本法の下で行われてきた戦後教育の基本的な姿勢である。教育基本法が謳う教育の目的は、第一に「人格の完成」、第二に「平和で民主的な国家及び社会の形成者としての国民の育成」であるが、この二つの目的はいずれも学習者の主体性を前提にしなければ成立しない。臨時教育審議会（1984～1987）は、教育改革の視点として「個性重視の原則―個人の尊厳、個性の尊重、自由・自律、自己責任の原則」「生涯学習体系への移行」「変化への対応」の3点を掲げたが、これらの視点は子どもたちを主体的な学習者としてとらえる戦後教育の原点を再確認したものだった。

　学校の「教科」とは、人類が積み上げた「学

問」の成果を、子どもの発達段階に応じて再構成したものだ。「教科」の学習の中で子どもたちは、人類が積み重ねてきた「学問」を追体験する。浮力の原理を発見したときアルキメデスが発した「エウレカ！」の声を子どもたちも発するのだ。子どもたちを学問に導く教師は、自ら学問を行う者でなければならない。教科を学ぶことも教えることも、その本質は学問をすることであり、本来的に自由な活動なのだ。

一方、教育法規上の「教科」とは、学校種ごとに学校教育法施行規則に定められた教育課程の区分であり、その内容の大枠は学習指導要領が定めている。ただし、学習指導要領は「大綱的基準」であって（1976年最高裁「旭川学力テスト事件判決」）、一言一句が拘束力を持つものではない（2011年東京高裁「七生養護学校事件判決」）。2006年の教育基本法の「改正」では、第2条に「我が国を愛する態度を養う」などの「教育の目標」が掲げられたが、同条の柱書には「学問の自由を尊重しつつ」と明示されている。そこに込められた意味は、教育の本質の中に「学問の自由」があるということだ。そのことは、教育基本法第16条の「教育は、不当な支配に服することなく（行われるべきもの）」という文言にも表されている。「不当な支配」とは「教育の自由を侵す支配」という意味だ。

教師には学問の自由がある。それは大学でも小学校でも同じだ。教師は自ら行う学問に基づいて教育を行う。「研究と教授との一体性」という19世紀初頭ドイツのフンボルトが提示した大学の理念は、本質的には現代日本の小学校にもあてはまる。子どもたちを知的探検に導くガイドたるべき教師は、自分自身知的探検者の先達でなければならない。知的好奇心や疑問・疑念を出発点として、課題の発見と探求、情報の収集と分析、仮説形成と実験・観察による実証といった科学の手法を通して、正解が用意されていない問題を考える。そういう知的探検を子どもたちとともに行うのだ。主体的な学習者として自ら学び自ら考える子どもを育てるためには、教師自身が自ら学び自ら考える人でなければならない。教師に求められる資質能力として、文科省が作成する文書には「使命感」「指導力」「社会性」などの言葉が並ぶのが常だが、私はそれ以前に「自ら学問する者」であること、「自ら学び自ら考える知的探検者」であることこそが教師に求められる第一の条件だと思う。

2．公立小学校バイアスと戦前からの継続性

「教師」とか「教員」とか一口に言っても幼稚園から高等学校までの幅がある。幼稚園には教科がないが、専門高校になると工業や農業などの専門教科がある。「教員養成」という言葉は、こういう幅広い分野の多種多様な教員の養成全体を表すはずだ。しかし、文科省や中央教育審議会（中教審）などで語られる「教員養成」という言葉には、そのような幅広さが感じられない。専門高校の専門教科の教員のことなどほとんど考慮されていない。たとえば看護科で看護に関する教科を教える教員はどのように養成されているだろう。原則は「大学における養成」であり、大学の看護学部で教職課程の単位を修得した者に高等学校教諭一種免許状（看護）が授与される。しかし、現実の高校看護科の教師の多くはそれ以外の方法で教員免許を取得している。かつては、看護師経験のある人が文科省の行う教員資格認定試験に合格して普通免許状を取得するケースが多かった。2004年にこの試験が休止されて以降は、特別免許状または臨時免許状という教員免許制度の「バイパス」が利用されている。大学としての「多様性」と資格としての「標準性」を両立させる教員養成が必要だなどという議論の中で、看護科の教員のことを考えている人はほとんどいない。

「教員養成」を議論するときに多くの論者の念頭にあるのは義務教育、特に公立小学校の教員の養成であり、「大学における養成」と言う場合、多くの論者の念頭にあるのは国立教員養成大学・学部だ。それは「公立小学校バイアス」とも言うべきものである。実際には小学校教員の養成は、沿革からも実態からも他の学校種の教員養成とは大きく異なるから、公立小学校教

員を中心にして教員養成全体を考えることには無理がある。教員養成はもっと多角的な視点から考えるべきだ。

　1949年の新制大学発足に伴い師範学校は廃止され、代わって学芸大学・学部26校、教育学部20校が誕生した。学芸大学・学部は教養教育と教員養成の目的を併せ持つ大学としてスタートした。このときから戦後一貫して教員養成の基本原則とされてきた「大学における養成」と「開放制」は、戦前の師範型教員養成から脱却し、「自ら学問する教師」を育てようとする考え方だ。大学は学問の自由だけでなく、思想・良心の自由、表現の自由などの精神的自由権が最大限に保障される場でなければならない。自由な精神の中でしか自由な学問は育たない。「大学における養成」と「開放制」の本質は自由と多様性だ。国に規制された画一的な教育による教師養成はしないということである。

　一方で、教員養成制度には戦前からの継続性も認められる。現在の国立教員養成大学・学部は沿革的に戦前の師範学校を引き継いでいる。戦後「大学における養成」の原則のもと小学校教員を大学で養成することになったが、むしろ師範学校をむりやり大学にしたという方が実態に近い。「開放制」の原則といっても、「教員養成系大学・学部」と「一般大学・学部」の区別は厳然と存在し続け、一般大学・学部では小学校教員の養成はできない。「教職課程認定基準」（教員養成部会決定）は「幼稚園教諭又は小学校教諭の教職課程は、教員養成を主たる目的とする学科等でなければ認定を受けることができない」と定めている。教員の「目的養成」を行う教育機関という意味で、国立教員養成大学・学部は戦後版師範学校と言ってもよい。公立小学校教員の主な供給源となった国立教員養成大学・学部を直轄する文部省が「公立小学校バイアス」を持つのは無理もないことだった。

　一方、中等教育教員の養成は戦前から目的養成機関である高等師範学校だけでなく「中等教員無試験検定許可学校」の制度により文部大臣の許可を受けた一般の高等教育機関（旧制の大学や専門学校）でも行われていた。つまり、中等教育教員養成は戦前から目的養成機関に限られないという意味で「開放制」だったと言える。戦前の無試験検定許可制度が戦後の課程認定制度につながったと見ることができるのである。

3．教員免許状による教員の質保証

　国立教員養成大学・学部は、戦前の師範学校から小学校教員の目的養成機関という性格を引き継いでいるが、決定的な違いが一つある。それは戦後の教員養成大学・学部卒業者には教員として採用される保証がないという点だ。教師が高度専門職であることは間違いないが、医師や弁護士と違うところは個人営業ができないという点だ。教師は学校に採用されなければ教師として仕事ができない。戦前の師範学校卒業者は教員として採用されることが保証されていた（だからこそ授業料は無償だった）が、戦後の教員養成大学・学部出身者は教員採用試験に合格しなければ教員になれない。最近、小学校教員採用選考の競争倍率の低下が教師の資質の低下につながるとして問題視されているが、そのような議論があること自体、養成と採用が分離していることを示している。教員免許状は教師になるための基礎資格（もっと平たく言えば、教員採用選考の受験資格としての学歴証明書）に過ぎず、教師としての十全の資質能力や適格性を保証するものではないのだ。医師や弁護士には国家試験があるが、教員にとって国家試験に当たるものは教員免許状の授与ではなく教員としての採用である。「開放制」とはすべての大学で教員養成ができるということだが、それは養成と採用の分離を前提としている。採用のための基礎学歴がどの大学でも獲得できるということだ。戦前の師範学校や海軍兵学校・陸軍士官学校、現在の防衛大学校のように養成と採用とが一体化していないということである。

　教職課程を修得して大学を卒業すれば、教員免許状は取得できるが、その後採用の段階を経なければ教員にはなれない。教員の資質向上には養成・採用・研修の3段階があると言われる

が、正確に言えば採用は資質向上の段階ではなく、資質能力の選別の段階だ。教員免許状だけでは教員の質は保証されない。教員の質保証は主に採用によって行われている。では、免許状授与の段階では、どの程度までの質保証が必要なのかということが問題になる。

　教員免許状による質保証は「相当免許状主義」のもと、免許状と学校種・教科との対応関係及び免許状と養成課程との対応関係を通して行われる。課程認定制度は、開放制の原則の中で、教員免許の資格制度としての「一定程度の質と標準性」を担保するためのものだと文部科学省は説明している。「一定程度」とはどの程度なのだろう。1953年導入当初の課程認定は、ごく大雑把なものだった。小学校教諭免許状の場合、「教科に関する科目」は一定数の教科について、「教職に関する科目」は教育原理、教育心理、教材研究、教育実習について、それぞれ最低修得単位数が定められているだけだった。その後、課程認定制度が見直される中で、文科省（2000年以前は文部省）が定める教育職員免許法施行規則及び中教審（2000年以前は教育職員養成審議会）が定める教職課程認定基準は次第に細密なものに変化し、最低修得単位数も増えてきた。

4．教員養成制度の「揺れ」

　教員養成・免許制度は、これまで10年に1回くらい大きく改正されてきた。大きな傾向としては養成期間の長期化と養成課程への規制強化が進んだと言えるが、必ずしも一貫性はない。「ゆとり」「脱ゆとり」といった教育課程の「揺れ」や政権交代などの政治的な「揺れ」に影響されて、教員養成制度にも「揺れ」があった。

　1987年12月の教育職員養成審議会（教養審）の答申を受け1988年に行われた教育職員免許法の改正（1990年度実施）では、教職科目を追加して最低修得単位数を引き上げ、二種免許状保有者に一種免許状取得の努力義務を課し、小中の教員に大学院修士課程修了を基礎資格とする専修免許状を新設して、普通免許状の取得要件の強化と高度化を図る一方、社会人を学校教育に活用するため、教員養成課程によらない特別免許状制度や免許状を持たずに指導できる特別非常勤講師制度を創設した。「プロ教師」に求める専門性や実践力を高める一方で、「セミプロ教師」の幅を広げて学校教育の多様化に応えようとしたものと評することができる。

　その10年後、1997年7月の教養審答申を受けた1998年の教育職員免許法、同施行規則の改正によって行われた教員養成制度改革は「個性重視」という点に特徴があった。「個性にあふれ、得意分野をそれぞれに持つ」教員の養成を謳い、教員に求められる資質能力として「地球的視野に立って行動するための資質能力」、「変化の時代を生きる社会人に求められる資質能力」などを掲げた。「養成」と「現職研修」との役割分担を前提に、カリキュラムの基本構造を転換して「得意分野づくり」や「個性伸長」の観点から「選択履修方式」を導入し、学問的知識よりも教え方や子どもとの触れ合いを重視して「教科に関する科目」の単位数の削減と「教職に関する科目」の単位数の増加を行った。使命感や教育愛の獲得を目的とし、学生が自ら教職に就くことの適否を判断できるようにする「教職の意義等に関する科目」や、地球環境問題や高齢化など人類全体や社会全体に関わる課題を考える「総合演習」が必修科目として新設された。

　この時期、臨教審が打ち出した「個性重視」や「生涯学習」の理念のもと、学校教育の中心的な役割は、生涯学習社会の中で主体的な学習者として生涯を通じて学び続ける人間の育成であり、教師の仕事は単に知識を効率的に伝授することではなく、子どもたちの学ぶ意欲や自ら学び自ら考える力を育てることだと考えられるようになった（新しい学力観）。そのためには、教師自身が「自ら学び自ら考える人」「自ら学問する教師」であり、学問する喜びや楽しさを十分知っている人でなければならない。実践的指導力は初任者研修などの現職研修段階に一定程度委ねてよい。その意味で1998年制度改革は、「教員養成版ゆとり教育」と言ってもいいもの

だった。私はこの時期の改革を改めて再評価すべきではないかと思う。

「ゆとり教育」に対して「学力低下」の批判が起こり「脱ゆとり教育」へ舵が切られたように、「教員養成版ゆとり教育」にも批判が起きた。中でも「総合演習」は不評だった。2006年7月の中教審答申は、いわば教員養成における「ゆとり批判」の答申だった。「教員免許状が保証する資質能力と現在の学校教育や社会が教員に求める資質能力との間に乖離が生じてきている」として「(1) 大学の教職課程を、教員として最小限必要な資質能力を確実に身に付けさせるものへ、(2) 教員免許状を、教職生活の全体を通じて、教員として最小限必要な資質能力を確実に保証するものへ」改革すべきだとした。また、「安易に教員養成の場を拡充したり、希望すれば誰もが教員免許状を容易に取得できるという開放制に対する誤った認識を是認するものではない」とした上で、「教員として最小限必要な資質能力の全体について、確実に身に付けさせるとともに、その資質能力の全体を明示的に確認するため」新たな必修科目「教職実践演習（仮称）」を設定することを提言した。その指導教員については、「教科に関する科目」と「教職に関する科目」の担当教員が共同して責任を持つことが重要だとした。この答申を受けて2008年に教育職員免許法施行規則が改正され、「総合演習」が廃止されて「教職実践演習」が導入された。「総合演習」が地球的課題や国民的課題について学生たちが自ら探求活動を行い、その活動結果を教材化するという創造的な学びであったのに対し、「教職実践演習」は教員として必要な資質能力の最終的な形成と確認のための科目として位置づけられた。

1998年制度改正は、不揃いでも荒削りでも未完成でも、豊かな個性と広い視野とやる気がある教師の卵が育てられればよいという思想に基づいていた。しかし2008年制度改正は、バランスよくまとまった即戦力の教員を育てるという思想に立っている。「総合演習」は通常3年次に行われていたが、「教職実践演習」は「教員になるための総仕上げの科目」だという理由で4年次の後期に実施される。これは教員養成大学・学部を念頭に、卒業者のほとんどが教員になることを暗黙の前提とする制度設計だ。「養成」の次に重要な段階として「採用」があること、逆に言えば教員として採用されない卒業者が多くいることを忘れている。その意味でも開放制と両立しにくい制度設計である。

5. 教職大学院と教員養成の「修士化」構想

2008年から設置された教職大学院は、①実践的な指導力を備えた新人教員の養成と②現職教員を対象に、スクールリーダー（中核的中堅教員）の養成を行い、力量ある教員養成のモデルを制度的に提示することにより、学部段階をはじめとする教員養成に対してより効果的な取組を促すことを目的とする、教員養成に特化した専門職大学院だ、というのが従来の文科省の説明である。制度創設当時、私は初中局担当審議官だったが、この制度の創設を進めた高等教育局と教員免許制度、課程認定制度、現職研修制度を所掌する初中局との間では、かなりの温度差が存在した。この時期はちょうど教員免許更新制が始まる時期と重なっており（2007年に法改正、2009年度から実施）、初中局教職員課はその具体的な制度設計や講習を開設する大学の確保などでてんてこ舞いで、教職大学院は「高等教育局が勝手にやっていること」という認識だった。

2009年9月に成立した民主党政権は、教員養成の修士化を公約していた。医師のように6年間で育てようという考え方だ。文科省はこの課題を中央教育審議会に諮問した。答申が出たのは2012年8月だったが、その結論は学士課程を卒業して「基礎免許状（仮称）」を取得し、教員として採用されたのち1〜2年程度の修士レベルの学修により「一般免許状（仮称）」を取得するという制度だった。一般免許状は「標準的な免許状」とされたが、当面の措置として設ける基礎免許状は事実上現行の一種免許状の存続を意味した。採用後に一定の学修を経て上位の免

許状を取得する仕組みは、現行の「上進」制度に近い。養成と採用の分離を前提とし、教員採用選考で3倍程度の競争倍率を確保しようとするなら、その受験資格を修士に引き上げることには無理がある。3人のうち2人は修士課程での学修を無駄にする結果になるからだ。「教員養成の修士化」は採用段階での選別を考慮しない発想であり、もともと実行可能性に難があった。そこで中教審答申は「修士化」を「修士レベル化」に変え、入職時の学歴は学士課程修了でよいことにした。しかし、2012年12月、民主党政権が退陣したことにより、この「修士レベル化」も頓挫し雲散霧消してしまう。

他方、この中教審答申は、教職大学院修了者について「教員採用選考合格者の名簿登載期間延長」により教職大学院への進学を促進することも提言した。教職大学院が教員の目的養成機関として創設された以上、このような配慮は当然必要だ。「採用予約」を得た上で安心して進学するということだ。現在ほとんどの都道府県及び政令指定都市で大学院進学者の名簿登載期間の延長や終了後の特別選考などの措置をとっており、そのおかげで教職大学院修了者の教員就職率は90％を超えている。養成と採用の一体化が進んでいるのが教職大学院である。

しかし、教師が一般大学院で学問を深めることの意義も忘れてはならない。特に高等学校の教師は、大学の学問に接続する教科を指導するのだから、教科の背景にある学問を追究し続けることはとても大事だ。教職大学院で教師の腕を磨くのもいいが、一般大学院で好きな学問にどっぷりと浸る教師もいていい。それは高校教師に限ったことではない。小学校教師も一般大学院で得意分野の学問をする機会を与えられてしかるべきだ。教師が学ぶ大学院が教職大学院だけであってはいけないということは強調しておく必要があるだろう。

2012年の暮れに政権に復帰した自民党が持ち出したのが「教師インターン制度」だ。学部卒業時に「准免許」を与え、学校現場での3年程度のインターン（見習い）を経て「本免許」を与えるという仕組みだ。学校現場でのOJTを重視する発想は、落語家が師匠に弟子入りしたり、伝統工芸の職人が親方について修行したりするイメージだ。インターン期間満了時に指導力が十分でない教員は排除される。公立学校教員の「条件付き任用期間」を1年から3年に延ばすことになり、新任教員の身分を著しく不安定にする。文科省はこの課題の検討も中教審に委ねた。その結果、2015年12月の答申では、学士課程の教職課程に「学校インターンシップ」（学校体験活動）を盛り込むことにした。「インターン」という言葉は共通だが、その制度的位置づけはまるっきり異なる。

文科省は、民主党から求められた「医師モデル」の「修士化」構想は現職教員の「修士レベル化」で凌ぎ、自民党から求められた「職人モデル」の「教師インターン制度」は大学の養成段階の「学校インターンシップ」で凌いだわけだ。政治の世界から実現困難な課題を突きつけられたとき、審議会などで時間稼ぎをした上で、結論を出すときに中身をすり替えるのは、役所がとる常套手段である。

6. 今後の専修免許状制度と免許更新制

課程認定を受けた修士課程を修了すると専修免許状が授与される。しかし、学校現場や教育委員会の実務者が専修免許状を十分に評価しているとは言い難い。教諭への任用資格としては一種免許状と何ら差がないから、教員志望の学生の多くは学部卒段階で教員になろうとする。専修免許状を保有すれば給与面で優遇されるというわけでもない。また、「専修」という名の免許状でありながら、一種免許状と同じく学校種・教科別になっており、何を「専ら修めた」のか分からないというのも問題だ。

2012年8月の中教審答申で「改革の方向性」として提言された「専門免許状（仮称）」は、「学校経営、生徒指導、進路指導、教科指導（教科ごと）、特別支援教育、外国人児童生徒教育、情報教育等」の特定分野の高い専門性を身に付けたことを証明する免許状として構想されてい

た。複数の分野の取得を可能にすることとされ、「学校経営」の分野については管理職への登用条件にすることも検討課題とされていた。「当面の改善方策」としては、専修免許状に「修得した専門分野を記入できるようにするなど、専門性を明確化する」と提言していた。免許状が教師の資質能力を保証するものであるなら、学んだ中身に応じて多様な専修免許状があってよい。各教科に関する学問的探求に加え、インクルーシブ教育、日本語指導、地域と学校との連携、プログラミングを含む情報教育などそれぞれの教員の得意分野の専門性を保証するものにするべきだろう。主幹教諭、指導教諭、校長、教頭・副校長、指導主事などの職への任用資格にすることも検討すべきだろう。

一方、2007年法改正で導入された免許更新制（2009年度実施）は、ひとえに政治的動機に基づく。もともとの発想は「問題教員」を排除するために定期的に教員の「適格性」を審査しようというものだ。世間に広がっていた「教員バッシング」の風潮に乗る意図もあったろう。しかし都道府県教育委員会は、大学で教職課程をとった者には無条件で教員免許状を授与するのであって、その際に「適格性」の審査はしていない。授与の条件でないものを更新の条件にすることは原理的に不可能だ。結局、導入された免許更新制は、10年に1回、30時間の講習の受講を義務づけるものにしかならなかった。その講習の内容について文科省は「全ての教員に共通の内容」で行うと国会等で説明した。すでに導入されていた公立学校教員の「10年経験者研修」（10年研）が「個々の教員に適した研修」だと説明していたため、10年研を廃止しない以上、それとは重複しないという説明をせざるを得なかったのだ。幼稚園教諭にも専門高校の専門教科の教員にも同じ講習を受けさせるという説明である。教師の多様性を無視したナンセンスな話だ。私は法改正後に担当審議官の職に就いたが、全員に同じ講習を受けさせるという愚策は避けなければならないと考えた。できれば30時間すべてを「選択」にしたいと思ったが、

それまでの説明との整合性を図るため12時間は共通課題についての「必修」とした。2016年度以降は「必修」が6時間に減り、残り6時間は「選択必修」になっている。参加教員のアンケート回答などを見ると、必修領域の満足度は低いが選択領域の満足度はかなり高い。当たり前だが、学びたいことが学べるからだ。

免許更新制は依然として現場教員には不評だ。そもそも、生涯有効だった教員免許にあとから「期限」がつけられたことへの反発がある。3万円の講習料の支出を強いられることや免許の取得・更新後9〜10年目という受講期間の縛りにも不満がある。免許更新の期限を失念していたケースや大学の「修了認定」後に教育委員会の「修了確認」手続きをしなかったケースで、免許状が失効し失職を余儀なくされるという非人道的な事態も各地で起きた。2016年の法改正で「10年研」が「中堅教諭等資質向上研修」になって研修期間の縛りが緩められたことにより、免許更新講習との二重負担の問題が軽減されたことは多少の救いだ。

私は免許更新制は廃止するべきだと思う。むしろ専修免許状への「上進」の制度をもっと活用したらいい。上進により専修免許状を取得するためには一種免許状での在職年数が3年以上で15単位の「大学が独自に開設する科目」の修得が必要だが、在職年数に応じて必要修得単位数を逓減させてもいい。「学び続ける教師」のために学びの義務づけは要らない。学ぶ時間の余裕さえ作られれば、心ある教師は必ず自ら学ぶであろう。

7．「大くくり化」という名の規制強化

2015年12月の中教審答申に基づき2017年に行われた制度改正では、「理論・知識に偏る傾向の改善」のため、「学校インターンシップ」も含め教職課程をさらに実践・演習重視にシフトさせた。「教科に関する科目」が学校教育に連動した実践的な内容になっていないとして、「各教科の指導法」と統合し、教科の専門的内容と指導法を一体的に学ぶ「教科及び教科の指導法に

関する科目」に「大くくり」された。

　小学校一種免許状取得課程では、「教科及び教科の指導法に関する科目」で新たに「外国語」と「外国語の指導法」を修得するものとされた。「教職の意義等に関する科目」と「教育の基礎理論に関する科目」を大くくりした「教育の基礎的理解に関する科目」では、新たに「チーム学校への対応」「学校と地域の連携」「学校安全への対応」「特別の支援を必要とする幼児、児童及び生徒に対する理解」「カリキュラム・マネジメント」の修得が必須となった。「道徳、総合的な学習の時間等の指導法及び生徒指導、教育相談等に関する科目」では、新たに「道徳の理論」「総合的な学習の時間の指導法」「キャリア教育に関する基礎的な事項」の修得が必須となった。

　教職科目の大くくり化は、中教審答申では「大学の創意工夫により質の高い教職課程を編成することができるようにするため」とされていたが、実際には「各科目に含めることが必要な事項」は増えており、決して大綱化でも弾力化でもない。自由度の高かった「教科又は教職に関する科目」10単位が「大学が独自に設定する科目」2単位に減ったのを見ても、教職課程に対する規制は強化されたというべきだ。

　「教科及び教科の指導法に関する科目」では、学生は各教科の基礎となる学問よりも、学習指導要領に規定された各教科の指導内容と指導方法の学修を求められることになるだろう。全体として、学習指導要領をより強く教職課程に反映させようとする意図があり、その背景には大学の教科専門教員に対する文科省の不信感がある。2001年11月の「今後の国立の教員養成系大学学部の在り方に関する懇談会」（在り方懇）の報告は、教科専門科目、教科教育法、教職専門科目等の相互関係の改善を求め、「子どもたちの発達段階に応じ、興味や関心を引き出す授業を展開していく能力の育成」が教科専門科目に求められる専門性だと主張した。2006年7月の中教審答申は「教職課程の質的水準の向上」について「今後は、すべての教員が教員養成に携わっているという自覚を持ち」「大学全体としての組織的な指導体制を整備することが重要」だとした。たとえば島根大学教育学部での教科専門教員と教職専門教員の協力で行う「教科内容構成研究」という科目の開設は、私も優れた取組だと思っていた。しかしそれは決して学問を学習指導要領に従属させることではない。学問の自由の世界がしっかりと存在していて初めて「学問」を「教科」に構成する取組が可能になる。「教科専門教員は学習指導要領を読んだこともない」と憤る人もいるが、読んだことがなくてもいいと思う。心配なのは「大くくり化」によって学生が自由に学問する機会が減るのではないかということだ。

　さらに教職課程への縛りを強化したのは「教職課程コアカリキュラム」だ。2001年在り方懇報告の「モデル・コア・カリキュラム」の提言を受けて、国立教員養成大学・学部の組織である日本教育大学協会が開発を進めたが、もともと目的養成のモデルなので一般大学での中高教員の養成を念頭に置いていない。2015年の中教審答申では「大学が教職課程を編成するに当たり参考とする指針（教職課程コアカリキュラム）を関係者が共同で作成することで、教員養成の全国的な水準の確保を行っていくことが必要である」とされ、大学関係者が共同で行う質保証の取組と考えられていた。だから、コアカリキュラムは一般大学・学部も含めた教職課程の認定基準として構想されたものではなかったはずである。ところが、初中局が設置した「教職課程コアカリキュラムの在り方に関する検討会」が2017年6月にまとめた「教職課程コアカリキュラム」は、2018年度に行われた再課程認定における実質的な認定基準として使われた。

　「教職課程コアカリキュラム」は、すべての大学の教職課程で共通的に身に付けるべき最低限の学修内容とされ、学生が修得する資質能力の「全体目標」、内容のまとまりごとに分化させた「一般目標」、学生が一般目標に到達するために達成すべき個々の規準である「到達目標」の3段構えで構成されている。文科省はまず「教職

に関する科目」について作成し、今後順次「教科に関する科目」についても整備する方針だ。すでに作られた小学校英語のコアカリキュラムでは、授業実践に必要な英語力（CEFRのB1レベル）、学習指導要領の理解、ALTとのティームティーチング、ICTの活用など授業づくりの手法、音声・語彙・文構造・文法・正書法等に関する基本的な知識、第二言語習得に関する基本的な知識、児童文学、異文化理解などの修得が求められている。

　コアカリキュラムが課程認定の実質的な審査基準とされたのは、課程認定の規制強化だと言ってよい。今後英語以外の教科についても同様のことが起こるとすると、教職課程の編成における大学の自由度はますます狭められ、大学ごとの個性や多様性が失われ、教員養成が画一的なものになり、「開放制」の実質を失わせることになるのではないだろうか。2018年度から導入された「特別の教科　道徳」に対応して、教職課程でも「道徳の理論」が必修化されたことも併せて考えると、教員養成制度全体が「新たな師範型教師」の養成に向かっているのではないかと危惧されるのである。

8．教員育成指標と教員育成協議会

　2015年12月の中教審答申は「国は、教育委員会と大学等が相互に議論し、養成や研修の内容を調整するための制度として『教員育成協議会』（仮称）を創設する」という提言も行った。「教員育成協議会」では「教員の養成・採用・研修の接続を強化し一体性を確保する」ため「教員育成指標を協議し共有する」こととされた。この提言を受けて2016年に改正され翌年施行された教育公務員特例法により、公立学校の校長、教育委員会及び「教員の資質向上に関係する大学等」によって構成される「協議会」が置かれることになった。協議会では、文部科学大臣が定める「指針」を参酌して教員の資質向上に関する「指標」を協議し、校長と教育委員会がこれを定めるものとされた。協議会の構成員は協議会で調った協議の結果を尊重しなければならないものとされた。

　この「協議会」と「指標」には問題点が多い。そもそも教育公務員特例法に位置づけたことから、国立・私立の学校は対象外だ。幼児教育においては、幼稚園・保育所・こども園といった施設類型や国・公・私の設置者の違いを越えた教員・保育士の資質向上が課題だが、この「協議会」ではほとんど役に立たない。専門高校の専門教科の教員についても役に立つとは思えない。専門教科の高校教員については、専門高校と大学との間で分野ごとに協議の場を設ける方がよかろう。ここでも文科省や中教審が主に念頭に置いているのは、公立小中学校と国立教員養成大学・学部であって「新たな師範型教師」の育成のイメージが全体の構想を引きずったのだと思われる。

　協議会の構成員は協議会の協議結果を尊重することになっているが、公立学校全体、教員養成を行う大学全体に及ぶものではない。教員について複数の成長段階を設けることとされるが、ひとりひとり個性も適性もあるのだから、すべての教員を一律の成長段階で分け、一律の資質を求めることには無理がある。転職が当たり前の時代なのに、新卒一括採用・終身雇用の雇用形態を前提としている点も時代遅れだ。

　大学における教員養成との関係で最も問題なのは、文科省が策定した「指針」により「指標」の中に必ず「第一の段階」として設けるものとされた「新規に採用する教員に対して任命権者が求める資質」が、そのまま「大学が行う教員養成の目標」とされている点だ。「開放制」の本質は自由と多様性にある。多様な大学が自由に教員養成をすることが大事なのだ。開放制において養成と採用は一体ではない。採用の方針と養成の目標をイコールで結ぶ発想は間違っている。「指標」を通じて大学における教員養成が画一化され、その自由と多様性が奪われかねない点は大いに問題である。

終わりに――「新たな師範型」ではなく「新たな開放制」を

　現在、文科省は教職課程に対する規制強化により目的養成の色を強め、学問の自由と大学の多様性を本質とする「開放制」から乖離しつつある。この傾向は学習指導要領の細密化とも連動し、学習指導要領に忠実な「新たな師範型教師」の育成を目指しているように見える。このまま行くと、「教育勅語を教えろ」と言われれば無批判に教える教師を作ることになりかねない。これは望ましい教員養成の姿ではない。

　まず小学校教員養成課程が「教員養成を主たる目的とする学科」でなければならないという課程認定の縛りを外し、目的養成でなくても小学校教員の養成ができるようにすべきだ。「自ら学問する小学校教師」を育てるためには、自然科学、社会科学、人文科学の幅広い分野のリベラル・アーツを重視する「新たな学芸学部」を目指すべきではないだろうか。教員養成学部を島根大学に「移譲」した後の鳥取大学は、今も地域学部で小学校教員養成を行っているが、その今後のあり方は注目に値する。

　一般大学・学部における中高の教員養成は、各大学の特色を最大限に生かせるようにすべきだ。小学校についても教科別免許状を設け、一般大学で小学校専科教員の養成ができるようにすべきだ（すでに現行制度上、中学校免許状で小学校に相当する教科を教えることはできる）。小学校への教科担任制の導入、専科教員の配置が課題となっている今日、教員免許状においても対応する制度改正が必要だ。小学校英語を従来の小学校免許しか持たない教員に担当させる愚策は早く解消しなければならない。

　学部段階の教員養成は、学校種の如何にかかわらず「自ら学問する教師」の育成に重点を置くべきだ。「小さくまとまった完成品」のような教師ではなく、未完成だが個性豊かで学ぶ意欲にあふれ、「学び続ける教師」として大きな可能性を持った教師が必要だ。その意味で私は「総合演習」を復活させた方がいいと思うし、今後策定される「教科に関する科目」のコアカリキュラムが課程認定の基準とされることにより、学習指導要領を反映した画一的な教師教育が行われるのではないかと危惧する。

　教員は採用後の職能成長が当然に期待される職業だ。公立学校の教員については1988年度に制度化された1年間の初任者研修がある。1997年7月の教養審答申は、養成段階では「職務を著しい支障が生じることなく実践できる最小限必要な資質能力」の育成を求め、採用後の初任者研修によって「円滑に職務を遂行し得るレベルに高める」という、養成と初任者研修との役割分担を示していた。2012年8月の中教審答申は「学び続ける教員像」の確立を提言し、2015年12月の中教審答申もそれを再確認している。養成段階において十分な「実践的指導力」を身に付けさせることが、近年の改革の焦点になっているが、実践的指導力は採用後に高めていけばよいのであって、学部段階の教員養成で十全に育成することはそもそも期待するべきではない。それよりも教職生活全体を通じて自ら学び続ける力を身に付けることこそが、学部段階で求められる一番大事なことだ。それは自由な学問の世界を十分に経験することを通じてしか実現できない。現職教師の職能成長も、自由な学びを基本とするものでなければならない。「学び続ける教師像」の追求は、決して「教員育成指標」に基づく「教員研修計画」によって教師たちを「研修漬け」にすることではない。

　学問の自由は教育の命だ。学問の自由を知らず政府の方針に忠実に従属する教員ばかりになったら、日本の教育は死滅するだろう。安倍政権における歴史教育への政治介入や全体主義的な道徳教育の導入によって、日本の教育の戦前回帰の傾向が強くなっている。権力に盲従する教師は権力に盲従する国民を育てるだろう。国家に従順な「新たな師範型教師」の育成ではなく、自由と多様性を基本とする「新たな開放制」を追求することこそ、教員養成に関わる大学人の課題であろう。

ABSTRACT

The perspective of MEXT policy on teacher preparation in open system

MAEKAWA Kihei

（Representative, Modern Education Administration Forum／
Former Vice-Minister, Ministry of Education, Culture, Sports, Science & Technology）

This paper aims to trace the changes and development of teacher preparation systems in Japan from the civil service perspective inside the (then) Ministry of Education, as well as in the (presently) Ministry of Education, Culture, Sports, Science and Technology (MEXT).

There are perspectives of academics (intellectuals) and of educators to consider when discussing about teacher preparation and its systems. The author takes a position that teachers need to be intellectuals themselves in order to adequately and effectively guide their students to pursue their intellectual curiosities. Ensuring intellectual freedom of universities where Japan sets its teacher preparation is, therefore, critical to allow space for future teachers to mature their intellectual caliber.

Taking on above mentioned perspective, previous and still ongoing reforms on teacher preparation policy have carried the following issues：

1) In Japan, school-teacher is an inclusive term referring to those carrying the occupation of teaching from preschool to high school in national, municipal and private schools. However, it is often assumed within MEXT, as well as the Central Education Council, that the term refers, primarily, to those teaching in publicly operated primary schools. Furthermore, whilest preparing primary school teachers in university with open system curriculum has been the fundamental principle, nonetheless, the pre-war tradition of normal school preparation strongly persists still today.

2) Under the open system, the providers of teacher preparation were not held responsible to bridge between preparation and hiring / placement of teachers. Hence, teacher preparation curriculum and contents have been largely disconnected to what is needed in the practice. Today, however, there is a growing pressure for longer preparation process and tougher certification requirements. The introduction of "teaching practice exercises" was a response to such pressure, but university providers failed to implement it as a gatekeeper. The introduction of the professional graduate school of teacher education in 2008 was to bridge between the preparation and the practice, but it is still in developmental stage today.

3) In the 2015 reform, university's autonomy over teacher preparation curriculum was weakened despite the rhetoric of encouraging universities for innovative practice. The introduction of "core curriculum" was another blow to university's curricular autonomy, and much of teacher preparation curriculum was put under the state control.

These issues noted here are the evidence that the fundamental principle of Japan's postwar teacher preparation—university-based and open system preparation—is at risk today.

Keywords：**intellectual freedom, open system, university-based preparation of teachers**

〈特集〉開放制の教員養成を考える

規制緩和と「開放制」の構造変容
―― 小学校教員養成を軸に ――

教員養成の「構造変容」研究会[1]

岩田康之（東京学芸大学）／米沢 崇（広島大学）／大和真希子（福井大学）／
早坂めぐみ（秋草学園短期大学）／山口晶子（東京学芸大学非常勤）

はじめに

本稿の目的は、教員養成分野における抑制策撤廃後に日本の小学校教員養成に生じた変容を、同時代的な行政施策との関係において検討し、「開放制」原則下の日本の教員養成の構造的な課題を解明することにある。

この抑制策撤廃は、小泉純一郎内閣（2001～2006）の新自由主義的な政策が教育分野に及んだものの一例として捉えられる。内閣府に置かれた規制改革総合会議は、第一次答申（2001年12月11日）の中で、高等教育において「教育機関や教員が互いに質の高い教育を提供するよう競い合うこと」[2]を求めた。その後、1980年代以降量的抑制策が採られていた医師、歯科医師、獣医師、教員、船舶職員（以下、抑制五分野）のうち、教員分野の抑制策がまず2005年度から撤廃され、以後に小学校教員養成のプログラムを新たに提供する大学（新規参入プロバイダ）が激増したのである。

では、果たしてこの政策は実際に教員養成において「質の高い教育を提供する」結果につながったのであろうか。以下見ていきたい。

1.「開放制」と規制緩和策の展開

「開放制」の含意はさまざまであるが、これを「免許状認定に関わる主体の参入に制限の少ない制度」（岩田 2007）とするなら、日本の教員養成の実態面におけるそれは、少なくとも中等学校教員養成に関しては、戦前から連続していると捉えられる。目的養成機関としての高等師範学校（官立）以外にも多くの公私立専門学校等が無試験検定の「許可学校」として教員養成教育を提供しており、「日本の近代中等教育教員の養成は、初等教育教員の養成と対比すると、はるかに開放的な制度構造を、その発足当初から持っていた」（寺﨑 1983）のである。その一方、初等教員養成においては、戦後においても旧師範学校以外の公私立大学の参入が比較的少数にとどまり、加えて1980年代以降に採られた抑制策によって小学校教員養成に関わる教育組織[3]の新設が実質的に不可能となっていた影響もあり、閉鎖的な性格を維持していた。

こうした中、内閣府に置かれた規制改革総合会議は第二次答申[4]（2002年12月12日）の中で、よりいっそう踏み込んで「平成12年度以降の大学設置に関する審査の取扱方針」（大学設置・学校法人審議会大学設置分科会長決定）における「大学、学部の設置及び収容定員増については、抑制的に対応する」という方針は、大学の設置等に対する参入規制として働くと考えられることから撤廃すべきである」と求めた。

こうした要請に対し文部科学省は中央教育審議会の大学分科会を中心に審議を進め、答申「我が国の高等教育の将来像」（2005年1月28日）において、抑制五分野について「これらの分野ごとの人材需給見通し等の政策的要請を十分に見極めながら、抑制の必要性、程度や具体的方策について、必要に応じて個別に検討を加えていく必要がある」とした。そして教員分野について「個別に検討を加え」るべく、同年2月10日に「教員養成系学部等の入学定員の在り

方に関する調査研究協力者会議」（主査：村山紀昭・北海道教育大学長＝当時。以下単に協力者会議）を高等教育局長決定によって設置した。この協力者会議は3月までに3回の会合を持ち、報告「教員分野に係る大学等の設置又は収容定員増に関する抑制方針の取扱いについて」[5]（同年3月25日）において「大都市圏を中心とした一部の地域では、平成12（2000）年度から平成16（2004）年度にかけて公立学校教員の採用者数が急増してきているため、都道府県・指定都市教育委員会によっては、より質の高い教員の確保が困難になってきている実情」を指摘した上で「教員分野に係る大学・学部等の設置又は収容定員増の抑制方針については、この際撤廃することが適当である」とした。

抑制五分野の他の分野について、医師に関しては2016年度以降に2校（東北医科薬科大学・国際医療福祉大学）、獣医師に関しては2018年度に1校（岡山理科大学）、とそれぞれ限定的に抑制策が緩和されている。また、歯科医師と船舶職員については、2019年現在において抑制策の緩和はされていない。

そうした中で、教員についての抑制策撤廃が真っ先にしかも無限定に行われた背景には、いわゆる「団塊の世代」の大量退職を機にした教員不足が特に大都市圏において顕在化していたという需給バランス上の問題に加え、人材需給見通しの検討のための組織を設けることが容易であったという事情がある。「抑制五分野」のうち、医師・歯科医師は厚生労働省、獣医師は農林水産省、船舶職員は国土交通省、とそれぞれ他省庁との調整が必要になるのに対し、教員分野に関しては、文部科学省内だけで検討が完結するがゆえに、内閣府の要請に対する対応が他の四分野よりはスムーズに行えたとも捉えられる。

（岩田康之）

2．2005年以降の小学校教員養成プロバイダの動向

では、前掲の中央教育審議会答申（2005年1月28日）および協力者会議の報告（同3月25日）以降、小学校教員養成プロバイダはどのように変容したのか。ここではその動向の特徴を述べたい。

教員養成分野における抑制策撤廃直前（2004年度）では、小学校教諭一種免許状の課程認定を有する大学は計94校（国立大学51校、公立大学2校、私立大学41校）あり、国立大学と私立大学の割合は拮抗していた。また、国立大学の内訳は、教員養成課程をもつ、いわゆる教員養成系大学・学部44校、旧高等師範学校を母体とする2校（奈良女子大学、お茶の水女子大学）と教員養成系学部から転換した学部をもつ5校（神戸大学、山形大学、福島大学、富山大学、鳥取大学）であり、旧師範学校を基調とする従来の小学校教員養成プロバイダの性格に変化はなかった。

ところが、抑制策撤廃後十数年を経た2019年度時点では、国立大学52校・公立大学5校・私立大学186校となっている。これを、①小学校教諭一種免許状の課程認定を有していた年度（抑制策撤廃前後）、②教員養成系大学・学部（教員養成課程）であるかどうか、③国公私立大学のいずれであるかという条件で分類（表1）すると、旧師範学校を主な母体とする国立大学、2004年度以前より小学校教員養成を行ってきた公私立大学、2005年度の抑制策撤廃以降に新規参入した私立大学という三つのタイプに大まか

表1　小学校教員養成プロバイダの状況（2019年度）

参入年度	大学・学部	国公私立	大学数
2004年度以前（伝統的）	教員養成系大学・学部（教員養成課程）	国立	44
		公立	0
		私立	3
	一般大学・学部	国立	7
		公立	2
		私立	38
2005年度以降（新規参入）	教員養成系大学・学部（教員養成課程）	国立	0
		公立	0
		私立	1
	一般大学・学部	国立	1
		公立	3
		私立	144
		合計	243

に類型化できた。

以上のことから、2005年度からの教員養成分野に係る大学等の設置又は収容定員増に関する抑制方針の全面撤廃以降、小学校教諭一種免許状の認定課程を有する新規参入プロバイダとして私立大学の参入が増加していることが指摘でき、こうした「構造変容」が日本の小学校教員養成プロバイダに生じていると考えられる。

では、新規参入のプロバイダとなったのはどのような大学なのか。

この点に関して、村澤昌崇[6](2015)は、Generalized Linear Mixed model（説明変数：時間要因、政策要因、環境要因、波及要因、期間要因、組織特性等、従属変数：各大学・学部による小学校教諭一種免許状課程認定申請の有無）によって、新規参入プロバイダの小学校教員養成への参入メカニズムの特徴について検討を行っている。その結果、①教員養成分野に関わる抑制策が撤廃された2005年度以降の威信（偏差値）の低い大学の参入の増加、②教員需要が見込める大都市（学齢人口の多い地域）における私立大学の参入確率が高い、③他大学の申請状況に同調的あるいは模倣的に申請する傾向などを特徴として挙げている。この特徴を踏まえて村澤は、抑制策撤廃を契機として私立大学に小学校教員養成へ参入することにインセンティブが生じ、需要のある市場へ参入するという「経営合理的行動」が促進された可能性を指摘した。

また、2005年度以降に新規参入した149大学（表1参照）に関して、学士課程の設置年度別に示したものが表2である。このような新規参入プロバイダの特徴として、1954年以前から学士課程（4年制）を持つ一部の伝統的な私立大学の新規参入も見られるものの、約4割が1995年以降に4年制大学となった大学としての歴史が比較的浅い高等教育機関である。こうした新規参入プロバイダでは、大学院の整備も遅れており、国立大学が例外なく大学院修士課程あるいは専門職学位課程をもち、大学院レベルでの小学校教員養成体制へと移行しているなか、小学校教諭専修免許状の課程認定を有するのは、

表2　新規参入プロバイダの学士課程設置

学士課程設置年度	大学数
1954年度以前	22
1955年度-1964年度	18
1965年度-1974年度	21
1975年度-1984年度	6
1985年度-1994年度	22
1995年度-2004年度	38
2005年度以降	22

149大学のうちおよそ4分の1（37大学）にとどまっており、高度化に向けた課題もある。

（米沢　崇）

3．2005年以降の課程認定行政の強化

3.1　強化の背景とポイント

前述のように、2005年の教員養成分野の抑制撤廃策を契機に公私立の一般大学における小学校教員養成プログラムは拡大し、国立の教員養成系大学・学部を量的に上回るという「構造変容」が生じた。こうした中、多様化した教員養成プロバイダの質的管理、ひいてはそれら多数の機関で育成・輩出される教員の質を保証するための課程認定の運用が強化されつつある。詳細は先行研究（岩田 2018b、木内 2013ほか）に委ねたいが、そのポイントは①教職課程を設ける大学の「学科等の目的・性格と免許状との相当関係」と②「含めることが適当な内容」に相当する業績の有無についての審査が厳格化された点[7]に整理できよう。特に①に関しては昨今、学科等の教育課程での認定を受けようとする免許状に関連する科目とその他の科目内容の間に密接な関連があるか[8]等が審査基準として強調されている点からも明白である。

3.2　運用強化による具体的な影響

では、課程認定行政の運用強化がもたらす具体的な問題とは何か。それはまず、認定を受ける大学・学部・学科が、授業や研究の内実や長期的な学生の変容といった「中身」よりも「何が書かれているか」に関するチェックに奔走せざるをえないことである。これを象徴する業績審査については、審査で問われるのが担当科目

の分野との対応関係にとどまり、業績そのものの質は不問であること、なおかつ、アカデミックな研究業績を有さずとも「当該分野の業績」として認められれば課程認定をパスできるという問題が既に指摘されている[9]。この問題は、「結果として"とにかく審査をパスできる人物"を寄せ集めること」[10]になるという木内の指摘にも通じる。

また、2018年に示された「再課程認定審査に係る近年の指摘事項と課題」では、研究業績の執筆分量・分担の正確な記載のみならず、業績の概要が極端に短いことや業績の概要欄に記載する内容の下線部分と担当授業科目の関連性が読み取れないこと等、課題事項が細かく羅列されている。さらには、到達目標が不明瞭もしくは特定事項に極端に偏った内容のシラバスの是正に留まらず、15回の授業内容を数字のみで区別しない（試験を含んではいけない）こと、テキスト・参考書を「なし」とせず、最新の学習指導要領を指定することにまで指摘が及ぶ[11]点は看過できない。

3.3　実地視察報告にみられる傾向

では、こうした状況は課程認定を受ける側に対する直接的な介入とどう連動しているのだろうか。以下、「課程認定実地視察大学に対する講評」（文部科学省）のうち、小学校一種の認定課程を持つ大学を対象に2005年度以降になされたものの、「教育課程」の部分に焦点化し、その傾向をみてみよう。

まず、抑制撤廃策直後、指摘の内実や語調は比較的「穏やか」なものである。それはたとえば、シラバス作成について「学生の立場に立って検討し、ある程度の内容の統一を図ることが必要である」[12]や、「講義のみに終始することなく、実践的な内容を扱った参加型授業をするように努めてほしい」[13]等の講評（2005年度）から窺えよう。また、同一名称の複数の授業科目で担当教員の専門分野が偏らないよう「教員間での意思統一を図ってほしい」[14]（2007年度明星大学）とのコメントからも、必要な検討・修正を課程認定大学に任せようとする姿勢が垣間見える。

一方、近年、顕著なのはやはりシラバスや授業科目名に対する指摘であり、それは、法令で扱う内容、主には教員免許法施行規則第6条に定める「含めることが必要な事項」の有無が不明瞭なシラバスの是正や、科目の趣旨に照らした適切な授業内容を求める記述[15]に顕れている（2016年度の筑波大学・名古屋経済大学、2015年度の群馬医療福祉大学など）。また、一般的包括科目の内容の位置づけが不明確である点や、専門性が担保できるように見受けられない「教科に関する科目」の区分も是正の対象とされた。さらに着目すべきは、2013年度以降、全般的事項において「速やかに是正すること」との記述が出現した点である。認定を受ける大学個々の事情や努力義務よりも対応の迅速さを第一義とするこの表現は、審査の厳格化と併せて、実地視察の評価等が著しく低い場合や、その後の改善が見られない場合の認定取り消し等を提言した中央教育審議会答申（2012年8月）の存在を後ろ盾に出現したと判断できる。

3.4　大学の主体性・自律性をどう守るか

以上のような状況が今後、ますます加速の一途をたどるのであれば、生じる問題は大学で教育を担う者が学生を支えるプロセスやクオリティが等閑視されてしまう点で極めて深刻といえよう。まさに、かつて課程認定委員を務めていた山﨑準二が指摘した「自由度が無くなり多様で個性的な取り組みが出来なくなりがち」[16]な状況が起きつつある。時に、担当科目と直結しない教育・研究活動が学生に与える多様で長期的なメリットは、大学の主体性や自律性ゆえに保証されるはずだ。しかし、一定程度の質・標準性の担保を標榜する課程認定行政は、それを奪いながら、大学に「主体性を放棄して課程認定審査の要請に即応する」[17]状況を定着させつつあるのではなかろうか。

（大和真希子）

4．教員養成の実態面における変化

4.1 教員採用や教員就職に関して大学が抱えるプレッシャー

では、抑制策撤廃後の教員養成の実態はどう変化したのか。以下、国立・私立の伝統的プロバイダ（2004年度以前から小学校教員養成を行っていた大学）が、主に教員採用試験を意識した大学間競争や教員就職率向上に関するプレッシャーを抱える状況に着目する。

既に見たように、新規参入プロバイダの参入メカニズムに関して明らかにした村澤（2015）の分析から、特に都市部の私立大学間の競争の激化が推測される。他方、規制緩和とは別の要因として、人口減少という社会的要因が、国立大学の「機能強化」を要請し、「教員養成大学」[18]の教員就職率の向上を求める現象が確認される。こうした問題構造に着目し、以下、国私立の伝統的プロバイダに関わっての政策的プレッシャーを見ていく。

4.1.1 私立大学の場合

まず、私立大学における新規参入の影響がいかなるものであったかを、伝統的プロバイダの視点から見ていく。

この点に関して、2009年12月12日に碓井岑夫が行った講演の記録（碓井 2010）は、大変興味深い。教育学者である碓井は当時、四天王寺大学の学長を務めていた。同大学は大阪府羽曳野市に所在する、教員養成に伝統のある私学の一つ（1967年創設）である。近畿圏では、抑制策撤廃を機に「関関同立」と称される大規模私学やその系列大学が教員養成に新規参入した。その帰結として、小学校教員採用試験の競争の激化が講演で語られた。大規模私学の参入により所謂「老舗」大学が受けた影響としては、①学生の出口保証のための合格至上主義の傾倒、②教採特別対策講座や対策室の開設、③講義内容の教採対策化、④学校インターンシップやボランティア等のための地元教委との連携の推進、⑤高大連携による受験生の囲い込み、⑥教委の教師塾や民間の教採対策講座のニーズの増加、⑦国立大学と比して教員数の少ない私学ゆえの大学教員の多忙化が挙げられた[19]。つまり、教員採用試験の競争の激化が、大学での教育内容はもとより、大学の学生募集や教師塾を展開する教委との関係性、大学教員の多忙化をももたらしたという認識が読み取れる。なかでも特に碓井が「一番危険で問題が多いこと」と挙げたのは、上記③である。

「以前には、教育実習後に大学の講義内容が実習に役立たなかった、というクレームを聴くことがあったのですが、現在は、それ以上に教採に間に合う講義が求められている雰囲気があります。もちろん、大学の講義・演習内容に問題がないというのではありませんが、なにもかもが授業実践や児童の指導にストレートに結びつく内容ばかりではありません。むしろ、子ども観などは社会・歴史的な視点で見ていくことによって、現代の問題が深く見える部分があるように、教育や学校の課題を理論的、歴史的に学ぶことが重要なのですが、学生の関心をそこまで導くのがたいへんです。」[20]

教員採用試験の合否は、学生の進路を左右する重要な問題であるため、その結果を軽視できない／すべきでないのは言うまでもない。しかし、大学で学問を修める意義を、学生が蔑ろにする傾向は看過できない問題である。

規制緩和の帰結は、教員養成プロバイダの量的増加による教員採用をめぐる競争の激化にとどまらない。戦後の教員養成の原則としての「大学における教員養成」の意義が、採用試験対策への傾倒によって矮小化される傾向が指摘できよう。また、規制緩和がもたらす教員養成の構造変容は、新規参入大学の規模や威信、地域性によって複雑で多様な帰結を導く可能性がある。この点に関して、今後詳細な分析が必要である。

4.1.2 国立大学の場合

次に、国立大学に対する教員就職率向上のプ

レッシャーについて見ていこう。プレッシャーの根源には国立大学に対する「機能強化」の要請があり、それは国立大学運営費交付金の重点配分と関わる。「第3期中期目標期間における国立大学法人運営費交付金の在り方に関する検討会」(2015)は、機能強化の方向性等に応じた3つの重点支援の枠組みを新設した[21]。2018年の資料では重点支援評価の枠組みを継続しつつも、評価の「改善」策として既存のKPI（Key Performance Indicator）の精選、経営改革の評価の反映、大学間比較のための共通指標の導入等が提起された[22]。機能強化と客観的評価に基づく運営費交付金の配分がセットで進行中であることから、この改革動向は国立大学界全体にプレッシャーを与えていると言えよう。

特に、教員養成分野では文部科学省に設置された「国立教員養成大学・学部、大学院、附属学校の改革に関する有識者会議」(2017年、以下有識者会議)が、「教員養成大学」の機能強化を提言した[23]。その根拠として少子化に伴う教員需要の減少期の到来と、教員の専門性の高度化の要請を挙げ、限られた資源をもとに教員養成機能を着実に高めることが改革の目的とされた。機能強化策として、PDCAサイクルの実現、協議会を通じた地域との連携、教員就職率の引き上げ、教職大学院の教育内容の充実、現職教員の教育・研修機能の強化のほか、共同教育課程の設置等も挙げられた。「教員就職率の引き上げ」の根拠には「国立教員養成大学・学部の教員就職率は平均60％程度のままで伸びていない状況」があり、「各大学が継続的かつ確実にこれを高めるべき」と主張した[24]。

対して国立大学の側は、機能強化の改革と運営費交付金の配分との結びつきから、有識者会議の教員就職率向上の提案を基本的に受容せざるを得ない状況にある。国立大学協会（2018）は、「教員就職率と質の保証」として、「多額の公費が投入されている教員の養成を目的とした大学・学部である以上、国立教員養成大学・学部はその教員就職率を当然意識するべきであり、その向上には最大限尽力するべきである」と述べた[25]。ただし、その際に「学生が教員養成の学修プロセスにおいて教員への適不適を自己認識する中で、不適であると認識した際に進路を変更できる仕組」や、「学生のつまずきをフォローする仕組」の検討を課題とした[26]。

以上、抑制策撤廃＝規制緩和後の動向として、教員採用試験や教員就職率といった学生の「出口」に関わる大学に対するプレッシャーの強まりを指摘した。では、こうした大学における教員養成プログラムの変容は、地方教育行政の現場にどう影響したのか。以下、東京都を例に見ていきたい。

（早坂めぐみ）

4.2 教育委員会の施策への影響―東京都教育委員会を例に―

ここでは、東京都教育委員会が2010年に出した「小学校教諭教職課程カリキュラム」（以下単に「カリキュラム」）を主な素材として、抑制策撤廃の影響について見ていきたい。

4.2.1 策定の経緯

「カリキュラム」策定の目的には、教員の大量退職、大量採用の状況が続くことによる教員の経験年数のバランスの崩れ、先輩教員から若手教員への知識や技能の伝承が難しくなってきたことを受け、「採用」「研修」のみならず「養成」段階も一体ととらえて、連携して若手教員の資質・能力の向上をめざすことがあるとされている。そのため、「養成」段階から「採用」「研修」段階へと継続的に人材育成ができるよう、各大学に対して、教員養成段階の学生が身に付けるべき「最小限必要な資質・能力」を示したものが、本カリキュラムである。とりわけ、小学校教員は採用後すぐに学級担任をもつことがあることから、授業づくりや学級経営、教育課題に対応する資質・能力の素地を「養成」段階から身に付けている必要があり、小学校の教員養成課程を設置している全大学に向けて、このカリキュラムが提示されたのである。

策定に際しては2010年2月に「大学の教員養成課程等検討委員会」が設置され、3回の委員

会の開催（2010年2月、5月、8月）、30大学への大学訪問（2010年6月12日〜7月14日）が行われ、大学における教員養成課程のあり方が検討されてきた。その過程では教員養成科目のシラバスの分析や、大学訪問での授業見学、学生や大学関係者からの聞き取りなどが行われている。

調査から明らかになったことについて、2010年10月14日（木）に行われた東京都教育委員会定例会の会議録（平成22年 第16回）における指導部長からの説明によれば、「大学訪問等からとらえた教員養成の課題」として、次の3点が挙げられた。「大学は建学の精神等についてはきちんと明示しているものの、4年間を通した教員養成課程に小学校の教員になるための必要な資質・能力が明示されていない」、「教育実習が、実習校任せになっており、大学での学びを実習に生かし切らず、実践的指導力を養成する効果的な実習が連携して実施されていない」、「教育職員免許法に示されている各教科の授業内容が、担当する教員任せとなっており、大学の教員間の連携が図られていない」の3点である。そして、「この3つの課題を解決すべく、今般、都教育委員会といたしまして、小学校教員養成課程のカリキュラムについて作成したものでございます」（pp.11-12）とその経緯を説明している。

4.2.2 内容から見えること

「カリキュラム」の示す内容は、学部段階で学生に身に付けさせておく必要がある、東京都の小学校教師として「最小限必要な資質・能力」である。しかしながら、教員になるために格別に必要な事項というよりは、一般的に社会人として求められるであろう、基本的な内容と見られるものも含まれている。

例えば、「コミュニケーション能力と対人関係力」として「児童や保護者、地域住民に対して適切な言葉遣いや話しやすい態度で接したり、表情や眼の動き等から相手の思いや考えを推察するなど、互いの信頼関係を築くために必要なコミュニケーションスキルを身に付けている」、「上司や同僚に、適切に報告・連絡・相談をしたり、保護者や地域住民からの相談に乗ったりする力を身に付けようとしている」（「カリキュラム」p.5）などである。

こうした内容が「カリキュラム」に盛り込まれたということが示すのは、構造変容によってもたらされた「教員の質の変容」、具体的に言うのであれば「質の低下」なのではないかと考えられる。社会人として基本的であると感じられるような事項であっても、わざわざ「カリキュラム」に盛り込まなければならなかった、とみることが―以下のような都教委の動向からも―できるのである。

4.2.3 学校現場と都教委からのメッセージ

「カリキュラム」策定後の取り組みとして、東京都の小学校教員を志望する学生向けの「小学校教職課程 学生ハンドブック―東京都の公立小学校教師を志す学生のみなさんへ―」が作成された。この直後の東京都教育委員会定例会の会議録（平成23年第3回、2011年2月10日）では、このハンドブックについての説明を受けた教育委員たちが、呆れている様子が見てとれる（pp.22-26）。たとえば「ここまで手取り足取りしないと、きちんとした先生が出てこないのでしょうか」（髙坂委員、p.23）、「例えば、東京の学校は荒れているのではないかなど、いろいろな意味で誤解されているといったって、そのようなことは、先生になりたい人が調べれば済む話です。何もこちらで教えなくてもいいのではないでしょうか」（内館委員、pp.23-24）といった発言である。

その後、都教委は東京教師養成塾への大学からの塾生推薦に際して学力検査を設け、さらに募集案内に推薦基準として「実用英語技能検定3級程度を取得していることが望ましい」（「平成29年度塾生募集要項」）と記すに至った。英検3級の目安は「中学卒業程度」である。この基準を記載したということは、塾生の英語力が「中学卒業程度」にも満たないものであったのではないかとも見られる。

こうしたことから見るに、おそらく学校現場

や教育委員会では、教員になる以前の段階において、基礎的な学力や社会的な常識を持ち合わせていない学生が教育実習に来たり、採用されたりしていると強く感じているのだろうと考えられる。構造変容との関連で見るならば、新規参入大学が増えて以降、初めて教育実習を受け入れている時期が2008年〜2009年頃であること、その学生たちが採用されて若手1年目となるのが2010年〜2011年頃以降であると推察される。カリキュラムの策定時期を考えても、「教員や実習生の質の変容」による現場からの悲鳴とも言える声を受けて、東京都教育委員会が「どうか、最小限このくらいは身に付けてきてほしい」と考えるレベルの資質・能力を提示しているのが、この「カリキュラム」だと考えられるだろう。

もちろん、「カリキュラム」の策定などの一連の都教委の動向は、大学教育への介入であるともとれることから、伝統的な教員養成プロバイダの多くには、あまり良い印象をもたれてはいないだろう。しかしながら、規制緩和以降の小学校教員養成をめぐる構造変容に着目した上で、改めてこの「カリキュラム」に目を通すと、教育実習生や若手教員の質の変容に戸惑い、悲鳴を上げる現場、それを受けてこうした「カリキュラム」を出さざるを得なかった都教委からの「メッセージ」を読み取ることができるのではないだろうか。

(山口晶子)

おわりに

以上見てきたように、教員養成分野における規制緩和策（抑制策撤廃）は、2005年度以降の小学校教員養成プロバイダの多様化を生み、「開放制」原則それ自体の実質化を進める契機になったと捉えられる。

しかしながら、その多様化は、必ずしも以前より良質の学生を教員養成プログラムに新たに取り込む結果にはつながらず、都教委の一連の施策から仄見えるように、教職課程を履修する学生の一部の資質（学力面、社会人としての常識やコミュニケーション面など）における深刻な低下を招いたとみられる。

そうして、同時代的に運用が強化された課程認定行政は、こうした教職課程履修者の質の低下に対する有効な歯止めとならないばかりか、抑制策撤廃以前から良質な教員養成教育を提供していた国公私立の伝統的プロバイダに新たなプレッシャーを与え、従前の持ち味を殺ぐという逆効果さえも招いている。

実は、こうした展開への懸念は、2005年時点での協力者会議が既に見通していたところでもある。この協力者会議の報告の末尾[27]には「抑制方針撤廃後の留意点等」として、質の向上の視点から「単なる教員免許状取得者の増大となることがないよう、質の向上について十分留意する必要がある」とし、その具体策として、既存の課程認定行政の運用強化ではなく大学の認証評価制度に関わって「教員養成に係る分野別評価が行われるということも有効であると考えられることから、これを行うにふさわしい団体が育成されることが期待される」と述べているのである。こうした、ピアレビューを基調とするネーションワイドな評価団体の育成[28]は、日本の「開放制」原則下の教員養成プロバイダの多様性ゆえに未だ不充分であり、良質な大学間連合の協働による今後の発展が期待されるところでもある。

現状において、教員養成分野における規制緩和のメリットを最も享受しているのは、村澤の言う「経営合理的行動」から新規参入した私立大学の経営者の一部であろう。そのことと、将来的な教員資質の向上との間には、大きな懸隔が今もなお存在しているのである。

(岩田康之)

引用・参考文献

・岩田康之「新自由主義的教員養成改革と『開放制』」弘前大学教育学部附属教員養成学研究開発センター『教員養成学研究』第3号、2007年、1-10ページ。

・岩田康之「教員養成改革の日本的構造─『開放

・制』原則下の質的向上策を考える—」『教育学研究』第80巻第4号、2013年、414-426ページ。
・岩田康之「日本の『教育学部』：1980年代以降の動向—政策圧力と大学の主体性をめぐって—」『日本教師教育学会年報』第27号、2018a、8-17ページ。
・岩田康之「『開放制』原則下の規制緩和と教員養成の構造変容（1）—2005年抑制策撤廃後の小学校教員養成の動向と課題—」『教員養成カリキュラム開発研究センター研究年報』Vol.17、2018b、49-56ページ。
・岩田康之・米沢崇「『開放制』原則下の規制緩和と教員養成の構造変容（2）—教員養成分野に関わる抑制撤廃の経緯と課題—」『教員養成カリキュラム開発研究センター研究年報』Vol.18、2019年、29-35ページ。
・碓井岑夫「私立大学における教員養成の現状と課題—小学校教員養成を軸に」嶋中道則研究代表、岩田康之編集『先導的大学改革推進委託事業（2009-2010年度）「課程認定大学における評価団体と連携した教員養成に関するモデルカリキュラムの作成に関する調査研究」教員養成教育におけるアクレディテーションの可能性を求めて』2010年、20-43ページ。
・木内剛「近年の課程認定政策と大学の自主性・自律性」『日本教師教育学会年報』第22号、学事出版、2013年、68-77ページ。
・寺﨑昌男「戦前日本における中等教員養成制度史—『開放制』の戦前史素描」日本教育学会教師教育に関する研究委員会編『教師教育の課題』明治図書、1983年、344-355ページ。
・村澤昌崇「小学校教員養成を担う大学の特性」小方直幸・村澤昌崇・髙旗浩志・渡邊隆信『大学教育の組織的実践—小学校教員養成を事例に—』（高等教育研究業書129）、2015年、19-38ページ。
・山﨑準二「教職大学院認証評価及び教職課程認定における評価基準について」先導的大学改革推進委託事業（2009-2010年度）「課程認定大学における評価団体と連携した教員養成に関するモデルコアカリキュラムの作成に関する調査研究」（研究代表者：嶋中道則）『教員養成教育におけるアクレディテーションの可能性を求めて』（2009年度中間報告書）、2010年、12-19ページ。

注

(1) 本稿は、「『開放制』原則下の規制緩和と教員養成の構造変容に関する調査研究：小学校教員を軸に」（JSPS科研費17K04609）の、主に2018年度までの研究成果を、日本教師教育学会年報第28号の特集「開放制の教員養成を考える」の趣旨に沿って構成したものである。執筆分担は岩田康之（はじめに・1・おわりに）・米沢崇（2）・大和真希子（3）・早坂めぐみ（4.1）・山口晶子（4.2）であるが、本稿の内容についてはこの5名に藤田（眞原）里実（大手前大学非常勤）を加えた共同討議を経てまとめられている。
(2) 総合規制改革会議第一次答申、2001年12月11日（最終アクセス2019年6月24日、以下の注におけるウェブサイトも同様）。
https://www8.cao.go.jp/kisei/siryo/011211/
(3)「課程認定基準」2（5）（教育上の基本組織）において「幼稚園教諭又は小学校教諭の教職課程は、教員養成を主たる目的とする学科等でなければ認定を受けることができない」とされているため、他の学校種の教員養成に関わる課程と異なり、教員養成に特化させた教育組織を設けることが前提となる。
(4) https://www8.cao.go.jp/kisei/siryo/021212/in dex.html
(5) http://www.mext.go.jp/component/a_menu/education/detail/_icsFiles/afieldfile/2015/07/14/1231889_002.pdf
(6) この点に関わって日本教育学会第77回大会（2018年8月30日・宮城教育大学）において本研究グループは、「教員養成の『構造変容』を探る—2005年抑制策撤廃後の日本の小学校教員養成はどう変わったか—」をテーマとしてラウンドテーブルを持ち、村澤昌崇氏（広島大学）ほかに話題提供を得ている。
(7) 岩田、2018b、52ページ。
(8)「学科等と免許状の関係」文部科学省総合教育政策局教育人材政策課『教職課程認定基準等につ

(9)「教職課程認定申請手続に係る留意事項について」（平成30年度教職課程認定等に関する事務担当者説明会）2018年12月20日、4-8ページ。
(9)岩田、2018b、53-54ページ。
(10)木内、2013年、36ページ。
(11)「教職課程認定申請手続に係る留意事項について」（平成30年度教職課程認定等に関する事務担当者説明会）（2018年12月20日）。
(12)平成17年度教員免許課程認定大学実地視察報告書「立教大学」（2005年11月17日）。
http://www.mext.go.jp/b_menu/shingi/chukyo/chukyo3/002/siryo/attach/1405031.htm
(13)同上、「同志社女子大学」（2005年6月20日）。
(14)平成19年度教員免許課程認定大学実地視察報告書「明星大学」（2007年11月15日）。
(15)平成28年度の「実地視察の概要」の「筑波大学」および「名古屋経済大学」など。
http://www.mext.go.jp/component/a_menu/education/detail/_icsFiles/afieldfile/2017/03/24/1383466_4.pdf
http://www.mext.go.jp/component/a_menu/education/detail/_icsFiles/afieldfile/2017/03/24/1383466_7.pdf
(16)山﨑、2010年、16ページ。
(17)岩田、2013年、21ページ。
(18)かつて政策文書に見られた「教員養成系大学」という表記は、近年「教員養成大学」に代わり、その大学の機能を教員養成に特化する政策動向が見て取れる。
(19)碓井、2010年、26-29ページ。
(20)同上、28ページ。
(21) 3つの重点支援の枠組みとは、主として「①地域に貢献する取り組みとともに、専門分野の特性に配慮しつつ、強み・特色のある分野で世界・全国的な教育研究、②専門分野の特性に配慮しつつ、強み・特色のある分野で地域というより世界・全国的な教育研究、③卓越した成果を創出している海外大学と伍して、全学的に卓越した教育研究、社会実装を推進する取組」を中核とする国立大学の支援である（「第3期中期目標期間における国立大学法人運営費交付金の在り方について（審議まとめ）」）（2015年6月15日）
http://www.mext.go.jp/component/b_menu/shingi/toushin/_icsFiles/afieldfile/2015/06/23/1358943_1.pdf
(22)文部科学省「国立大学法人運営費交付金」（2018年11月15日）、2-3ページ。
http://www.gyoukaku.go.jp/review/aki/H30/img/s12.pdf
(23)「教員需要の減少期における教員養成・研修機能の強化に向けて―国立教員養成大学・学部、大学院、附属学校の改革に関する有識者会議報告書―」（2017年8月29日）。
http://www.mext.go.jp/b_menu/shingi/chousa/koutou/077/gaiyou/__icsFiles/afieldfile/2017/08/30/1394996_001_1.pdf
(24)同上、14ページ。
(25)一般社団法人国立大学協会「教員の養成及び研修に果たす国立大学の使命とその将来設計の方向性（WG報告書）」（2018年3月23日）、16ページ。
https://www.janu.jp/news/files/20180323_TE-TT_report2.pdf
(26)同上
(27)注(5)に同じ、8-9ページ。
(28)2018年度文部科学省「教員の養成・採用・研修の一体的改革推進事業」において教員養成評価機構・全国私立大学教職課程協会・大学基準協会の三者が受託している。
http://www.mext.go.jp/a_menu/shotou/sankou/1409693.htm

ABSTRACT

Shift of the 'Open System' under a Deregulation Policy:
Focusing on the Initial Teacher Education for Primary School Teachers in Japan

IWATA Yasuyuki（Tokyo Gakugei University）　YONEZAWA Takashi（Hiroshima University）
YAMATO Makiko（University of Fukui）　HAYASAKA Megumi（Akikusa Gakuen Junior College）　YAMAGUCHI Akiko（Tokyo Gakugei University）

This paper elaborates how the initial teacher education in Japan has structurally changed due to the rise of the Neo-Liberal policies in Japan at the beginning of the 21st century. Policies deregulating the providers of the initial teacher education for primary school teachers in particular exhibits some typical issues brought by the neo-liberal policies.

Japan's initial teacher education is known as the 'Open System'. However, preservice training for primary school teachers has been one of five areas of preservice trainings that are exclusively restricted in order to keep a balance between demand and supplies. Therefore, it had been prohibited to launch a new provider or to increase the training capacity of existing providers since 1980s.

The Cabinet organized by Prime Minister KOIZUMI Junichiro (2001-06) has lifted the state regulation of the initial teacher education programme for primary school teacher as a part of the 'Deregulation' scheme. Since 2005, hundreds of new providers of programme for primary school teachers have been launched. Most of those new providers were private universities with relatively low prestige in urban areas. These universities launched the initial teacher education programme as a means to improve their financial conditions.

In conjunction with the deregulation, a governmental control of 'course approval system' by ministry against initial teacher education providers became stricter than before. However, the stricter control of 'course approval system' has not been an effective means for quality assurance of prospective teachers until now. Local education administration in urban areas has experienced difficulties in handling an increasing number of prospective primary school teachers. Some of hastily launched providers are insufficient in preparing competency of teacher candidates, local boards of education are forced to put tougher requirements on the initial teacher education providers.

It is ironic that the 'Deregulation' policy on the initial teacher education has failed to strengthen teacher competency of new graduates. Instead, the 'Deregulation' has ended up introducing much stricter regulations on the courses provided under the initial teacher education to ensure the competency of teachers prepared by rapidly launched providers of the initial teacher education. This study identified that such irony has turned into a crisis by weakening the autonomy of universities providing teacher education programme.

Keywords: deregulation policy, open system, initial teacher education, primary school teacher, teachers' competency

〈特集〉開放制の教員養成を考える

課程認定行政の問題点と改革の方向性

勝野　正章（東京大学）

1．はじめに

教育職員免許法の改正（平成28年法律第87号）及び同法施行規則の改正（平成29年文部科学省令第41号）により、全国の国公私立大学が開設する教職課程について、2018年度中に認定を受けなおすこと（再課程認定）が求められた。2019年4月からは、文部科学大臣の認定を受けた1,283校の大学等の合計19,419の教職課程で改正法令に基づく教員養成が実施されている（文部科学省2019）。

日本の大学における教員養成制度においては、1953年以降、課程認定が実施されている。これは、原則として文部科学大臣が認定した課程（認定課程）で取得した単位でなければ免許取得の所要資格を満たすことにはならない仕組みである。この課程認定制度については、教員養成の開放制の原則や免許法の専門性の原理との不整合が指摘され、文部省・文部大臣の教員養成に対する権限強化への批判もあった（海後編1971、山田1993）。近年ではさらに「課程認定の要件強化、審査の厳格化」（木内2013）が指摘されている。こうした課程認定制度に関する言説は、大学の自治、学問の自由との関係へと視野を広げつつ、改めて大学教育における教員養成（教職課程）の意義・位置についての学術的論議の必要性を提起している（船寄2009、岩本2011、岩田2013、油布2016、牛渡2017）。

しかしながら、本稿では、こうした広がりと深みを持つ学術的論議に正面から立ち入るのではなく、今日の課程認定行政の問題点に焦点を絞って考察を加える。まず、今回の再課程認定の過程で浮上した「貸し借り」問題の検討を通じて、課程認定行政の問題点の一端を描出する。続いて、課程認定制度の特徴を確認したうえで、課程認定の法的性質に言及する。そのうえで、再び今回の再課程認定に視点を戻し、特に「教職課程コアカリキュラム」の基準性について考察する。最後に、現在の課程認定行政に必要な改革の方向性を改めて整理して示す。

2．「貸し借り」問題にみる課程認定行政の問題点

今回の再課程認定では、いわゆる「貸し借り」をめぐって混乱が生じた。その発端は、2017年10月末から18年2月末にかけて行われた事前相談において、文部科学省の担当者から一部の大学に対し、他学科等で教職課程科目として開設している科目を「教科に関する専門的事項に関する科目」として使用することはできない旨の指摘が行われたことであった。「貸し借り」は従来から行われており、今回も問題ないものとして再課程認定の準備を進めていた大学もあった。そうした大学にとって、「貸し借り」が認められないというのは教職課程の維持・存続に関わる重大な問題であった。

文部科学省の指摘によれば、教職課程認定基準（以下、「認定基準」））4－3（2）及び4－4（2）で「貸し借り」が認められるのは、教職課程科目以外の他学科等科目に限られる。この4－3（2）と4－4（2）は、それぞれ中学校教諭、高等学校教諭の一種及び二種免許状の課程認定を受

ける場合の教育課程に係る認定基準の一部である。基本的に同じ趣旨であるので、4-3 (2) のみ以下に示す。

　「教科に関する専門的事項」に開設する授業科目は、教職課程の科目内容の水準の維持・向上等を図るという観点から、施行規則第4条第1項表備考第1号に規定する教科に関する専門的事項に関する科目の半数まで、認定を受けようとする学科等以外の学科等、当該学科等を有する学部以外の学部学科等又は複数の学部学科等の共同（以下「他学科等」という。）で開設する授業科目（全学共通開設科目を含む。）をあてることができる。（ただし以下、略）

　この規定を読む限り、他学科等で教職課程科目として開設している科目を「教科に関する専門的事項に関する科目」にあてることはできないという指摘内容について、明示的な根拠を見出すことはできない。さらに、認定基準の他の箇所にも、その旨を明示した規定は見つからない。ただし、学科等の目的・性格と免許状との相当関係を求める認定基準2 (3) から、自学科の科目による充足が原則であると解釈することは可能である。しかし、その場合も、4-3 (2) 及び4-4 (2) を原則に対する例外を設けた規定として読むことが即不合理とは言えない。むしろ、「教職課程の科目内容の水準の維持・向上等を図る」という積極的目的によるものであれば、「半数まで」という制限のもとで、「貸し借り」を推奨する趣旨であるとも読める。さらに、「貸し借り」が認められないのは他学科等で教職課程科目として開設している科目であり、教職課程科目以外の科目については認められるという区別についても、認定基準中に明示されておらず、理由も不明瞭である。

　今回の再課程認定では、「貸し借り」をめぐって、文部科学省の事前相談における対応が均一ではなかった点も問題である（樋口2019）。事前相談において、「貸し借り」は認められないと指摘を受けた大学と受けなかった大学があった。さらに、指摘を受けた大学のなかでも、急遽、科目の設置体制を変更するなどにより「貸し借り」を解消したうえで正式な申請を行った大学があった一方、特に対応措置を講じなかった大学もあった。このことは、事前相談における文部科学省の指摘と対応の要求の強さに大学間で差異があったことを示唆している。

　事前相談は、大量・煩雑な審査の効果的・効率的実施にとって有益な仕組みである。大学にとっても、あらかじめ疑問を解消し、準備を整えて申請できるメリットは大きい。「教職課程認定申請の手引き」では、事前相談について、「申請書等の作成内容や方法に関して、各法令等の趣旨や過去の課程認定委員会での指摘等を元に、事務的な確認を行う」ものであり、「課程認定委員会での専門的審議が必要な」質問には対応できないと説明されている（文部科学省初等中等教育局教職員課n.d.、p.22）。しかし、今回の再課程認定における「貸し借り」の指摘は明文の根拠規定を欠き、理由も不明瞭であり、「事務的な確認」と呼べる範囲に収まるものであったか疑問である。また、かりに「法令等の趣旨や過去の課程認定委員会での指摘等」に基づく指摘であり、「事務的な確認」の範疇に収まるものであったしても、行政の「平等原則」に照らして問題であった。結果的に今回の再課程認定では「貸し借り」の解消が一般的（絶対的）な認定要件とはされなかったようだが、少なからぬ混乱をもたらしたことは確かである。

　以上を整理するならば、現在の教職課程認定に係る行政（以下、「課程認定行政」）は、公正（平等）・透明性の点で課題があると言える。それは、認定基準の曖昧さと不備・不整合に少なくとも部分的には起因している。認定基準は予め大学に対して周知されているが、事前相談で実質的に新たな基準の追加とも言える解釈が示される事態は公正とは言えない。確かに、課程認定には専門的な判断を必要とする場合があり、そのため明示的基準による規律は抽象的かつ最小限の範囲にとどめ、より具体的・詳細な

判断は担当者の裁量に委ねられるべきであるとする考え方にも、一定の合理性がある。しかし、今回の「貸し借り」の判断は、そうした専門的裁量を必要とする種類ではない。むしろ、認定基準の曖昧さや欠缺が行政権限を肥大化させ、不適切な（場合によっては、非適法とも言える）行使を許す危険性に注意を向けるべきであろう。これは、本来は非権力的であるはずの行政指導が行政機関の優越的支配権を背景として事実上の強制力を持つという、日本の行政過程一般について頻繁に指摘される問題点が課程認定行政でも観察されるということでもある。

3．課程認定制度の特徴と課程認定の法的性格

（1）課程認定制度の特徴

課程認定制度は、大学が設置する課程について、文部科学大臣が免許状取得のための所要資格を得させる課程であることを認定するものとし、そのために必要な手続き・基準等を定める法制度である。しかし、課程認定制度が導入された歴史的経緯から、法令上の規定は必要十分性を欠いている。特に認定基準については、大部分が本来は組織の内部規律文書という法形式である「教員養成部会決定」「認定委員会決定」で定められており、行政手続き的観点から大いに問題がある。以下、少し具体的に課程認定制度の概略を確認しておくことにしたい。

まず、免許法において、文部科学大臣の課程認定についての規定は本文ではなく、別表の備考にある。免許法5条は、原則的に、免許状の種類ごとに所定の基礎資格（学歴条件）を有し、かつ大学において所定の単位を修得することを普通免許状授与の条件としている。この条文は免許法制定当初から基本的に改正されておらず、所定の単位を修得する大学を限定していない（開放制原則）。課程認定は、所定の基礎資格及び単位を定めた別表第1（5条及び5条の2関係）備考5号イ「文部科学大臣が第16条の3第4項の政令で定める審議会等（中央教育審議会、筆者注）に諮問して免許状の授与の所要資格を得させるために適当と認める課程（以下「認定課程」という。）において修得したもの」において、はじめて言及されている。

続いて、免許法別表で示された単位の修得方法についてより具体的に規定している免許法施行規則には、「認定課程」の一章が設けられている。ここで「認定課程」とは、上記の免許法別表第1（5条及び5条の2関係）備考5号イ（または6号）の規定に基づき、文部科学大臣が免許状授与の所要資格を得させるために適当と認める大学の課程を指す。章のうち、文部科学大臣の認定行為に直接関わる条文は20条と21条である。20条は「文部科学大臣は、免許法別表第1、別表第2又は別表第2の2に規定する科目の単位の修得に関し、大学の課程が教育課程、教員組織、教育実習並びに施設及び設備について、免許状授与の所要資格を得させるための課程として適当であることを当該科目に係る免許状の種類（略）ごとに、認定するものとする。（以下、略）」と、認定の観点（教育課程、教員組織、教育実習並びに施設及び設備）を挙示し、認定は免許状の種類ごとに行うことを定める。21条は、認定を受けようとする大学の設置者は文部科学大臣に申請書を提出すること、及び、その申請書の記載事項（大学及び大学の学部の名称、大学の学科、課程若しくはこれらに相当する組織、大学の専攻科又は大学院の研究科の名称、免許状の種類、学生定員、教育課程、教員の氏名、職名、履歴、担任科目及び専任兼任の別、教育実習施設に関する事項、学則、その他大学において必要と認める事項）を定めている。その他の条文は、認定課程を有する大学は「免許状授与の所要資格を得させるために必要な授業科目を自ら開設し、体系的に教育課程を編成しなければならないこと」（22条）など、基本的に、自主的に教職課程の水準維持・向上に努める義務を大学に課す内容である。ただし、文部科学大臣の是正勧告権（22条の2 2項）及び認定取消権（22条の2 3項）は、課程認定権に付随する権限として重要である。

以上のような法令規定を補い、以下の内規・

決定が実質的に課程認定の手続き・基準等（課程認定制度）を定めている。

・「教職課程認定審査運営内規」（平成13年7月19日　教員養成部会決定、最終改正平成28年7月4日）。（以下、「運営内規」）
・「教職課程認定基準」（平成13年7月1日　教員養成部会決定、最終改正平成29年11月27日）（以下、「認定基準」）
・「教職課程認定審査の確認事項」（平成13年7月19日　課程認定委員会決定、最終改正平成29年11月17日）。（以下、「確認事項」）

運営内規は、審査は「認定基準」及び「確認事項」に基づいて行うこと（1（2））、及び教員養成部会は審査を課程認定委員会に付託し、委員会から審査の議事経過及び結果の報告を受けて最終判定を行うこと（1（3））を定め、続いて審査方法、書類審査、面接及び実地審査、最終判定、教職課程の認定後に計画を変更する場合の取扱いについてなどを規定している。

認定基準は、大学は免許法、免許法施行規則及び本基準に基づいて課程認定を受けること（1（1））、本認定基準の最低基準性（1（2））、本基準に定める以上の水準向上に努める大学の義務（1（3））、課程認定委員会は本基準の適用に必要な確認事項を定めることができること（1（4））を規定し、続いて教育上の基本組織、教育課程・教育組織（免許状の種類に関わらず共通、一種免許状・二種免許状の課程認定を受ける場合、専修免許状の課程認定を受ける場合）、施設・設備、教育実習等について基準を定めている。

確認事項は、上記の認定基準1（4）に基づき、教育上の基本組織関係、教育課程関係、教員組織関係について、課程認定審査における確認事項を定めている。

紙幅の都合上、運営内規、認定基準、確認事項の内容を詳述できないが、現行の課程認定制度の特徴として、法令によって規律される部分が限定的であることを強調しておきたい。認定基準について言えば、法令の範囲では、教育課程、教員組織、教育実習並びに施設及び設備（免許法施行規則20条）という事項・観点が示されているにとどまる。むろん、免許法及び免許法施行規則が定める、免許状の授与の所要資格を満たすための科目が開設されていることが根本的な認定基準となるが、その運用に関わる解釈をはじめとする、より具体的な基準については、認定基準、確認事項に委ねられている。

(2)課程認定の法的性質

以上のような課程認定制度の特徴を踏まえ、課程認定の法的性質に簡潔に言及する。課程認定とは、法令の文言上、文部科学大臣が大学の課程を「免許状の授与の所要資格を得させるために適当と認める」行為を指す。これはすなわち、学生が免許状を取得できる特別な課程を設置・運営する法的地位を大学に与えるという、許可（ないし認可）の行政処分に相当し、課程認定行政は許認可行政ということになると考えられる。文部科学大臣が行う類似の行政処分として大学設置認可がある。このような課程認定行政の法的性質については、これまであまり議論されてこなかったが、課程認定行政の公正・透明性や認定基準について検討する際に有益な立脚点になる。たとえば、許認可行政の基本的な姿勢には、特許主義、許可主義、認可主義、準則主義（法令の要件を満たしていれば、行政機関の裁量の余地なく許認可されるべきであるという考え方。戦後当初の開放制原理はこれに近い）、自由設立主義があることに鑑み、開放制に適した課程認定の在り方を改めて検討することができる。行政庁は申請に応じて処分を行う際には、できるだけ具体的な審査基準を策定・公表すること、許認可を拒否する場合には理由を提示することなどが行政手続法（平成5年法律88号、最終改正平成29年法律4号）に定められている。当事者の権利保護の観点から、大学による基準・手続きの策定過程への参加・意見表明や認定結果に対する弁明の機会（聴聞）の保障についても考察できる。

なお、課程認定行政を許認可行政と捉えることに付随して、課程認定による法的効果は学生にも及ぶことを補足したい。課程認定の直接の法的効果は、大学に対する教職課程の設置・運営の許可・認可であるから、第一義的には大学教育・経営に対する影響（利益・不利益）の観点から、その在り方が論じられることになる。しかし、課程認定は、間接的ではあれ、免許状の取得を希望する学生の教育の機会及び内容に影響を及ぼし、その利益を左右する。したがって、課程認定においては学生も一定の当事者性を有すると言え、学生への影響が権利・利益保障の観点から考慮されるべきである。この点、行政手続法が、申請者以外の者の利害を考慮すべきことが当該法令において許認可等の要件とされている場合という限定付きではあるが、「必要に応じ、公聴会の開催その他の適当な方法により当該申請者以外の者の意見を聴く機会を設けるよう努めなければならない」（10条）としていることが参考になる。何らかの形で課程認定に対する学生の意見表明を保障する方法・手続きが設けられるべきである。

4．コアカリキュラムの基準性

今次の再課程認定では、「教職課程コアカリキュラム」（以下、「コアカリキュラム」）を反映した教職課程であるかが審査された（文部科学省2019）。具体的には申請書類の一つとして、「教職に関する科目」と「外国語（英語）に関する科目」について、「各科目に含めることが必要な事項」ごとに実際に開設する授業の各回においてコアカリキュラムに定められたどの到達目標を扱うかを示した「コアカリキュラム対応表」を提出することが求められた。対応表は、左側に予め印刷してあるコアカリキュラムを確認し、右側の表に到達目標に係る授業を単独の授業回で行う場合は「◎」、複数の授業回にわたって全体的に行う場合は「〇」を記載する形式になっている。「◎」又は「〇」が記載されていない授業回（コアカリキュラムの内容に関係しない授業回）があっても差し支えないとの但し書きはあるが、すべての到達目標を網羅していることが求められている。対応表の授業科目名には、シラバス掲載ページを付記することになっており、シラバス上もコアカリキュラムの網羅性が確認されることをうかがわせる（以上、文部科学省初等中等教育局教職員課n.d.）。

コアカリキュラムは、直接的には中央教育審議会が2015年12月にとりまとめた答申において、「大学が教職課程を編成するに当たり参考とする指針（教職課程コアカリキュラム）」の作成を提言したことを受けて作成されたものである。学校現場の複雑化・多様化する課題に対応できる実践的指導力を養成する必要性が導入理由とされ、最低限必要な基礎的、基盤的な学修を確実にするための手段という意義が与えられている。背景には、大学の教員養成では研究的側面が過度に強調されていたり、もっぱら担当教員の関心に基づいて授業が展開されているという批判的見解もあった（中央教育審議会2015）。

コアカリキュラムの作成過程と内容に関する問題点や課題については、牛渡（2017）に詳しい。特に課程認定との関わりで言えば、教職課程の内容の基本的な部分を一定程度まで共通化する必要性についての理解を示しつつ、その「共通部分や内容的・人的制約があまり強くなると、実質的な目的養成となり」（p.32）、開放制を維持できなくなると指摘している。上記の「コアカリキュラムの内容に関係しない授業回があっても差し支えない」との但し書きや、教員の業績内容との直接的な対応関係が求められなかったことで大学への拘束性を一定程度弱めたことは評価できるものの、コアカリキュラムを導入しながら、大学の自主性をいかに保障するかが課題であると述べる。今回の作成過程で参照された他分野のコアカリキュラムの内容は授業時間の2/3程度でカバーできるように抑えられ、残りの部分では担当者の専門性や大学の自主性が活かされるようになっており、「全国的な共通性」と「大学の自主性・主体性」のバランスが重要であると指摘している（p.33）。

こうした問題点や課題に加えて、本稿ではコアカリキュラムの基準性に関する問題点を指摘したい。以下の「確認事項」の記述をもって、コアカリキュラムが「法的拘束力」(牛渡2017、p.32)を持つとすることには疑問がある。

2(6)授業科目の審査にあたっては、以下に定める事項の内容が含まれているか確認を行うこととする。
① 教職課程コアカリキュラム（平成29年11月17日「教職課程コアカリキュラムの在り方に関する検討会」決定）
② 外国語（英語）コアカリキュラム（文部科学省委託事業「英語教員の英語力・指導力強化のための調査研究事業」平成28度報告書）

ここでは、その理由を法形式上の問題に限定して述べる。認定基準1(4)によれば、認定委員会は、教職課程の認定に係る審査に認定基準を適用するために必要な確認事項を定めることができる。しかし、コアカリキュラムを認定基準とすることは、教職課程科目の内容に踏み込む、実質的に新たな認定基準の追加にあたると評価できるのであり、「適用基準を適用するために必要な確認事項」の範疇を逸脱している。より根本的には、前節で確認したように、確認事項はもとより、認定基準も組織の内部規定の法形式をとっていることから、大学と学生に利益・不利得を与える課程認定の基準としては適格性を欠き、本来、できる限り用いるべきではない。認定基準としては法令に定める基準の手続き的補足を定めた部分のみが有効であり、それを越える部分については指導助言基準にとどまると考えるのが法形式論からは妥当であろう。そうでなければ、その時々の担当者の価値観や判断による恣意的な認定基準の設定・変更を許すことになり、「法律による行政」原則に反する。付言するならば、他の分野のコアカリキュラムが学部・学科等の設置基準ではなく、教育水準の維持・向上基準とされているのに対し、教職課程のコアカリキュラムを課程認定基準とすることの不均衡を説明する合理的な理由も見当たらない。

結論を述べると、確認事項2(6)を根拠に、コアカリキュラムの内容（到達目標）がすべて網羅されていなければ認定しないということは許されず、そのような取扱いを示唆するような対応表の提出を求めることも適切ではない。策定の趣旨や内容を全面的に否定するものでは決してないが、確認事項2(6)にかかわらず、コアカリキュラムは認定基準ではなく、指導助言基準（大学が教職課程の水準の維持・向上のために自主的に参照する基準）にとどまるものと考えるべきである。

5．課程認定行政の改革

近年、「課程認定の要件強化、審査の厳格化」(木内2013)が盛んに指摘されている。たとえば、2007年度からシラバスの提出が求められるようになり、2012年度からは「教職に関する科目」のシラバスに「各科目に含めることが必要な事項」をもれなく記載することが求められるようになった。学科等の目的・性格と免許状の相当関係が厳しく問われるようになり、教職課程科目名について細かな指摘がなされ、教員審査でも業績内容の担当科目との相関性が厳格に審査されている(木内2013)。岩田(2013)は、このような課程認定行政には、それぞれの担当教員が行う教育活動の内容、カリキュラム編成、人事配置といった大学の自治に委ねられるべき部分を侵食する恐れがあると述べ、「教員養成教育に関わる日本の大学の主体性を大きく殺ぐ」(p.22)ことになると警告している。

岩本(2011)も、大学教育の一部である教職課程の科目名や内容が課程認定を通じて厳格に規定されるのは、教職課程の教育が「大学教育の枠外」(p.9)に置かれることを意味しており、学問の自由、大学の自治の否定につながると批判する。とりわけ、学習指導要領に準拠した教員養成が求められることは、「豊かな一般教養と高度の専門教育を土台して創造的教育を志向する教員の養成を目指す開放制教員養成の理

念」(p.12)に反することだと述べている。

　以上のような批判的言説は、現代の教員養成改革における「『大学における教員養成』の理念と大学の相対的な自律性が縮小する危険性」（油布2016、p.27）を作り出している原因の少なくとも一部が課程認定行政に求められることを示している。そうであれば、課程認定行政の問題点を把握し、改革することを通して、その危険性に一定の歯止めをかけることが可能であろう。本稿で今次の再課程認定における「貸し借り」問題とコアカリキュラムの基準性に焦点をあてて課程認定行政の問題点を考察してきたことは、その点で意義を持ちうる。近年の「課程認定の要件強化、審査の厳格化」（木内2013）も、多くの場合、その時々の行政的必要（都合）により、認定基準と確認事項を追加することで行われてきた。それは認定基準と確認事項が外部に対して何ら説明責任を負うことのない、組織の内部規定であることにより可能であった。

　しかし、課程認定が大学の教育と経営にだけでなく、学生の教育の機会と内容に影響を及ぼす行政処分としての性質を有するものであると考えるならば、認定主体側（文部科学大臣、文部科学省、中央教育審議会）の裁量を広く認め、アドホックに認定基準を追加していくことを許すのは公正性に反し、適切ではない。認定基準の作成・変更を含めて、課程認定行政にはより高いレベルの公開性・透明性が求められる。大学設置認可においては、認可基準は告示であり、法形式としては一定の公開性が備わっている。パブリックコメントの仕組みもある。教職課程認定基準の作成・変更についても、同様に大学・学会関係者に参加・意見表明の機会が与えられるべきであるし、教育を受ける権利を保障する観点から、学生の意見表明機会の制度化も考えられるべきであろう。このような民主的なルールと手続きに則り、認定基準と指導助言基準（自主的な維持・管理基準）の区別の観点から現在の認定基準（確認事項）を精査して、その体系を整理する必要がある。

　ただし、以上は現在の課程認定制度の問題点に即した改革という限定的な視点からの提案である。必ずしも、認定基準の省令・告示化や内容の体系化を積極的に意図するものではない。むしろ、教員養成の認証評価制度に向けた検討・準備が始まり、また教育学分野の参照基準の策定が進行している現在、公権力による事前規制（許認可行政）である課程認定制度自体の意義・役割を相対化してみなくてはならないだろう。筆者は、学生、大学、学会、文部科学省、教育委員会等の当事者・関係者による参加に開かれた、民主的な教員養成の質保証制度のもとでは、当然、課程認定制度の役割は極小化されるものと考える。

参考・引用文献

・岩田康之「教員養成改革の日本的構造―『開放制』原則下の質的向上策を考える―」『教育学研究』第80巻第4号、2013年、14-26ページ。
・岩本俊郎「教員養成における開放制の原則をめぐる問題」『立正大学心理学研究所紀要』第9号、2011年、3-14ページ。
・牛渡淳「文科省による『教職課程コアカリキュラム』作成の経緯とその課題」『日本教師教育学会年報』第26号、2017年、28-36ページ。
・海後宗臣編『戦後日本の教育改革8　教員養成』東京大学出版会、1971年。
・木内剛「近年の課程認定政策と大学の自主性・自律性」『日本教師教育学会年報』第22号、2013年、32-39ページ。
・中央教育審議会「これからの学校教育を担う教員の資質能力の向上について―学び合い、高め合う教員育成コミュニティの構築に向けて―」文部科学省、2015年。
・樋口直宏「第28回大会の記録　特別課題研究Ⅱ大学教育と教職課程―『教職課程の再課程認定についての教師教育学会会員アンケート』調査結果―」『日本教師教育学会年報』第28号、2019年、152-153ページ。
・平原春好・室井修・土屋基規『現代教育法概説』学陽書房、2001年。
・船寄俊雄「『大学における教員養成原則』と教育

学部の課題」『教育学研究』第76巻第2号、2009年、27-37ページ。

・文部科学省「教員養成に関する法令改正及び教職課程の認定」
http://www.mext.go.jp/component/a_menu/education/detail/__icsFiles/afieldfile/2019/04/04/1415122_1_1.pdf
（最終確認日：2019年7月31日）。

・文部科学省初等中等教育局教職員課「教職課程認定申請の手引き（教員の免許状授与の所要資格を得させるための大学の課程認定申請の手引き）（平成31年度開設用）【再課程認定】」。

・山田昇『戦後日本教員養成史研究』風間書房、1993年。

・油布佐和子「教員養成の動向と課題―中教審答申第184号を素材として―」『音楽教育学』46巻1号、2016年、25-30ページ。

ABSTRACT

Course Approval Problems of Initial Teacher Education and Suggestions for Reform

KATSUNO Masaaki
(The University of Tokyo)

In Japan, the administrative system used for initial teacher education courses' approval was introduced in 1953. The related laws and regulations were revised recently and state that all courses should be reapproved by the Minister of Education before the beginning of the academic year of 2019. The author investigates the issues that surfaced during the reapproval process and criticises the lack of fairness and transparency in the approval system. Among the problems, the author examines the use of the core curriculum of initial teacher training, set as a legal requirement in order to obtain approval from the Minister of Education. The author argues that this can lead to legal problems, and that the curriculum should be regarded as a non-binding instrument instead of a criterion for approval, an instrument universities can draw upon to improve their initial teacher education. The author concludes with suggestions for reforms in the approval system.

Keywords : initial teacher education courses' approval, fairness, transparency, the core curriculum of initial teacher training

〈特集〉開放制の教員養成を考える

教師教育改革と私立大学の課題

牛渡　淳（仙台白百合女子大学）

はじめに

本論では、開放制教員養成の多くを担っている私立大学に焦点を当て、現在進められている教師教育改革の中で私立大学が直面している課題について明らかにする。周知のように、我が国では、大学の数において、私立大学の占める割合は長い間8割弱を占めてきた。例えば、2018年度の調査でも、日本の大学数は782大学であり、そのうち、国立と公立はそれぞれ約1割に過ぎず、残りの8割弱（603大学）は、私立大学であった[1]。そして、その多くが、さまざまな学部・学科に教職課程を置き、開放制教員養成制度の下で教員養成に携わっている。教職課程を置く私立大学の連合体として、一般社団法人全国私立大学教職課程協会（以下、全私教協と略す）がある。全私教協は、「私立大学（私立短期大学を含む。以下に同じ）における教師教育の社会的責務とその重要性に鑑み、相互に研究を深め、連携協力することによって、開放制教育職員免許制度下における教師教育の充実と発展に寄与することを目的とする」（定款第3条）団体であり、現在、会員校は420校、そのうち4年制大学の正会員校は402校にのぼる。従って、全私教協の会員校数は、我が国の全大学の半数以上（51.4％）、全私立大学の7割弱（69.6％）に達している。そこで、私立大学における教員養成の実態と動向を明らかにするために、全私教協が近年実施した三つのアンケート調査の概要を示しながら、本論の課題に迫ってみたい。

1．教員養成の質保証と私立大学

周知のように、教員養成の質保証、すなわち、教職課程の認証評価制度については、我が国では、学部レベルでは現在のところ実施されていないが、東京学芸大学の先駆的な研究が存在している。2015年12月の中教審答申において、この東京学芸大学の例が取り上げられ、教職課程の認証評価制度のさらなる検討が示唆された[2]。その後、文科省は、2018年度に、教員養成評価機構、大学基準協会、全私教協に、教職課程の認証評価制度の在り方についての研究を委託した。

これを受けて、全私教協は、「私立大学が取り組み可能な教職課程質保証評価の原則と方法、運営組織について明らかにすべき時期にある」として、協会内に特別委員会を設置し、研究を開始した。全私教協としての認証評価の在り方を追求するためには、まずもって会員校の私立大学の意向や要望を聞く必要があるため、2018年12月～2019年1月に会員校を対象としたアンケート調査を行った。回収率は82.9％であった。以下、この調査結果の一部、及び、それを基にした、全私教協独自の認証評価制度案の概要を示してみよう。

(1)アンケート調査結果

a．外部からの点検評価への認識

まず、外部の評価機関から教職課程の質保証に関する点検・評価を受けることについて、「効果がある」と答えた事項（複数回答可）は、

「今まで気づいていなかった課題が浮き彫りになる」が最も多く67.2％に達した。次いで多かったのは、「教職課程運営に対する組織的な強化が図られる」（46.6％）、「教職課程担当者教員の意識の向上が図られる」（44.5％）、「教職課程の社会的信頼性・評価が高まる」（42.8％）と続く。最も回答が少なかったのは「カリキュラムの充実」（28.2％）であった。このことから、私立大学関係者は、教職課程の質保証に関わる外部機関からの評価に関して、「課題の明確化、組織の強化、意識改革、社会的信頼性の上昇」の順に、その意義を多様な面から認めてはいたが、しかし、それが、直接的に教員養成カリキュラム等の充実改善につながるものとは考えていなかった。

他方、外部からの点検・評価で「不安なこと」を尋ねてみると（複数回答可）、最も多かったのが「事前準備や実施時の事務作業等の負担が過剰にならないか」であり、83.0％に達している。次いで、「各大学の独自性や多様性、特色を正しく評価されるか」（58.3％）、「弱点だけの指摘に留まらないか。あら探しにならないか」（56.3％）、「経費の過剰負担」（40.5％）と続く。すなわち、事務作業等と経費の「負担」、及び、私立大学の特色や多様性を失わせるのではないかという「画一化」「規制強化」への懸念である。

b. 全私教協が教職課程の質保証を行うことについての認識

その上で、全私教協自身が教職課程の質保証を担うことについては、最も多かったのが「他の機構より私学の実態をしっかりと把握できており、適切な評価が期待できる」（58.9％）であり、次いで、「加盟校内での優れた取り組みが共有でき、加盟校全体の質的向上が期待できる」（53.4％）であった。他方、全私教協が質保証を行うことへの懸念としては、「加盟校としての人的・経済的負担が懸念される」（65.5％）が最も多く、その他、「全私教協事務局の業務・経費負担が増える」（35.9％）、「内部での点検・評価で公正さが担保できるのか」（31.6％）が続く。

その他の意見として、「文科省の方針の従属度のモニタリングにならないようにして欲しい」「開放制の管理機関になる可能性あり」という意見に見られるような、全私教協自らが、開放制教員養成を行っている私立大学の自主性を統制することにならないかという懸念や、「教職課程の質は、その課程の運営が学生及び児童生徒個々への人間理解の深化とそれに基づいた指導の創造、創意工夫を核としてなされているか否かによって決定されると思う」というように、外部評価による「質の保証」という仕組みそのものに対する根本的な疑問が投げかけられていた。これは、上記aで示された外部評価そのものに対する懸念と同じものであろう。

c. 教職課程の規模と負担可能経費

回答した私立大学の教職課程の規模を尋ねたところ、2017年度の全学での教員免許状取得者（通信制課程を除く）数に関して、最も多いのが「50人以下」で37.1％、次いで、「51〜100人」で22.7％であり、この二つを合わせると、全学で教員免許状取得者が100人以下の小規模な教職課程を持つ大学が59.8％となり、私立大学の約6割の大学は免許状取得者数100人以下の規模の小さな教職課程を有していることが分かる。他方、大規模な教職課程である「501〜1000人」は3.7％のみであった。さらに、認証評価に支払うことが可能な経費負担額を尋ねたところ、60.6％が「20万円以下」と回答しており、私立大学の6割は「20万円以下」しか負担できないと考えていることが分かる。このように、多くの私立大学の教職課程は、非常に小規模かつ経営的にもきびしい状況の中で運営されていることが分かる[3]。

(2) 全私教協による認証評価制度の構想と私立大学の課題

以上のようなアンケート結果を踏まえて、全私教協は、私立大学が実施可能な認証評価制度の在り方について検討を行った。まず、全私教協として独自の質保証評価組織を持つメリットとして、これまでの開放制養成の実績を踏ま

て、私学としての教員養成の特色の評価、改善の提言を適切に行うことができること、第二に、各大学の経済的負担の大幅減を見込めることである。例えば、全私教協と連携する各地区協議会を核として、地区の加盟大学の相互評価を行う組織ができれば、訪問調査等の費用を大幅に減額可能となる。そこで、前者については、開放制の特色・努力、改善点を可視化できるよう、東京学芸大学が開発した評価項目をベースに、開放制の下、規模も学部・学科・建学の理念も異なる私立大学にふさわしい「多様性」を前提とした新しい評価基準を開発した。後者に関しては、加盟420大学で行われている教員養成教育の「多様性」を損なわない仕組みを考え、各大学が自律的に内部質保証を機能させることができ、ピアレビューを中心とした、全私教協の組織を生かした評価体制を構想したのである[4]。

　このように、全私教協の取り組みの基本となるのは、これまで開放制に基づいて教員養成を担ってきた私立大学の特色である「多様性」を生かした質保証をどう具体化するかという点であった。近年の国の教師教育政策の方向性は、コアカリキュラムや育成指標等の「基準性」を作成する、いわば、私立大学にとっては、その多様性を減じる可能性のある改革が進められており、さらには、国立教員養成系大学を中心とした改革（例えば、教職大学院政策等）が進められている中で、相対的に、今後、私立大学が担ってきた開放制の下での多様な教員養成の在り方自体が批判され、問い直される可能性がある。こうした中で、私立大学によって構成された団体が、自ら質保証に取り組み、その多様性を生かした教員養成の質の保証と向上に取り組むことは、専門職団体としてのオートノミー、いわゆる、「プロフェッショナル・オートノミー」を通して、「社会的責任（アカウンタビリティー）」を果たす可能性を示すものと言えよう。

2．教員育成協議会と私立大学

　「教員育成協議会」は、2015年12月の中教審答申で提言されたもので、答申は、その目的を以下のように述べている。「国は、教育委員会と大学等が相互に議論し、養成や研修の内容を調整するための制度として、『教員育成協議会』（仮称）を創設する。」また、そのメンバーとしては、「市町村教育委員会、地域を含め周辺の教員養成大学・学部やその他の教職課程を置く大学、関係する学校種の代表、職能団体の代表等が、国公私立を通じて参画出来得るものとする」と述べている。すなわち、協議会は、多様な関係者の参加によって、育成指標を含め、地域の教師教育（養成・採用・研修）全体の質の向上をはかるための議論や調整の場となることが期待されたのである[5]。その後、教員育成協議会は、教育公務員特例法の改正によって全国の都道府県及び政令市に設置されることになった。従来、私立大学は、国公立大学とは異なり、地元の教育委員会と教師教育全般にわたって協議するための場を正式に持つことは少なかった。しかし、開放制教員養成下で地元のほとんどの私立大学が教員養成を担っている実態に鑑み、育成協議会の設置は、私立大学にとって、地域の教師教育政策に参加する機会を得ることが可能となるものであった。そこで、全私教協は、各自治体の協議会における大学の参加状況を確認するために、全国的なアンケート調査を実施することにした。2017年11月～12月に、全私教協の研究委員会が中心となって、全国の全私教協会員校である私立大学の教員を通して（不可能な場合は、地元の国公立大学の教員を通して）、各自治体の教育委員会担当者へのアンケート調査を行った。この調査結果から、以下のような実態が明らかになっている。

　まず、協議会メンバーとしての「大学」の参加実態である。調査によれば、4種類のパターンに分けられた。第一は、「教職大学院単独型」協議会である。その地域の大学としては教職大学院しか参加していない協議会であり、全体の21％を占めた。第二は「教職大学院及び地域代表校型」協議会である。教職大学院に加えて、地域の教職課程を持つ大学の代表校が参加して

いる協議会であり、8.8%あった。第三は、「全大学参加型」協議会である。地域の教職課程を持つすべての大学が参加している協議会であり、21%あった。第四は、「教職大学院及びその他の大学参加型」協議会である。教職大学院に加え、他の少数の大学が参加しているもので、49.1%を占め、このタイプが最も多かった。この結果から分かることは、「参加」を、特定の大学に限定している協議会が、第一のタイプと第四のタイプを合わせて約7割に達しており、他方、地域の教職課程を持つすべての大学の参加または意見を集約しようとする姿勢を持っている自治体が、第二と第三のタイプを合わせて約3割しかなかったことである。すなわち、地域の教員養成を担う一部の大学のみが「参加」を許されている自治体が多いことである。その背景として考えられることは、調査から明らかになった、協議会に対する教育委員会の姿勢の問題がある。調査によれば、教育委員会と関係が深かった大学や教員採用の実績のある大学等、教育委員会との「過去」の関係と実績をもとに協議会メンバーを選別している自治体が半数あること、他方、残りの半数の教育委員会は、協議会の意義を、将来の地域全体の教師の質の向上に見、地域の教職課程を置く大学全体の協力と何等かの参加を求めていた。こうした姿勢の違いが、協議会メンバーとしての大学の参加形態の違いを生んだものと思われる[6]。

　この結果は、開放制の下で多様な教員養成を行ってきた多くの私立大学が、自治体によっては、地域の教員養成機関として重視されていない実態を示している。すなわち、教員育成協議会が、国立の、しかも、教育委員会との関係の深い教職大学院を持つ大学との連携を核とした構成となっている実態が明らかになったと言えよう。しかし、その中でも、私立大学にも、地域の教師教育機関として対等な位置づけをしている自治体があった。特に、第二と第三のタイプの自治体においては、すべての私立大学が、地域の教員養成機関として、国立大学と同等に、教師教育政策への参加が直接・間接に保障されていた。国立の教職大学院や目的養成大学・学部のみならず、圧倒的に数において多い開放制の私立大学の声が、地域の教員の養成・採用・研修に反映されることは極めて重要なことであり、参加が保障されていない自治体においては、地元の私立大学側から教育委員会に対して参加要請が行われるべきであろう。そのことが、地域の教師教育全体における私立大学の存在意義と役割を明確にし、結果として、開放制教員養成の充実・改善につながるものと考えられる。

3．教職コアカリキュラムと私立大学

　今回の再課程認定に際しては、教職科目のシラバスに規制が設けられ、教職コアカリキュラムに沿ったシラバスの作成が求められた。医学や薬学など他の専門職においては、すでに導入されているコアカリキュラムであるが、多様な教員養成を行っている私立大学の教職課程においては、極めて画一的な基準を求められたと受け止めるむきもあった。こうした中で、全私教協の研究委員会は、加盟校に対して、今回の教職課程コアカリキュラムに関するアンケート調査を、2018年12月〜2019年1月にかけて実施した。加盟420私立大学を対象に行い、回答があったのは209大学、回収率は　49.76%であった。教職コアカリキュラムに関して、これだけの規模で調査を行ったのは、この全私教協調査が初めてであった。

　調査の結果は、極めて興味深い内容のものであった。まず、教職コアカリキュラムの「目標」それ自体に関しては、私立大学関係者が、おおよそ肯定的に評価しているという実態である。すなわち、一般目標の「分量」については76.6%が、「内容」については84.7%が、それぞれ妥当と答えている。また、到達目標の「分量」については64.6%が、「内容」については75.1%が、それぞれ妥当と答えている。これは、文科省内に設けられたコアカリキュラムの検討会議のワーキングにおいて、全国の大学のシラバスや実際に使用されているテキストを参考にしながら目

標を作成したことを考えれば、目標それ自体としては大きなギャップを感じなかったと思われる。これに対して、評価が分かれたのが、コアカリキュラムの「有効性」である。すなわち、コアカリキュラムを基にシラバスを作成することが義務となったことについては、複数回答可の質問に対して、「教えるべき内容が明確になった」(53.6%)、「シラバス構成に参考となることが多い（39.7%）」と肯定的評価がある一方で、「教えたい内容に時間をかけることが難しくなった（48.3%）」、「授業内容が網羅的になった（43.5%）」と否定的評価も多く、この問いに対する回答は真っ二つに分かれていた。他方、「コアカリキュラムは教職課程の質を向上させるか」という質問については、「そう思う（向上させる）」と回答したのが48.8%であり、5割弱の私立大学関係者が「質を向上させる」と肯定的な評価を出していた。他方、「そう思わない（向上させない）」と評価したのは28.2%であり、3割弱の私立大学関係者が否定的な評価をしていた。否定的な評価に関しては、「カリキュラムの均一化、画一化、目標の羅列は質の向上につながらない」とする意見が多く、教育内容の画一化という手段による質向上策への疑問がその根底にあった。

しかし、私立大学関係者が教職コアカリキュラムに対して否定的に評価する意見が多かったのは、「大学の教育の自由」と「作成のプロセス」に関する質問であった。国家権力とは一定の距離をとってきた私立大学にとって、私立大学の教育内容に国家的な規制を設けることは大きな懸念材料であることは当然であり、そのような政策に対する否定的な意見があることは当然のことであろう。これに関して、「コアカリキュラムは大学の自由を侵すもの」かどうか質問したところ、「そう思う（自由を侵す）」と回答したのが43.1%あり、4割以上の私立大学関係者が大学の自由を侵すと考えていた。しかし、「そう思わない（自由を侵さない）」と回答した者も35.9%あり、4割弱の私立大学関係者は大学の自由を侵すものではないと答えていた。

「大学の自由を侵さない」と回答した理由としては、「少なくとも教員養成に係る科目については、一定の質と内容を確保するために必要なことだと考える」という意見に代表されるような、「教員養成」に限定した場合には必要とする意見や、「自由を侵すというほどの拘束力が強いとは思わない」という意見に代表されるような、教員が裁量を発揮できる余地がなお大きいとの指摘である。

コアカリキュラムに関して、私立大学関係者が最も批判的なものは、コアカリキュラムの作成プロセスであった。「作成プロセス」について質問したところ、「適切である」と回答したのは、わずか21.1%しかなかった。これに対して、最も多かったのが、「学会と連携すべき」との意見が67.9%に達し、「学会に委嘱すべき」との意見は10.0%あり、この二つを合わせると、私立大学関係者の77.9%、約8割が学会との連携や委嘱によって作成されることを望んでいることが分かった。実際、今回作成された教職コアカリキュラムは、学会等との連携が全く行われず、文科省内に設けられた委員会で短期間で作成された。教育学研究者や現職校長等専門家が参加したにせよ、大学の専門教育の枠組みと基本的内容を定めるコアカリキュラムを、専門学会との関連なしに行政が作成し、直ちに全国の大学の教職課程の再課程認定の基準とした点については、「大学の自由を侵す」との批判が4割以上となった原因となったと思われる。上記のように、「学会への委託」や「学会との連携」を70%以上の大学関係者が望んでいることからすれば、私立大学関係者は、教員養成の基準の必要性は認めているものの、それが直接的に国家的な規制となるのではなく、学会や専門職団体による間接的なコントロールとなることを求めていると解釈できるのである。実際、コアカリキュラムの今後について、私立大学関係者の63.6%が「シラバス作成の参考程度にとどめるべし」を選んでいるのである[7]。

むすび

近年の、矢継ぎ早に行われる国の教師教育政策に対して、開放制を担ってきた私立大学はどのように対応しようとしているのか、そして、私立大学の課題は何かという点に焦点を当てて、全私教協の三つの全国調査を基に検討してきた。その結果、教師教育政策と私立大学の課題というテーマに沿って言えば、以下のことが指摘できるであろう。

第一に、私立大学の教職課程は、一部の大規模大学をのぞいては、大部分が小規模の経営基盤の弱いものであることである。そのため、教職課程の質保証をめざす認証評価制度に対して、各私立大学から、担当するスタッフの不足、財源不足、事務作業の負担等の課題が指摘された。さらに、私立大学においては、開放制の下、多様な学部・学科に置かれた教職課程が多いため、それらの多様性や特色を生かした評価が行われることを望む割合が高く、画一性を強化するような外部評価への警戒があった。こうした二つの大きな課題を考慮に入れて、私立大学にふさわしい教職課程の質保証を行うために、全私教協がその組織を生かして私立大学独自の認証評価の在り方を追求していることは、開放制教員養成の質を保証していく一つの試みとして評価されるべきであり、それは、教師教育において、私立大学が、専門職団体としての自律性「プロフェッショナル・オートノミー」により「社会的責任（アカウンタビリティー）」を果たす、一つの重要な姿になると思われる。

第二に、各地方において、数的に国立公立の教員養成校を凌いでいる多くの私立大学が、地域の教師教育の政策形成の場に十分参加させられていない実態も明らかになった。教職大学院、特に、国立の教職大学院を持つ大学を中心にメンバー構成が考えられている育成協議会が多い中で、育成指標の作成等に私立大学の開放制の視点を盛り込み、さらには、私立大学が地域の教師教育政策に貢献する機会を増やすために、育成協議会への地元私立大学の参加を進めていくことが必要であると考えられる。

第三に、教職コアカリキュラムと私立大学の関係である。国家権力から一定の距離をとってその独自性を守り、さらに、開放制の教員養成を担ってきた私立大学の間で、今回の教職課程のコアカリキュラムに対しては、その評価が大きく割れていた。「目標」の分量や内容については、「適切」と受け止める私立大学関係者が多いものの、その「有効性」と「大学の自由への侵害か」という質問に対しては、回答が真っ二つに割れており、これらの点についての受け止め方に、私立大学関係者間で大きな違いがあった。しかし、私立大学関係者から最も批判されたのは、その「作成プロセス」であり、「適切」と評価したのはわずか2割のみであり、8割の私立大学関係者は「作成プロセス」を「不適切」と判断していた。そして、学会との連携・委託によってコアカリキュラムが作成されることを7割が、また、コアカリキュラムをシラバス作成の「参考程度」にとどめることを6割以上の私立大学関係者が求めていた。大学における教員養成のカリキュラムについて、一定の基準を認めつつも、可能な限り国家的統制を避け、学会による「学問的正当」や「納得性」を担保しながらコアカリキュラムが作成・運用されることを私立大学関係者の多くは求めているものと考えられる。

注

(1)文部科学省、2018年度学校基本調査より。
(2)中央教育審議会答申「これからの学校教育を担う教員の資質能力の向上について〜学びあい、高めあう教員育成コミュニティーの構築に向けて〜」平成27年12月、36ページ。
(3)一般社団法人 全国私立大学教職課程協会 教職課程質保証に関する特別委員会「私立大学における教職課程質保証に関する基礎的研究報告書」（平成30年度文部科学省「教員の養成・採用・研修の一体的改革推進事業」）、5-29ページ。
(4)同上報告書、41-62ページ。
(5)中央教育審議会答申、前掲書、46-47ページ。

(6)牛渡淳・原田恵理子・太田拓紀・田子健・森田真樹「教員育成協議会の全国的な設置状況の特色と課題―協議会への大学のかかわり方を中心に」日本教師教育学会第28回大会、2018年9月30日。

(7)牛渡淳「教職課程コアカリキュラムの実施状況と課題」、全国私立大学教職課程協会2019年度研究大会シンポジウム「新教職課程カリキュラム運営の課題」2019年5月25日。及び、牛渡淳・波多江俊介・武者一弘・藤本敦夫による「教職課程コアカリキュラムに関する全国私立大学教職課程協会加盟校を対象とした全国調査結果分析報告（同大会第10分科会報告）」。

ABSTRACT

Teacher Education Reforms and the Challenges Posed to Private Universities Providing Teacher Education

USHIWATA Jun
(Sendai Shirayuri Women's College)

This article focuses on the challenges faced by private universities in response to teacher education reforms in Japan. By reviewing three research reports by the National Association of Teacher Education in Private University, this study highlights three thematic challenges: the accreditation of teacher education and the private university, the committee for the teacher education by the board of education and the private university, the core curriculum for the teacher education and the private university.

Keywords : **Board of Education, Core Curriculum, Teacher Education, Private University**

〈特集〉開放制の教員養成を考える

開放制の理念下の、教科に関する科目と各教科の指導法
―― 理科教育における連携を中心に ――

田幡　憲一（前　宮城教育大学）

1．教員養成の課題――予定調和となわ張り無責任

　教職課程のカリキュラムは、教育職員免許法により、教科に関する科目と教職に関する科目という大きくふたつの異なる分野が関わって構成される。一般大学（国立の教員養成大学・学部以外の4年制大学）の特に中等教育に係る教員養成においては、通常教職課程が卒業要件の外にあり、その時間だけ大学に現れる非常勤講師が開講する授業を学生が履修していることも少なくない。

　このため、科目間の有機的な連関をもったカリキュラムがつくりにくいのである。

　このような外形的な条件に加えて、「いい加減なことを言わない。」という矜持が研究者には強くある。教科に関する科目の担当者は授業づくりについての議論を避けようと、教職に関する科目の担当者は教科の中身に関する議論は避けようと、するのである。

　勢い、教職課程を構成する教科に関する科目と教職に関する科目の狭間で、学生は自らその統合を行うことを余儀なくされる。

　横須賀薫が「予定調和論―とにかく教えておけば、あとは学生たちが、自分の内部において統合し、教師としての力量を持ってくれるにちがいない。なわ張り無責任―他の分野でどうしているかは知らないが、わたしが教えられるのはこのところだけだ。あとのことは知らない。」[1]として担当教員の意識を批判した教職課程の課題である。

　1999年に報告された教育職員養成審議会第3次答申[2]が、従来から指摘されてきた問題点のひとつとして「特に教科専門科目と教職専門科目が関連なく教授され、統合されてこなかった」ことを挙げているように、横須賀が「予定調和、なわ張り無責任」と表現した教職課程の課題は、教科に関する科目と教職に関する科目との狭間に典型的に表れる。

　国立の教員養成大学・学部の在り方に関する懇談会が、2001年にその報告書[3]で「教員養成学部の教員が、教員養成という目的意識を共有し、体系的なカリキュラムを編成していくことが不可欠である。」とし、「日本教育大学協会を中心として速やかに教員養成のモデル的なカリキュラムを作成し、各大学はそれらを参考にしながら、自らの学部における特色ある教員養成カリキュラムを作成していくこと」を求めた。

　これに応えて日本教育大学協会が組織した「日本教育大学協会『モデル・コア・カリキュラム』研究プロジェクト」は2004年3月に「ⅰ）教育実習をはじめ、教育実践や教育現場での観察あるいは教育現場への参加など、学生の教育体験を中心とした授業科目、ⅱ）一方で、そうした授業体験を大学での研究・理論知と結びつける授業科目」、とを柱とする「教員養成コア科目群」を教職課程の中心に据えることによって改善を行うことを提案した[4]。理論と実践を往還し続ける教員の養成という問題意識が見て取れよう。同報告では、「『教員養成コア科目群』と『教科』の関わり」についての議論の中に「教員がその生涯にわたって教科に関わる専門的な

学習を続けるためには、『教科専門』を担当する教員が、『教員養成コア科目群』に関わることは重要である。」と指摘している。

教科に関する科目で学修した内容を教材研究や授業構成、または授業実践の振り返りに活用する能力を身につけさせることが本質的なことだと私は理解している。

2．大学で学ぶ知は、使い出はあるが使い勝手が悪い

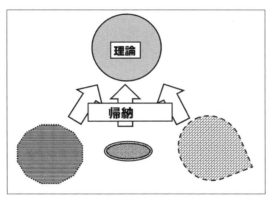

図1　理論は現実の事象を帰納して、抽象化されて形成される

「日本教育大学協会『モデル・コア・カリキュラム』研究プロジェクト」の2004年3月の報告書[4]では日本教育大学協会の会員校の小学校教員養成に係る教科に関する科目のシラバスを調べて、分析している。その中で理科については「総じて小学校理科の教科内容を意識したものであると言えよう」としている。けれども一般に教科に関する科目の内容や担当者の意識について、学校教育との乖離を指摘する声は高い。なぜだろうか。

しばしば理論は現実を帰納して抽象化されたものである。理論をつくる際に使われる材料は典型的なものだし、抽象化の過程で理論からは細かいことは捨て去られる（図1）。

従って、現実の事象に理論を当てはめて考えようとすると、熟練を要する技術が必要となる。抽象化された知を活用することは初学者にとって易しいことではない（図2）。教科に関す

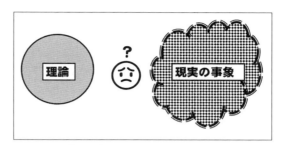

図2　理論で現実を照らすことは初学者には難しい

る科目で学修した理論的な内容を学校教育に当てはめることの難しさが乖離と感じさせるのだろう。

具体的な例を挙げて、知を活用する技術について説明しよう。

2019年度の小学校3年生の子どもたちは複数の植物を比較した観察に基づいて「植物のからだは葉、茎、根からなる。」と帰納し、植物のからだに関する法則を学習する[5]。さらに根は土の中にあること[6][7]や、根が茎の下にあること[8][9]、葉が茎から出てくること[6]～[10]などを学習する。

この学習に用いられる教材を考えてみよう。2019年度現在の小学校学習指導要領3年生理科の内容の取扱には、「夏生一年生の双子葉植物を使うこと」とされている[5]。このため夏に花が咲き種子で越冬する双子葉植物、ヒマワリ、ホウセンカ、ワタ、ピーマン、マリーゴールド等が教材として選ばれることになる[6]～[11]。いずれも根、茎、葉が直感的にかつ明瞭に区別できる植物である。さらに、これらの植物に花が咲いていない6月に学習するような学習の配列になっている。

さて、「植物のからだは根、茎、葉からなる。」という理論を、中学校理科での学習を踏まえて、マーケットで販売されているタマネギに当てはめて考えてみよう。典型的ではない植物への応用である。問いは「タマネギの可食部は根、茎、葉のどこに当たるか？」である。私が実践家とともに開発した教材であり[12]、私が毎年学生に尋ねてきた課題でもある。

土の中にあることを根拠に青果店で販売されているタマネギの全体を根と考える学生や、ヒ

ゲ根の上にあるので可食部分を茎とする学生など様々な意見が出てくる。

ジャガイモの塊茎は地下で茎が発達したものであり、マングローブの気根は地上に現れる。植物の地下部分であるか地上部分であるかは、根、茎、葉を弁別する決定的な証拠にはならない。また、茎も葉も緑色であり光合成の機能がある。一方、茎や葉も光が当たらなければ緑色にはならない。緑色か否かも根、茎、葉を弁別する決定的な証拠にはならないのである。

タマネギの可食部分を考えることは、学生にとってそれほどたやすいことではない。

根、茎、葉の性質を言葉で表してみよう。根や茎は軸状であり、葉は薄く平たく表裏があり、葉脈が走っている。根は発芽後下方に伸びた部分が発達したものであり、茎は上方に伸びた部分が発達したものである。葉は茎から側生してくるものである。

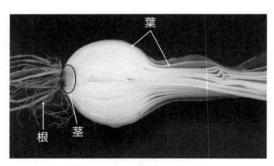

図3　タマネギの根、茎、葉
畑に栽培されているタマネギを引き抜き、縦断面を撮影した。主な可食部分が緑色の地上部分と連続していることが分かる。
〈千葉俊秀氏撮影〉

改めて可食部分を見てみると平行な葉脈が走っている。平行な葉脈は単子葉植物の特徴であり、同じく単子葉植物の特徴であるヒゲ根とも符合する。可食部分を水平に切るとオニオンリングができあがるが、タマネギの可食部分は入れ子のマトリョーシカのような多層の筒となっていて、通常の葉と比べれば肉厚ではあるが、それと連続した地上部分の組織は薄く、表裏がある（図3）。

可食部分は葉であり、すべての葉が生え出し根が接続している部分が縮重した茎なのである。

このように、自らの知識を呼び起こして補うという技術によって、「植物のからだは根、茎、葉からなる」という法則や、「単子葉の植物の根はヒゲ根で葉脈は平行になる」という法則が八百屋の店先のタマネギにも貫徹していることを、確認することができる。

教員を目指す学生に、抽象化された理論を現実の課題に活用するためには技術が必要であること、を学修させるための教材としている。抽象化された理論は使い出はあるが使い勝手が悪く、使う練習をしないと退蔵されたままになる。

3．教科と教職の専門家によるチームティーチング——学生支援の体制

大学の授業の形態は、講義、演習、実験、実習の4通りに区分される。

このうち演習は、多くの場合、獲得した知識を活用する技術を修得することを目的とする。学問上の重要な知見について、根拠となる観察や実験を含めて論理を丁寧に追っていったり、外国語の原著論文を読み解いたり、卒業研究の進捗状況の報告や研究に関連した文献の紹介などをする、基本的に学生の作業が中心の授業である。指導する教員はその分野の知を取り扱う専門家であり、演習をファシリテートするとともに、測定機器の原理やアンケートを依頼する際の倫理的な注意など、演習の内容に付帯する事柄を学生に心得させる。作業を重ねることによって、からだにしみ込むように知の使い方を学修する、職人的な技術の伝承である。

教員を目指す学生にとって授業を行う能力をもつことが大きな目標になる。従って、高等学校までの学習に加えて大学での教科に関する科目と教職に関する科目の学修によって獲得した知を使って授業を構想し実践する意義が大きいことに異論を挟む者は少ないだろう。授業をつくる演習が必要である。

授業をつくることに直接関連する大学での学習は教育の方法と内容に関することである。異

なる分野の知を統合して活用する演習であり、その意味ではある学問分野の演習科目よりも学生は複雑な作業を要求される。例えば、初任者の授業において理科実験が所期の目標を達成できないとき、指導方法の問題なのか教材の問題なのかを判断し、改善を行うことは、必ずしも易しくはない（図4）。

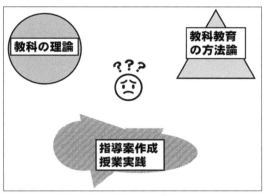

図4　ふたつの理論がからむと、問題の整理が難しくなる

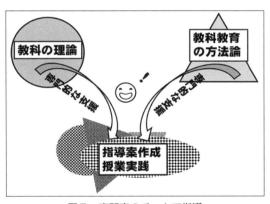

図5　専門家のチームで指導

「教科の理論と教科教育の方法論の双方から課題を照らして課題を明らかにし、改善の方法を考える」ことを学習させるための指導体制は教科に関する科目の担当者と各教科の指導法の担当者のチームティーチングが望ましいのは言うまでもない（図5）。

以下に、理科教育を担当する筆者が理科の教科専門科目を担当する教員との協働で、2週間の3年次教育実習を前にした宮城教育大学教育学部初等教育教員養成課程理科コース3年生を対象に、理科の授業づくりを指導した「理科教材実践研究B」での例を挙げる。物理、化学、生物、地学の各分野から1名ずつ、またはうち2分野の2名、及び理科教育担当の私の計5名または3名の教員が共同で授業づくりと模擬授業を指導する授業である。

［例1］　小学校5年生の電磁石についての教材研究を行う学生に対する、2017年度の指導である。コイルに入れる芯の材質により、電磁石が鉄を引きつける力が変わることを示す教材を探す際に、学生たちは「透磁率」をキーワードとし様々な物質を調べていた。物理学の担当者の指導によるものである。透磁率は、高等学校の「物理」の教科書に掲載されている、物質ごとに決まった定数であり、磁場におかれたときの磁性の強さを表す。高等学校で「物理」を履修してきた学生も殆どが忘れている内容である。

［例2］　小学校6年生の水溶液の性質についての教材研究を行う学生に対する、2017年度の指導である。酸性の水溶液が金属を変化させることを観察させる実験の材料としてアルミニウムとマグネシウムのいずれがより適切かを、化学を担当する教員の指導のもと、実験を行って評価した。結果として身近ではあるが酸化皮膜を除去する必要があるアルミニウムよりも、身近とは言えないが簡単に反応するマグネシウムを用いた実験を採用することにした[13]。

［例3］　小学校6年生のてこについて教材研究を行う学生に対する2013年の私の指導である。

小学生は「てこをかたむけるはたらき」を「支点からの距離×力の大きさ」として学習する。「てこをかたむけるはたらき」とは力のモーメントのことであるが、この「距離×力の大きさ」という次元は、中学校理科で学習する「仕事」の次元でもある。一方、仕事が発生するには物体が動かなければならないが、「力のモー

メント」は、てこが動かなくても力がかかれば発生する。理系の学生ならずとも、中学校までの理科学習が成立していれば、疑問を感じるところである。

　ここから先の理解には大学での物理学の学修が必要となる。「力のモーメント」が、作用点の位置を表すベクトルと力を表すベクトルとの外積で表現され、ベクトルの外積はベクトルで表現されることになる。即ち力のモーメントはベクトルなのである。

　一方、「仕事」は物体が移動した際の変位を表すベクトルと力を表すベクトルとの内積で表される。ベクトルの内積はスカラーとなり、即ち仕事はスカラーなのである。

　「力のモーメント」は方向と大きさのあるベクトルであり、「仕事」は大きさだけのスカラーであるので、一見次元が同じに見えても別物なのである。

　学生に解説していた私自身がよく理解できていないことに気づき、物理学の担当者に尋ねてから解説をやり直したことである。

　次に、宮城教育大学教職大学院での例を挙げる(14)。

　ホヤの解剖、生殖、発生を小学生が学習するプログラムの作成を大学院での追究課題とした、原籍が気仙沼市立の小学校にある現職教員学生である片山祥子教諭に対する2014、2015年度の支援である。海洋教育の普及を進めている気仙沼市の方針に沿った研究であり、気仙沼市のホヤ養殖の東日本大震災からの復興を願う市民の願いを踏まえた研究でもある。また、ホヤは私たちヒトと同様、脊索動物門に属する。成体は固着するが、孵化したばかりの幼生は泳ぎ回り、その形態からオタマジャクシ幼生と呼ばれる時代を過ごす（図6）。児童、生徒の興味を引きつける教材である。

　宮城教育大学教職大学院を担当する田幡と、修士課程で生物学を担当する出口竜作教授で実質的な指導体制を組んだ。出口教授は動物学の研究者であり、ホヤの発生にも造詣が深く、顕微鏡観察の方法等、ホヤの取扱にアドバイスを行うとともに、東北大学大学院生命科学研究科付属浅虫海洋生物学教育研究センターで実施する宮城教育大学学部学生を対象とする海洋生物を用いた実習に、片山教諭を帯同した。出口教授は、ホヤの専門家である同センター熊野岳教授に片山教諭を紹介し、それが契機となり後日、片山教諭が同センターを訪問して、ホヤについての学修を深めるとともに、ホヤ受精卵の卵割の様子や幼生などの教材としての基礎資料を収集することができた。

図6　マボヤの幼生
長さ1～2mm程の幼生が、孵化後1～2日の間海中を泳動して岩などに固着して成長する。片山祥子氏の撮影による。

　片山教諭はこれらの教材研究に基づいて、①ホヤの解剖と生殖細胞の観察、②気仙沼市内のホヤ養殖業者の協力を得た人工授精の見学と幼生の観察、を内容とするプログラムを作成し、気仙沼市内の教員が参観する研究授業を行った。残念ながら養殖場の海水温が高すぎたためか、人工授精は見学できなかったが、ご協力いただいた熊野岳教授が、前もって浅虫の実験室で人工的に孵化させた幼生や、当日、気仙沼市の研究授業の会場で授精させた受精卵等を子ども達及び参観者に観察させることができた。

　研究者は、大学の外に、研究で繋がるネットワークを持つ。教科の担当者との協働による学生指導は、このネットワークの豊潤な世界に学生を誘うことでもある。

4．一般大学における支援体制の可能性

　国立の教員養成大学・学部には教科に関する科目の担当者と各教科の指導法の担当者がともに配置されている。大学における専門科目の授業への活用を学生に組織的に指導するための、人的資源は揃っている。

　一般大学における担当者を考えてみよう。

　小学校教員養成に係る課程認定を受けている学部には、教科に関する科目の担当者も、各教科の指導法の担当者も、ある程度は専任として配置されていることが期待できる。また、初等教育に係る教員免許の取得要件を満たすことを主たる目的とした学科やコースが設定されているなど、大学の構成員間の教員養成に関わることへの認識を共有しやすい環境にあり、協働による授業研究の指導への障壁は高くない。

　私は、2009、2010年度に東京学芸大学教員養成カリキュラム開発研究センター研究プロジェクト委員として、いくつかの大学を訪問して教員養成の様子を調査させていただいたが、ある大学では、小学校教員養成に関わる専任教員が日常的に集まって会話を行うスペースが確保されていて、小学校の職員室のような機能を果たし、情報を共有していた。小学校教員養成課程は多岐にわたる教科に関する科目や教職に関する科目の学修が要求されるため、教員の専門性に隙間が生まれがちではあるが、日常的な情報の共有があるために「なわ張り無責任」にはなりにくいようであった。キャンパス内には小学校の教室を模した教室がつくられていて、模擬的な授業実践の指導を行うとのことであった。

　一方、中等教育に係る教職課程については、教科に関する科目の担当者と各教科の指導法の担当者の協働は難しい。第一に、中等教育に係る教職課程のみを擁する大学に各教科の指導法を担当する教員が専任として配置されている例はまれである。また、競争的資金を獲得して研究成果を挙げることが教員の個人的な生活の安定に直結する時代である。教科に関する科目の授業に、実践への活用のための工夫を施すなど、教員養成を意識した大学教員がどれだけいるか疑問であり、学部を挙げての工夫が必要なところである。

　東京学芸大学では、他大学の協力を得ながら、教員養成評価開発プロジェクトを立ち上げ、教員養成評価機構に主管を移行しつつ教員養成課程の評価システムの開発を研究している。以下はその開発研究に協力した玉川大学工学部が2014年に作成した自己評価書[15]、及び東京学芸大学教員養成評価開発プロジェクトが作成した玉川大学工学部に対する評価報告書[16]を参考に記す。

　玉川大学工学部は2014年度から「数学教員養成プログラム」を工学部内のひとつのコースのように設置している。入学試験に際しては同プログラムを受験し、合格した学生は、1年次から数学教員を目指すカリキュラムで学修をすすめる。同プログラムのカリキュラムの策定や学生指導には工学部の数学を担当する複数の教員が携わっている。さらに、工学部の校舎内に、教職課程を受講する学生専用の、模擬授業ができるよう黒板や机、椅子等を設置した教室も準備されている。また、「関東地区　リフレッシュ理科教室（主催　公益財団法人応用物理学会主催、共催　玉川大学他）」における実験補助や、東京都理数フロンティア校に指定されている中学校における大学教員の授業補助または授業実践などの機会を学生に与えている。大学における数学の学修を学生が活用する演習の要素をもつ活動であり、一般学部の中等教育に係る教員養成において、教科に関する科目の担当者のみの集団でも、かかる機会を学生につくることができるという例である。

5．教員養成の発展に向けて
——教員養成を考えるコミュニティへの一般大学からの参加

　大学の教員には、教育者としての側面の他に研究者としての側面がある。研究者には学会など大学の外のコミュニティに所属し、そこで研究成果は評価される。一方、教育に力を入れて

も個人的に評価されることは少ない。だから大学教員は学会等で醸成される研究者コミュニティの価値基準に影響を及ぼされる。大学がその教育活動を客観的に評価する指標を内部に持っていることでもあり、重要なことである。けれども、大学教員が大学としての教育の在り方を考えることを難しくさせる要因でもある。特に中等教育に係る教職課程を擁する一般大学・学部の教員が、教員養成教育を主体的に考えるためには、なんらかの仕組みが必要である。

学部内に教員養成を目的とするコースや学科等を設定し、教員養成を教員に可視化するとともに、カリキュラムの策定や正課内外の学生教育を考える教員集団を配置する、玉川大学工学部のようなやり方もひとつの方法であろう。それぞれの学部の歴史や資源に合わせて、方法を選択していくことが肝要である。

加えて、主体的に教員養成に携わった者が、お互いにその実践を披瀝し合い学び合うコミュニティに参加していくことが、日本の教員養成の発展のために必要である。さらに、そのコミュニティに参加したことが評価に結びつくような仕組みが必要である。

現在、日本教育大学協会の研究集会や日本教職大学院協会の研究集会において、教師教育の実践が報告されているが、このような活動に参加し実践を報告していく活動がひとつ考えられる。教科に関する科目に関係する学会が、教員養成に係るセクションをつくり、大学教員の教員養成に係る研究を発表する発表の場をつくることも考えられよう。

また、教員養成課程の認証評価への積極的参加という道筋もある。中央教育審議会は2015年12月に「これからの学校教育を担う教員の資質能力の向上について～学び合い、高め合う教員育成コミュニティの構築に向けて（答申）」[17]を発表しているが、その中で先に述べた東京学芸大学教員養成評価開発プロジェクトの研究にも言及し、「今後、このような取組が既存の一般財団法人教員養成評価機構などの評価団体等に引き継がれ、継続・拡大され、各大学が主体的かつ恒常的に自己の教育内容や方法・組織を検証しながら、相互評価を行うことにより、教員養成の質保証システムが確立されることは、我が国の教員養成に有意義であり、各大学の積極的な参加が望まれる。」と述べている。

同プロジェクトで開発した評価システムは教員養成課程を擁する大学が相互に評価するピアレビューを原則としている。評価を厳正に進める一方で、評価者が受審する大学の独創的なアイデアに富んだ実践を評価し、顕彰し、学びとり、このシステムに参加した大学の間に切磋琢磨の雰囲気を醸成することを企図したものである。

ピアレビューによる認証評価は教職大学院において先行している。現在54大学に設置されている教職大学院は、5年に一度の割合で認証評価を受審することを義務づけられている。毎年10校程度の評価を行う活動であり、20人を超える全国の教職大学院から派遣された教職大学院教員が審査に関わる。ピアレビューにより、教員の数や実習校の数のような外形的に評価することだけではなく、教育の内容を詳細に分析し評価することを可能にする。一方評価者は、各教職大学院の多様な活動を学ぶと同時に、自分の属する教職大学院の特徴も発見することもできる。また、評価者として参加した教員どうしのそれぞれの実践を踏まえた交流も、日本の教職大学院の発展にとって重要である。

このような日本の教員養成に資することを企図した実践を披瀝し合うコミュニティに参加し、積極的に活動している教員が学部に一定程度存在することを教職課程の認定の条件とすることもあり得るだろう。参加した教員の個人的な評価に連動し、教員養成を自律的に発展させていくことが期待できる。

6．おわりに

1999年に教員養成審議会が「養成と採用・研修との連携の円滑化について（第3次答申）」[2]で教科に関する科目と各教科の指導法に係る科目の連携について問題提起してから20年が、国

立の教員養成系大学・学部の在り方に関する懇談会が、「今後の国立の教員養成系大学学部の在り方について（報告）」[3]の中で教員養成コアカリキュラムの策定を提言してから18年がたつ。中央教育審議会の「これからの学校教育を担う教員の資質能力の向上について～学び合い、高め合う教員育成コミュニティの構築に向けて～（答申）」[17]における「大学が教職課程を編成するに当たり参考とする指針（教職課程コアカリキュラム）を関係者が共同で作成することで、教員の養成、研修を通じた教員養成における全国的な水準の確保を行っていくことが必要である。」との提言を受けて、「教職課程コアカリキュラムの在り方に関する検討会」が組織された。同検討会は2017年に教職に関する科目に関する「教職課程コアカリキュラム」を報告し、2019年度からの入学者を対象とした教職課程の授業に適用されている。教科に関する科目については、「今後順次整備されることを求めたい。」としている[18]。

この動きに呼応するように、2014年5月には研究の対象を「教員養成及び学校教育における各教科の教科内容」とする[19]日本教科内容学会第1回研究大会が鳴門教育大学で開催され、教職課程の教科に関する科目について活発に議論されている。早晩、教科に関する科目に関するコアカリキュラムも策定されるだろう。

そもそもの課題は、「教科に関する科目での学びを授業実践に活かす能力を身につけること」であると私は理解している。

その解は多様であってよいが、講義形式の授業で体系的な知識を伝授しても、学生が授業づくりに活用できるまでにはもう一段階の支援が必要になるだろう。「タマネギの可食部分は根、茎、葉のいずれの器官か。」という問いを立てて追究する能力や、ホヤなど新たな教材生物を開発する能力が身につく、小学校教員養成のための生物学という講義が、私にはイメージできないのである。

学生が具体的な教材や指導案を作成することを、できれば教科に関する科目と各教科の指導法の担当者が共同で支援することが適切であろう。すでに適用が始まった「教職課程コアカリキュラム」は、各教科の指導法で模擬授業を学生にさせるよう求めている。この模擬授業をターゲットとして、中等教育に係る教員養成課程においては各教科の指導法の2単位程度、小学校教員養成課程においては各教科の指導法の一部として、教科に関する科目の担当者と各教科の指導法の担当者が共同で展開することが、最適な解だと考えている。

中等教育に係る教員養成に関しては、国立の教員養成大学・学部よりも、一般大学のほうが、特定の分野については教科に係る専門家を多く擁している。その専門家の力を引き出し、多分これからも日本の教員養成の主たるシステムであり続けるであろう開放制のよさを活かしていくための解でもある。

※本研究はJSPS科研費JP17K04339の助成を受けたものである。

引用・参考文献
(1)横須賀薫「教師の教養と教員養成／その二」『教育』288号、1973年、66-73ページ。
(2)教育職員養成審議会「養成と採用・研修との連携の円滑化について」（第3次答申）1999年、文部科学省ウェブサイト
http://www.mext.go.jp/b_menu/shingi/old_chukyo/old_shokuin_index/toushin/1315385.htm （2019年5月16日閲覧）。
(3)国立の教員養成系大学・学部の在り方に関する懇談会「今後の国立の教員養成系大学学部の在り方について」（報告）、2001年、文部科学省ウェブサイト
http://www.mext.go.jp/b_menu/shingi/chousa/koutou/005/toushin/011101.htm （2019年5月16日閲覧）。
(4)日本教育大学協会「『モデル・コア・カリキュラム』研究プロジェクト：教員養成の『モデル・コア・カリキュラム』の検討―『教員養成コア科目群』を基軸としたカリキュラムづくりの提案―」2004年、日本教育大学協会ウェブサイト

http://www.jaue.jp/_src/sc1061/h16.3.31203f3f3f3f3f3f3f3f2081e83r83a81e83j838a83l83838589838081v82cc8c9f93a2.pdf（2019年5月19日閲覧）。

(5)文部科学省「小学校学習指導要領」平成20年3月告示、東京書籍、2008年。

(6)有馬朗人他『新編楽しい理科3年』大日本図書、2015年。

(7)石浦章一他『わくわく理科3』新興出版社啓林館、2015年。

(8)毛利衛・黒田玲子編集委員代表『新編新しい理科3年』東京書籍、2015年。

(9)養老孟司他『みらいをひらく理科3』教育出版、2015年。

(10)癸生川武次編集代表『楽しい理科3年』信州教育出版、2015年。

(11)霜田光一他『みんなと学ぶ小学校理科3年』学校図書、2015年。

(12)千葉俊秀・田幡憲一『タマネギのつくりを追究する―科学的な知識や概念を活用する中学校の理科授業』『生物教育』50巻3/4号、2010年、130ページ。

(13)池山剛「水溶液には金属を変化させる性質があるのだろうか」田幡憲一編『平成27年度「教員の養成・採用・研修の一体的改革推進事業」成果報告書 サイエンスシャトルプログラム」宮城教育大学、2018年、25-26ページ。

(14)田幡憲一「他機関と連携する教員を育てる教職大学院カリキュラムの作成、平成27年度『総合的な教師力向上のための調査研究事業』成果報告書」田幡憲一編『他機関と連携する教員を育てる教職大学院モデルカリキュラムの開発』宮城教育大学、2016年、5-11ページ。

(15)玉川大学工学部「教員養成教育認定評価自己分析書」2014年、教員養成評価機構ウェブサイト
http://www.iete.jp/certification02/h26/ana-tamagawa-kougaku.pdf（2019年6月20日閲覧）。

(16)東京学芸大学教員養成評価開発研究プロジェクト「教員養成教育認定評価玉川大学工学部評価報告書」2015年、教員養成評価機構ウェブサイト
http://www.iete.jp/certification02/h26/rep-tamagawa-kougaku.pdf（2019年6月20日閲覧）。

(17)中央教育審議会「これからの学校教育を担う教員の資質能力の向上について〜学び合い、高め合う教員育成コミュニティの構築に向けて〜」（答申）2015年、文部科学省ウェブサイト
http://www.mext.go.jp/component/b_menu/shingi/toushin/__icsFiles/afieldfile/2016/01/13/1365896_01.pdf（2019年6月20日閲覧）。

(18)教職課程コアカリキュラムの在り方に関する検討会「教職課程コアカリキュラム」2017年、文部科学省ウェブサイト
http://www.mext.go.jp/component/b_menu/shingi/toushin/__icsFiles/afield file/2017/11/27/1398442_（2019年6月20日閲覧）

(19)「日本教科内容学会設立理念」日本教科内容学会ウェブサイト
http://www.jsssce.jp/files-institute/EstablishmentPhilosophy.pdf（2019年6月21日閲覧）。

ABSTRACT

On scholarly collaboration of faculties teaching methods and content courses in teacher preparation programmes

TABATA Kenichi
(Professor emeritus, Miyagi University of Education)

This paper inquires into scholarly collaboration of faculty members responsible for teacher preparation courses offered under the open system teacher preparation programmes.

1 Theory is often the product of induction generated from investigations, experiments or experiences. In the process of induction, details are overlooked in preference to draw a generalizable concept. However, most problems are complex and details often matter when understanding the complexity of realities. Therefore, attention to the details is critical when applying a theory. This is also true in teacher preparation programmes when preparing teacher candidates with theories to understand the challenges and issues they may face in real classrooms.

2 This paper argues that the collaboration of faculties responsible for teaching methods and for teaching contents is critical when providing an instructional support for teacher candidates in their process of preparing a lesson plan. Such collaboration would offer teacher candidates ability and experience to adequately apply theories in practice.

3 Faculties aiming to reform and improve teacher preparation curriculum and courses should actively involve in the nation-wide communities of teacher preparation and teacher education. Those communities are, for example, Japan Association of Universities of Education, Japan Association of Professional Schools for Teachers Education, and the Institute for the Evaluation of Teacher Education. It is also important for those communities to invite natural scientists, historians, literary scholars and other scholars to get involved. Empowering such communities is critical to ensure that all participants should share their practices and all providers to actively exchange the view on the ways in which teacher preparation should be.

Keywords: **teacher training course, integration of teaching methods and learning contents, collaboration, science education, teaching practice**

日本教師教育学会年報
第28号

2

〈研究論文〉

〈研究論文〉

教師の研修権理論の再検討
―― 教育公務員特例法22条2項の画餅化に抗して ――

新岡　昌幸（北海道恵庭南高等学校）

1．はじめに

(1)教師の研修を取り巻く問題状況

教師[1]の職務遂行にとって、研修が重要であることは、教師の研修制度を定める教育公務員特例法（以下、「教特法」という）の制定当初から政府も認めてきたところである[2]。そして、このことは、2006年に全面「改正」された教育基本法（以下、「教基法」という）において、教師の研修に関する9条1項が新設されたように、現在においても変更はない[3]。

教育法学の通説によれば、教師の研修は、教育研究と人間的修養を内容とすることから、自主研修が本来的なものであって、「教員は、授業に支障のない限り、本属長の承認を受けて、勤務場所を離れて研修を行うことができる」と規定する教特法22条2項（旧20条2項。以下、同じ）は、自主的な研修を、本務に支障がない限り、勤務時間内に勤務場所を離れて職務として行うことを保障したものと解されてきた[4]。当初、文部省（当時）も教特法22条2項に基づく研修（以下、「校外研修」という）を職務と解していたが、1964年にその解釈を変更したことを転機として、一方で行政研修を拡充強制し、他方で教師の校外研修に対して抑制的ないし敵対的な姿勢をとるようになる。とりわけ、教職員組合主催の教育研究集会への参加について、これを校外研修として承認しない校長と教師の間で対立が生じ、承認がないまま教研集会に参加したために賃金をカットされたり懲戒処分にされたりした教師がその解決を裁判所に求めるという「教員研修裁判」が勃発する[5]。

教師の校外研修を巡っては、複数の下級審判決と最高裁判決[6]が存在するが[7]、一部の下級審判決[8]を除き、その大多数は、校外研修を非職務とし、本属長たる校長（以下、「校長」という）の裁量権限を広範に認める行政解釈とほぼ同様の見解に立っている[9]。

こうした状況の下、2002年、文部科学省は、学校完全週5日制の導入と「まとめ取り」の廃止にともない、長期休業期間における教師の勤務管理の適正を徹底する通知[10]を発出すると、長期休業中の校外研修の取得が全国的に厳しく規制されるようになる[11]。この通知の発出後も、北海道においては、「長期休業日は、原則として、校外研修日とする」という教職員組合と北海道教育委員会（以下、「道教委」という）の間で締結された協定書[12]の存在もあって、広く校外研修が承認されてきた。しかし、当該協定書が全面破棄（2008年）され、北海道教職員組合による政治資金規正法違反事件（2009年）の勃発と道教委による服務規律実態調査の実施（2010年）を契機[13]として、長期休業期間毎に校外研修の取得状況調査を行い、この結果を道議会に報告するという手法によって、校外研修の取得を著しく制約したことから、教特法22条2項の画餅化が急速に進行したのである[14]。

(2)本稿の検討課題

以上の問題状況に対して、教育法学では、1960年代末から1970年代中頃に形成された教師の研修権に関する通説的見解をほぼそのまま主

72　日本教師教育学会［年報第28号］

張し続けるのみで、学説から乖離していく行政解釈や裁判所の見解との間の理論的な溝を結果として放置するとともに、教特法22条2項の画餅化を打開するための有効な処方箋を提示し得ないできた。

学説の中には、高野和子のように、校長の、教育委員会からの自律性を欠いたまま羈束行為説を唱える通説は、「自主研修の閉塞状況を固定化する」との鋭い指摘[15]や、久保富三夫のように、多忙化する学校現場の現状に適合するよう、通説の「緻密化」の必要性を説き、裁判例の詳細な検討を踏まえて、教特法22条2項の「授業に支障のない限り」を、「授業その他の教育活動および校務に明白な支障がない限り」と解すべきであると説く見解[16]も存在する。

しかし、後述するように、「授業に支障のない限り」の意味をどれほど詳細に再定義しようとも、これを判断する校長の広範な裁量権限に対する制約の具体的な在り方が示されていないのであれば、教特法22条2項の画餅化に歯止めをかけることは困難であって、学説としてさらなる理論的展開が必要不可欠であると考える。

そこで、本稿では、以下、校外研修の職務性を認めず、職務専念義務免除によるものとするとともに、その承認を校長の自由裁量に委ねる行政解釈及びその実務を批判するにとどまらず、校外研修の承認要件である「授業」への支障の有無や教師による校外研修の申出の「研修」該当性判断に関する、校長の裁量権限を制約する法的な枠組みを明らかにすることによって、教特法22条2項の画餅化を打開するための学説の展開を試みたい。

2．教特法22条2項を巡る法解釈論争
――行政解釈と学説――

教特法22条2項については、これまで、その解釈を巡って行政解釈と教育法学説が鋭く対立してきた。教特法は教師の研修権を保障しているかどうかという対立を前提として、校外研修の職務性の有無、「本属長の承認」の法的性格、「授業に支障のない限り」の意味ないし範囲について論争が展開されてきた。

これらの点につき、行政解釈[17]は、教特法22条2項は教師に研修権を付与したものではないとの理解を前提に、同条項が地方公務員法（以下、「地公法」という）35条の「法律…に特別の定がある場合」に該当するものと解した上で、校外研修を非職務とする職務専念義務免除説を採る。「本属長の承認」は、授業への支障だけでなく、校務運営上の支障の有無等諸般の事情のほか、研修内容が職務と密接な関連を有するかどうか、研修成果が今後の職務遂行に有用かどうかを、あらかじめ提出させる研修計画書に基づいて「吟味」して行う自由裁量と解する。

これに対して、教育法学の通説[18]は、教特法22条2項は教師の勤務時間内校外研修権を保障したものであるとの理解を前提に、「教師研修のうちで担任教育活動に関連性を有する研究（教育関係問題の研究を含む）は、その教職にとっての重要性からして自主的な職務行為」であり、同条項は、こうした「自主的職務研修を、本務としての授業にさしつかえないことが確認されるかぎり、時間内に校外でなしうることを保障したもの」と解する自主的職務研修説を採る。そして、校長が研修内容の職務関連性等を研修計画書に基づいて精査することを求める行政解釈に対しては、「校長の検閲制」であり、「教師研修の自主性の法理に反する」とした上で、「本属長の承認」は、同条項の字義通り、授業への時間的支障の有無を学校として確認する形式的手続きに過ぎず、裁量の余地のない羈束行為と解する。

3．行政解釈に対する批判的検討

(1)研修内容に応じた三区分？―命令研修の実態からの疑問―

1964年に変更された行政解釈[19]は、周知のように、服務監督権者が、研修内容に応じて、その服務上の取扱いを、勤務そのものとして行わせる命令研修、職務専念義務を免除されて行う職専免研修、勤務時間外の自主的な研修の三つに区分している[20]。その上で、行政解釈は、命

令研修につき、「職務上絶対必要な知識素養を体得」させるための研修であるとし、かかる性格の故に、教師本人の申出を待つまでもなく、職務命令によって職務として行わせるものと位置づけている。

しかし、このような研修の三区分については、命令研修の実態に照らせば、大いに疑問があるが、教育法学説では、従来、命令研修の現実のありように即した丹念な批判が展開されてきたとは言い難い。そこで一言するならば、教特法の改正によって導入された初任者研修（1988年）は、命令研修の「代表格」であるが、その内容は、「スタンツ」「野外バーベキュー」「岩山登り」[21]から、「じゃんけん列車」「エグザイル・エクササイズ」[22]まで、実に「多彩」である[23]。それらが真に「職務上絶対必要な知識素養」と言えるのかは疑わしいばかりでなく、行政解釈において「職専免研修」に区分される校外研修には厳格に要求する「研修内容の職務との密接な関連性」や「研修成果の職務遂行への貢献」という要件を、命令研修が満たし得ているのかも、極めて疑問である。

以上のことから明らかなように、行政解釈が採用する研修を三区分する見解は、結局のところ、「職務命令の有無によって、研修が職務としての性格を有するか否かを決めている」[24]に過ぎず、研修をその内容に応じて三区分しているとは考えられない。こうした行政解釈に対しては、「研修を職務とみなすところからくる諸問題（公務災害補償、出張旅費支弁）の便宜的回避からくる便法にすぎない」[25]との批判もある。しかし、より本質的には、右傾化する戦後教育政策に対し、反対の姿勢を強める教職員組合運動に制動をかけ、教研集会をはじめとする教師の自主的な研修を抑制し、伝達講習会等の行政研修を徹底することによって、教育の国家統制を図ろうとしたものであったと考えられる[26]。

(2)校外研修を職専免研修とすることへの疑問

上述したように、行政解釈は、校外研修の職務性を否定し、その服務上の取扱いを職務専念義務の免除とする見解を採る。これに対して、従来、学説からは「そもそも教員に職務遂行上の不可欠の要件として自主研修義務を課しておきながら…研修と教育（職務）を切断し、自主研修の職務性をことごとく否定するのは不条理」[27]であるとの批判や、「職務専念義務を免除しての研修を認める場合において…給与を支給するのであれば、職務命令による場合と実質的な違いはないのであるから、あえて職務専念義務を免除して研修させなければならない理由はみあたらない」[28]という批判、さらには、勤務「時間内校外研修が『職務』ではな…いというのであれば、それはまさに教育公務員の道義的責任において任意に果たされるべき個人的行為」[29]ということになり、妥当ではないなどの批判が唱えられてきた。

思うに、校外研修の職務性について検討するにあたっては、次の点を考慮する必要があると考える。第一に、校外研修は、研修の日常性、継続性という本質的属性[30]の故に、各教師の時々の必要に応じて勤務時間中に勤務場所を離れて適宜行うことができる特に重要な研修であること、第二に、校外研修は、職務遂行上不可欠とされる教師の研修（教基法9条1項、教特法21条1項）の実態の多くを占めてきた研修形態[31]であること、である。そして、第三に、ある研修が「職務」なのか否かを検討するにあたっては、教師が子どもの教育という職務を遂行する上で、何故に研修が不可欠であるのかを、教育という営みの本質に立ち戻って再考する必要があること、である。以下では、この点を敷衍した後、校外研修を行うことは教師の職務遂行そのものであることを明らかにする。

教育は、最高裁旭川学力テスト事件大法廷判決[32]も指摘するように、「教師と子どもとの間の直接の人格的接触を通じ、その個性に応じて行われ」る「人間の内面的価値に関する文化的な営み」である。ここに教育が、教える者と教わる者との間の直接の人格的接触として行われることの意味が問題となる。子どもの教育を掌る教師（学校教育法37条11項）も、面前にいる

子どもよりも前の世代を生きる人間として、歴史的に蓄積されてきた膨大な科学的知識や文化的遺産に学び、それらとの格闘のなかで自らの人格や良心を形成してきた存在である。教師は、検定済教科書の内容をただ子どもに伝達するだけでなく、ひとりの人間として、それらの科学的知識や文化的遺産とどう向き合い、どのような新しい発見に驚き、如何なる問題と格闘してきたのか、という自らの知的経験を介して子どもの教育にあたらなければならない。そうでなければ、多様な異なりをもつ生身の人間を教師の職に就けることによって、教育を行わせる意味が失われてしまうとともに、そもそも教師と子どもとの間の直接の人格的接触としての教育などできようはずもない。それ故に、このような、教師と子どもとの間で営まれる高度の文化的、精神的営為である教育を行うには、教師が、不断の研修を通して（教基法9条1項、教特法21条1項）、自らの人間としての固有の在りようを維持・発展させることが十全に保障されなければならない[33]。このことを前提として、教師は、日々の子どもの学習要求に寄り添い、教育内容として取り上げるべき諸課題に対して、今を生きるひとりの人間として真摯に向き合い[34]、その時々の必要性に応じた自主的な研修（校外研修）を通して、刻々と変化する知を常に体得するよう努めながら[35]、子どもの教育にあたることが、法的に要請されているのである。

したがって、教師が校外研修を行うことは、教育公務員に割り当てられた職責（職務と責任）の遂行[36]そのものであって、もし教師が校外研修を行わないならば、子どもの教育という自らの職務を果たし得ず、その結果として、自らに課せられた職務専念義務（地公法35条）も果たし得ないことになる。このように考えるならば、教特法22条2項は、行政解釈が主張するような職務専念義務免除の法的根拠というよりも、「むしろ、専念すべき職務が勤務場所を離れてする研修に変化する」[37]法的根拠と解するのが妥当であって、校外研修を行うことそれ自体

が、教育公務員の場合には、職務専念義務履行の特別の形態と理解することができるのである。

4．本属長の裁量権限に対する制約の在り方

(1)基本的な視座

前述したように、校長の承認権限の法的性格については、校長に裁量の余地はない覊束行為と解する教育法学説と、裁量行為、とりわけ、伝統的な行政法学説において司法審査になじまないとされる自由裁量と解する行政解釈が対立してきた[38]。

教特法22条2項によれば、教師の校外研修の申出について、授業への支障の有無を検討した上で、承認するかどうかを決定する権限を校長に与えていることは疑いない。しかし、それは、校長の「承認」権限の法的性格を法治行政の例外としての自由裁量とし、校外研修は「承認されなくても文句のいえる筋合いではない」[39]と放言することまで正当化するものではない。

というのも、教特法は、教師の自主的・主体的な研修を奨励支援するための法律であって、同法によって与えられた校長の「承認」権限は、そもそも「自由に判断してよいという授権ではな」[40]く、法的要件を満たした校外研修に対しては、できるだけ承認する方向で行使することが法的に要請されている、と考えられるからである。この点において、校長の「承認」権限は無制約ではない。しかし、従来の教育法学説では、先端的な学説[41]でさえ、校長の裁量権限をア・プリオリに覊束行為とみなすことを前提として—この点で、従来説は、自由裁量説を採る行政解釈との二項対立図式を脱し得ていないという限界がある—、教特法22条2項が定める校外研修の承認要件の詳細化、具体化を図るにとどまり、これを判断する際に校長が依拠するべき法的な枠組みを明らかにしてこなかったのである。

このような基本的な視座を踏まえ、以下では、校外研修の承認要件である「授業」への支障の有無及び教師の申出の「研修」該当性判断

について、従来の学説を批判的に検討した上で、未だ明らかにされていない校長の広範な裁量権限に対する制約の具体的な在り方を検討することにしたい。

(2)「授業に支障のない限り」の意味とその判断枠組み

校長が、教師の校外研修の申出を承認するかどうかの判断にあたって、教特法22条2項は、「授業に支障のない限り」という要件を課している。この「授業」の意味ないし範囲につき、これを法文の字義通り「授業」に限定する教育法学説と、「授業」のみならずその他の校務一般を広く含むとする行政解釈が対立してきた。

こうした対立状況の下で、一部の学説から、教師に求められる仕事量が肥大化し、授業そのものに支障がないだけで校外研修を承認し難くなっている学校現場の実態がある[42]ことや、授業以外の教育活動や校務も授業以上に子どもの教育にとって重要となる場面があり得る[43]ことを踏まえ、「授業に支障のない限り」の意味を、通説のように、授業の時間的支障に限定して理解するのは狭きに失するとして、「授業その他の教育活動および校務に明白な支障のない限り」と解すべきであるとする見解も唱えられている。学校現場の過酷な労働実態が社会問題化するなかで、本稿も、基本的には、この見解に賛同する。しかし、この学説[44]には、「明白な支障」の有無を、校長がどのような基準で判断すべきなのかが明らかにされておらず、それ故に、校長の広範な裁量権限を制約するための対抗的な理論になり得ていないという問題があることを見落としてはならない。

以上の問題を検討するにあたっては、次の二点を踏まえることが重要だと考える。すなわち、第一に、教師の校外研修は、究極的には子どもの教育を受ける権利（憲法26条1項）に対応した教える側の義務[45]をより良く果たすために法認されたものであるということ、第二に、そうだとすれば、教育法学説と行政解釈の対立のように、「授業に支障のない限り」の「授業」という法文に過度に拘泥し、その広狭を論ずるよりも、むしろ、許容できない「支障」の中身と程度を、子どもの教育を受ける権利との関係で判断する具体的な基準が必要であるということ、の二点である。

以上の点を踏まえ、「授業に支障のない限り」に関する判断枠組みを示せば、次の通りとなる。すなわち、授業への支障であれ、それ以外の教育活動あるいは校務への支障であれ何であれ、教師の校外研修が、万が一にも、子どもの教育を受ける権利に重大かつ具体的な不可逆の不利益を与える可能性があり、それを校長において、合理的な根拠に基づき、具体的に予見できる限り、そのような校外研修はそもそも承認される余地はない。しかし、これとは反対に、校長が、以上の事情が認められないにもかかわらず、教師の校外研修を承認しない場合には、教師にできるだけ研修の機会を与えるよう求めた教特法の趣旨を逸脱する裁量権限の行使として違法の評価を受けるものと考えられる。

(3)「研修」該当性の判断枠組み

行政解釈によれば、校長は、校外研修の承認にあたり、教師の申出が「研修」に該当するかどうかを、事前に提出させる研修計画書に基づいて「吟味」することを要求する[46]。裁判例も「本属長は、教員の申出にかかる行為が授業に支障がないかどうかおよびそれが研修であるかどうかの二点について判断した上承認不承認を決すべき」である[47]という。

「研修」該当性の判断につき、教育法学の通説は、前述の通り、これを否定に解している。しかし、思うに、教特法22条2項が、授業に支障のない限り、勤務時間内に勤務場所を離れることを法認するのは、校外研修を行うからであり、そうではない場合にまで、勤務場所を離れることを許容するものではない。したがって、研修という名目であれば、授業に支障がない限りは、その内容を何ら確認することなく、教師の申出を校外研修として承認しなければならないと説く通説をそのまま維持することは困難で

ある。したがって、「校務をつかさどり、所属職員を監督する」（学校教育法37条4項）職務を担う校長が、研修の内実がともなうことを、校外研修処理簿や研修計画書・報告書で確認すること[48]は、「研修」該当性を判断するための必要最小限の手続きとして是認されると解される[49]。とはいえ、「研修」該当性判断に名を借りた、校外研修の取得に対する不当な制約は、教特法の趣旨に照らし許されないことは言うまでもない。

この点、道教委が、2011年12月9日、「長期休業期間中の教員の勤務管理について」と題する通知[50]を道立学校長あてに発出し、教師の校外研修を、事実上、認めないよう強要しているのではないかが問題となる。この通知は、「研修内容を十分に把握確認するため」として、校外研修の承認に際し、「成果物の提出を求めるなど、研修計画・研修報告の適正化」を図るよう校長に命じたり、「同一の研修内容のみで終日又は長期間にわたる」自宅での校外研修を「不適切と疑われる事例」と位置づけたりしている（傍点は何れも引用者）。しかし、前者については、校外研修を行ったからといって、「成果物」―これが具体的に何を指すのかは不明である―が必ず得られるわけではないし、そもそも「成果物」の獲得が校外研修を承認する際の必須の法的要件でもない。また、後者については、教特法が想定する教師の研修は「文化財の体得と人格の錬磨」を追求し続けること[51]であるから、校外研修が「同一の研修内容」で「終日又は長期間にわた」って継続的に行われることは、むしろ法の前提とするところである。

このような法制度外の要件を、通知及びこれに添付された「別紙」において、外形上もっともらしい理由―「研修内容の把握のため」「保護者や地域住民への説明責任」など―を並べて校長や教師に強要し、その結果として、教特法で認められた校外研修の取得を不当に制約することは、法律による行政の原理に照らして、脱法的行政実務であるとの批判を免れない。しかし、こうした事態を前に、教師の研修権理論の発展に貢献してきた論者の最新の研究[52]を含めて、教育法学説は、今日まで、「研修」該当性判断の名目の下で行われる校外研修に対する不当な制約に歯止めをかけるための理論的な枠組みを打ち出せないできた。そこで検討を要するのは、以上のような問題状況を踏まえ、「研修」該当性に関する校長の判断が恣意にわたらないよう、その判断枠組みを明らかにすることである。以下、この点について、あえて行政解釈の求める要件に応じつつ、一般の地方公務員の研修と比較して検討することにしたい。

教師の研修は、前述したように、子どもの教育を受ける権利に対応した教える側の義務をよりよく果たすために法認されたものであることから、「研修」該当性を判断するにあたっては、「職務との密接な関連性」と「研修成果の職務遂行への有用性」の有無が問題となる[53]。ただし、教師以外の地方公務員の「研修」は「その勤務能率の発揮及び増進」（地公法39条1項）という限られた目的をもつに過ぎないのに対して、教師のそれは「その職責を遂行するために」（教特法21条1項）とされ、職務遂行上不可欠なものとして位置づけられており、より広範な目的を有していることを重視する必要がある[54]。

以上のことを前提とすれば、一般の地方公務員の場合、研修は「勤務能率の発揮及び増進」という「限られた目的」のために行われるものだから、論理上、その内容も限定的となる。したがって、研修として申請された内容が、「勤務能率の発揮及び増進」という目的を達成するための手段としての関連性を有するかどうかは、承認権者において合理的に絞り込みやすい。加えて、一般の地方公務員の研修は、職務遂行上不可欠の要件と位置づけられていないため、研修として申請した内容が承認権者において「研修」該当性を認められず、研修を実施できなかったとしても、職務遂行が不可能となるわけではなく、したがって、職務専念義務を果たし得ないわけでもないことから、承認権者の裁量権限は比較的広く認められてよい[55]。

他方、教師の場合には事情が全く異なる。教

師にとって、研修は「その職責を遂行するために」という「より広範な目的」のために行われるものだから、論理上、研修の内容も広範なものとなる。したがって、研修として申請された内容が、「その職責を遂行するために」という目的を達成するための手段としての関連性を有するかどうかは―教科の専門分野の違いという事情も重なり―校長において絞り込むことは容易ではない。さらに、教師の場合には、研修を行うことが職務遂行上不可欠の要件とされていることから、研修ができなければ、子どもの教育を掌るという職務を遂行できず、したがって、職務専念義務も果たし得ないことになる[56]のであって、このことは、子どもの教育を受ける権利の保障と直結する問題を惹起する。このように、「研修」該当性の判断に関する校長の「承認」権限は、教特法22条2項が特例として教師に保障した「具体的な研修申請権」[57]とそれが教師に認められる究極的な根拠である子どもの教育を受ける権利によって枠付けられていると考えられる[58]。

以上の考え方を前提とし、かつ、「教員の自発的な研修を奨励して勤務時間中にもできるだけの便宜を図ろう」とする教特法22条2項の趣旨[59]を踏まえれば、「研修」該当性のうち、「職務との密接な関連性」に関する校長の判断は、「研修として申請された内容が職務の遂行に無関係であることが一見して明らかであるか」という基準で、そして、「研修成果の職務遂行への有用性」に関する校長の判断は、「研修として申請された内容又はそれを研修として行うことが子どもの教育を受ける権利やその他の憲法上の権利を、重大かつ具体的に侵害するか」という基準で判断し、検討の結果、いずれも否定であれば、校長は、教特法22条2項に基づいて、教師の申請を職務遂行に不可欠の研修として推定[60]し、勤務時間中に勤務場所を離れて研修することを、当該教師の職務として承認しなくてはならないと考えられる。

5．おわりに

前述したように、北海道では、従来、校外研修が広く認められてきたが、その状況は、服務規律実態調査の実施を契機に一変した。2009年の夏季休業期間の校外研修総日数は58,068日（うち自宅研修総日数は31,619日）だったが、校外研修を制約する通知[61]が道教委から発出されるたびに、研修日数は減少し、2017年の冬季休業期間には、校外研修総日数が3,111日（うち自宅研修総日数は13日）まで激減した[62]。

こうした道教委の対応は、教師が校外研修を行う際にできるだけ便宜を図ることを求める教特法の趣旨に悖る行政実務である。しかし、校外研修の内実を少しでも問われる契機が介在すると、氷消瓦解の如く、その取得が激減する状況は何を意味するのだろうか。もしそれが、教師の職務遂行にとって不可欠である校外研修に対する不誠実さであったり、貧しさであったりするのであれば、牧柾名が喝破したように[63]、教師の研修の自主性をそこなう要因をすべて教育行政による管理的統制の強化などの外的条件のせいにすることは妥当でないだろう。教師は、研究紀要の発行等を通して、校外研修から得られた知見を社会に公開して、校外研修に対する社会の「懐疑の目」と向き合うことが求められよう。

とはいえ、問題は単純ではない。2009年以降の北海道のように、特定の政党会派と「連携」した偏頗な教育行政による、校外研修への執拗な介入にどう対峙するべきか。「学校、家庭、地域社会という三つの教育主体の関係」を予定調和で語ることができない現状[64]で、校外研修の成果を社会にどう開くのか。残された課題は少なくない。これらの検討は他日を期することにし、法的な観点から、教特法22条2項の「再生」をねらった本稿での検討を一先ず終えることにする。

注

(1) 本稿では、学校の「先生」を表す言葉として、

文献等の引用の場合を除き、「教師」の語を用いる。この点、西原博史・斎藤一久編著『教師課程のための憲法入門』弘文堂、2016年、7ページの「コラム」を参照。

(2)文部省内教育法令研究会編『教育公務員特例法解説と資料』時事通信社、1949年、125-126ページ。

(3)教育基本法研究会編著『逐条解説 改正教育基本法』第一法規、2007年、126ページ。

(4)有倉遼吉編『教育法（基本法コンメンタール）』日本評論社、1972年、369-372ページ〔兼子仁執筆部分〕。

(5)浪本勝年「教員研修をめぐる政策と判例の動向」『立正大学文学部論叢』第70号、1981年、114ページ。

(6)最高裁判所第3小法廷判決1993・11・2（『判例時報』1518号、126ページ）。

(7)参照、菅原真「教師の研修権裁判」日本教育法学会編『教育法の現代的争点』法律文化社、2014年、374-377ページ。

(8)山口地方裁判所判決1973・3・29（D1-law.com判例ID:27603429)、札幌地方裁判所判決1990・12・26（『労働判例』578号、40-51ページ）。

(9)札幌高等裁判所判決1977・2・10（『判例時報』865号、97ページ）など。詳しくは、久保富三夫『教員自主研修法制の展開と改革への展望』風間書房、2017年、205-280ページを参照。

(10)「夏季休業期間等における公立学校の教育職員の勤務管理について」（2002年7月4日付、文部科学省初等中等教育企画課長通知）。

(11)久保富三夫『戦後日本教員研修制度成立過程の研究』風間書房、2005年、6ページ。

(12)本給の4％の教職調整手当の支給と引き替えに、労働基準法37条を適用除外とする公立の義務教育諸学校等の教育職員の給与等に関する特別措置法（いわゆる「給特法」）の下で、無定量の超過勤務を強いられるのを防止するため、1971年12月15日、地方公務員法55条に基づいて締結された書面協定をいう。

(13)この点、姉崎洋一「『服務規律調査』と『通報制度』について」『労働旬報』第1739号、2011年、32-39ページに詳しい。

(14)なお、教特法22条2項の画餅化は、給特法の合理性を掘り崩す側面がある。この点、新岡昌幸・國岡健「公立学校教員の長時間労働と給特法—法の理念と趣旨に立ち返る—」『北海道自治研究』第589号、2018年、28-29ページ〔新岡執筆部分〕を参照。

(15)高野和子「研修権の理論と今日的課題」日本教育法学会編『教育への権利と教育法』有斐閣、1989年、115ページ。

(16)久保富三夫「教員研修に関わる教育法学説の検討課題」日本教育法学会編『教育基本法体制の危機と教育法』有斐閣、2007年、189ページ以下、同「教免法と教特法の変遷と教員養成・研修制度」日本教育法学会編『教育法学40年と政権交代』有斐閣、2011年、67ページ以下。なお、この見解は、久保・前掲注(9)、290-291ページでも維持されている。

(17)学校管理運営法令研究会編著『新学校管理読本〔第4次全訂〕』第一法規、2002年、188ページ以下。

(18)有倉・前掲注(4)、370-371ページ〔兼子仁執筆部分〕、兼子仁『教育法〔新版〕』有斐閣、1978年、322-324ページ。

(19)「行政実例 教育公務員特例法第20条の解釈について」『教育委員会月報』第174号、1965年、58-60ページ。

(20)久保・前掲注(9)、109ページは、これを「研修3分類説」とする。

(21)http://www.city.okayama.jp/contents/000201171.pdf, last visited, 15 Dec. 2018.

(22)http://www.manabinoba.com/index.cfm/8,20726,21,142,html, last visited, 15 Dec. 2018.

(23)教育行政は、「じゃんけん列車」を通して団結力等を育成するのが目的だと主張するかもしれない。しかし、それが通用するなら、教師の研修は「何でもあり」である。

(24)日本教職員組合編『新教育労働者の権利』労働旬報社、1976年、412ページ。

(25)小出達夫「組合主催の教研集会参加と賃金カット」『季刊教育法』第2号、1971年、130ページ。

(26)堀尾輝久『日本の教育』東京大学出版会、1994年、239-240ページ。

(27)結城忠「教員研修をめぐる法律問題」牧昌見編著『教員研修の総合的研究』ぎょうせい、1982年、307ページ。傍点は原文。

(28)橋本勇『逐条地方公務員法〔新版第2次改訂版〕』学陽書房、2009年、650ページ。

(29)青木宗也「研修権に対する労働法的側面からの検討」有倉遼吉教授還暦記念論文集刊行委員会編『教育法学の課題』総合労働研究所、1974年、393ページ。

(30)牧柾名「研修の目的性・集団性・開放性」『季刊教育法』第46号、1982年、47ページ。

(31)文部省地方課法令研究会編著『新学校管理読本〔第2次改訂〕』第一法規、1978年、155ページ。

(32)最高裁判所大法廷判決1976.5.21（D1-Law.com判例ID:27661956）。

(33)新岡昌幸「教師の職務上の行為と人権」『日本教育法学会年報』第39号、有斐閣、2010年、171-172ページ。

(34)この点、堀尾輝久「現代における教育と法」加藤一郎編『岩波講座 現代法8 現代法と市民』岩波書店、1966年、193ページ参照。

(35)文部省内教育法令研究会編・前掲注(2)、125-126ページ。

(36)橋本・前掲注(28)、645ページ。

(37)『判例時報』1518号、125ページ。

(38)近時、行政法学では、こうした検討枠組みは揺らいでいる。詳しくは、曽和俊文ほか『現代行政法入門〔第3版〕』有斐閣、2015年、156ページ〔亘理格執筆部分〕を参照。

(39)高橋恒三『教師の権利と義務』第一法規、1966年、168ページ。

(40)阿部泰隆『行政法入門（上）』信山社、2015年、254ページ。

(41)久保・前掲注(9)、291ページ。

(42)久保富三夫「教免法と教特法の変遷と教員養成・研修制度」日本教育法学会編『教育法学40年と政権交代』有斐閣、2011年、71ページ。

(43)この点、久保富三夫「教員研修に関わる教育法学説の検討課題」日本教育法学会編『教育基本法体制の危機と教育法』有斐閣、2007年、195ページ。

(44)久保・前掲注(9)、290-292ページ。

(45)浦部法穂『憲法学教室〔第3版〕』日本評論社、2016年、219ページ。

(46)学校管理運営法令研究会編著・前掲注(17)、189ページ。

(47)札幌地方裁判所判決1971・5・10（兼子仁・佐藤司編『教育裁判判例集Ⅱ』東京大学出版会、1973年、275ページ。また、東京地方裁判所判決2004・7・1（文部省地方課法令研究会編『教育関係判例集』第一法規、3147の6ページ）。

(48)例えば、北海道立学校職員服務規程9条。

(49)久保・前掲注(42)、70-73ページ。

(50)「長期休業期間中の教員の勤務管理について」（2011年12月9日付、北海道教育庁総務政策局教職員課服務担当課長通知）。

(51)文部省内教育法令研究会編・前掲注(2)、126ページ。

(52)この点、久保・前掲注(9)、292-295ページ。

(53)前掲注(19)「行政実例」59ページ参照。

(54)学校管理運営法令研究会編著・前掲注(17)、183ページ。

(55)晴山一穂・西谷敏編『地方公務員法』日本評論社、2016年、202ページ〔山田健吾執筆部分〕。

(56)名古屋地方裁判所判決1996・9・4（D1-law.com判例ID:28020353）。

(57)宇賀克也『行政法概説Ⅲ〔第2版〕』有斐閣、2010年、356ページ。

(58)結城・前掲注(27)、303-304ページを参照。

(59)学校管理運営法令研究会編著・前掲注(17)、679ページ。

(60)結城・前掲注(27)、307ページ。

(61)自宅での研修の「厳格な取扱い」を徹底する通知（「長期休業期間中の教員の勤務管理について」（2010年6月30日付、北海道教育庁総務政策局教職員課服務担当課長通知））、研修の実質があれば、校外研修の「場所は問わない」との取扱いを変更する通知（「長期休業期間中の教員の勤務管理について」（2010年12月3日付、同課長通知））など。

⑥2このデータは、道教委の調査による。なお、「校外研修総日数」及び「自宅研修総日数」は、札幌市を除く全道の市町村立学校並びに北海道立高等学校、中等教育学校及び特別支援学校の教職員が取得した校外研修日数及び自宅研修日数の「総計」である。
⑥3牧・前掲注⑶0、50ページ。
⑥4坂田仰編著『学校と法〔改訂版〕』放送大学教育振興会、2016年、3ページ〔坂田執筆部分〕。

ABSTRACT

Revisiting the Theories Surrounding on Teachers' Right for Continuing Learning

NIIOKA Masayuki
(HOKKAIDO ENIWAMINAMI HIGH SCHOOL)

In the jurisprudential understanding concerning the laws of education, the prevailing view on teachers' continuing learning was dialogically shaped between the late 1960s and mid 1970s by two contrasting philosophical positions: One position emphasizes the people's right to education, and the other stresses the State's rights to educate its people.

These conflictive philosophical positions underlie the different legal interpretations given to Article 22, Paragraph 2 of the Law for Special Regulations Concerning Educational Public Service Personnel (Special Regulations).

In respect to the prevailing jurisprudential understanding on teachers' continuing learning, it is important to make a critical inquiry on legislative interpretations that limit the autonomy of individual schools over their administrative authority, such as the board of education. Furthermore, it is much needed to reevaluate the prevailing understanding that may be outdated to reflect the current conditions and realities in the field.

This paper identifies the dilemmas surrounding the legislative interpretation that excludes teachers' self-initiated continuing learning from teachers' occupational responsibility. This paper also considers the ways to alleviate school principals' from using their administrative authority to exclude teachers' self-initiated continuing learning from teachers' occupational responsibilities. In so doing, this paper aims to bring a paradigm shift to the prevailing jurisprudential understanding concerning the laws of education to revitalize the core principle of the Article 2 of Paragraph 22 of the Special Regulations.

Keywords : **teachers'right to study and self-improvement, principals'discretion, teachers'self-training leaving their place of service, administrative interpretation on teachers'training**

〈研究論文〉

性の多様性に向けた教育実践の諸相
── セクシュアル・マイノリティの教師の語りの分析 ──

有間　梨絵（東京大学大学院）／植松　千喜（東京大学大学院）／
石塚　悠（栃木県宇都宮高等学校）／志津田　萌（東京大学大学院）

1．はじめに

2015年に文部科学省から学校現場に向けて「性同一性障害に係る児童生徒に対するきめ細かな対応の実施等について」が通知された。本通知は「性同一性障害」のみならず「性的マイノリティ」の児童生徒に対する個別的支援と、学級における人権教育の必要性が明示された点で意義深い[1]。しかしながら通知で示された事例や教職員向けの資料[2]は、当該児童生徒に対する個別的な支援や配慮のあり方についての内容がほとんどで、人権教育の具体的なあり方については示されなかった。

このことを受けて、本研究は、性の多様性に関わる教育実践を検討し、そのあり方を考える新たな枠組みを提示することを試みる。具体的には、セクシュアル・マイノリティの当事者である教師に対して、それぞれの性の多様性に関わる教育実践についてインタビューを行う。

これまで、性の多様性の教育実践については、性の多様性の授業の開発と当事者の児童生徒に対する支援に関する研究が行われてきた。例えば、渡辺ら[3]や田代ら[4]による授業づくり、佐々木[5]による性の多様性の授業の教育効果の研究が存在する。また奥村ら[6]による学校に求められる支援のあり方の研究や畔田ら[7]の養護教諭による支援の特徴の解明、日高[8]の教員や心理職による支援方策の提案などがある。

だが当事者の児童生徒をめぐっては、支援されるだけの存在ではなく「学校の性別分化を顕在化させ、学校の性別分化そのものを問う存在である」ことが土肥[9]によって指摘されている。すなわち、当事者の児童生徒を受動的な存在として見るのではなく、学校文化を問い直す変革の主体として見る必要がある。

セクシュアル・マイノリティの教師に着目すると、トランスジェンダーやゲイ・レズビアンなどの教師によるカミングアウトの語りや経験をまとめた文献がある[10]。加えて、本研究と同様に当事者教師に対して聞き取りを行った佐藤の研究も存在する[11]。

この研究では、非異性愛教師への聞き取りが行われ、非異性愛教師の生きづらさという視点からその語りを分析することで、異性愛主義が教師文化に浸透していることが明らかにされており意義深い。しかしながら、当事者への支援・配慮という視点から見ると、当事者である教師は依然として受動的な存在となっていると言わざるを得ない。

以上の議論を踏まえて本研究は、セクシュアル・マイノリティの当事者教師を、性の多様性の教育実践を行う上での変革の主体として捉える。本研究では、当事者と非当事者への授業内外における性の多様性にかかわる働きかけを教育実践と見なし、学校外をも視野に入れた性の多様性の教育のあり方を明らかにしたい。それぞれの語りの分析を通して、当事者教師が取り組んでいる性の多様性の教育実践の姿と、実践にあたって抱いている想いや葛藤などの諸相を描く。

2. 研究の方法と分析視点

2.1 研究の方法

調査の対象者は、機縁法によって協力を得たセクシュアル・マイノリティを自認する教師4名（内訳は小学校2名、高等学校2名）である。機縁法による選定は、研究協力者の思想や経験に偏りが生じる可能性があるが、セクシュアル・マイノリティの当事者教師を募ることは困難であり、公には隠されている対象者を得ることができる。研究協力者のプロフィールは次の表1の通りである。なお、研究協力者の名前はいずれも仮名である。

表1　研究協力者4名のプロフィール

氏名	校種	勤務年数	ジェンダー・アイデンティティ／セクシュアリティ
佐々木陽介 先生	小学校（非常勤）	16年	ゲイ
折居寛 先生	小学校（常勤）	10年	ゲイ
田所蓮 先生	高等学校（常勤）	15年	ゲイ
水野かおる 先生	高等学校（常勤）	32年	MtFトランスジェンダー

調査は、2017年にそれぞれ半構造化インタビューにより実施した。貸会議室や大学の教室等で各2時間から3時間程度行い、ICレコーダーに録音した。インタビューは、インタビューガイドを参照しながら実施した。インタビューガイドの内容は、研究協力者のジェンダー・アイデンティティや教職経験、性教育や性の多様性に関する実践経験、制度や学校文化についての質問等で構成されている。

本研究は、テーマ的ナラティヴ分析を方法論に用いた。リースマン（Riessman, Catherine Kohler）によると、テーマ的ナラティヴ分析は、語りを社会構造や権力関係、隠された不平等といったより大きな文脈と結びつけて考えることを重視する[12]。本研究は、この手法を用いることで、それぞれの教師生活における個人的経験の語りを、現在の日本の学校教育をめぐる性の多様性の教育の状況と結びつけて分析することができると考え、採用した。

以下、リースマンの解説からテーマ的ナラティヴ分析の特徴について示す。テーマ的ナラティヴ分析は「言葉によって示される出来事や認識」、すなわち語られた内容に焦点を当てる。したがって提示される語りは、語り方やインタビュアーとの相互作用が捨象され、「『取り散らかった』話し言葉は、読みやすく書き換えられる」のである。本研究は、その書き換えられ構築された物語を研究協力者に読んでもらって、必要な修正を行うという作業を通して妥当性を担保している。またテーマ的ナラティヴ分析は、グラウンデッド・セオリーにおけるコード化の方法とは異なり、個々のストーリーを保持しながら焦点化したテーマに沿って事例を叙述する点に大きな違いがある。さらに分析過程において、「先行理論が研究を導くと同時に、研究者もデータから新しい理論的な見識を探索」する点でも異なる。

分析対象は、基本的には文字化したインタビューの録音データである。叙述と考察にあたっては研究協力者が執筆した著書、論文、雑誌記事、Webサイト等の資料も用いているが、あくまで補助的な使用にとどまっている。

最後に、本研究は筆者らが所属する大学の倫理審査専門委員会の承認を受けて実施した。インタビューの前には、研究協力者へ本研究の趣旨を説明し、同意書への署名を得た。その際に、研究協力の任意性と撤回の自由や個人情報の保護、結果の取り扱い等について、書面を用いながら説明した。

2.2 分析視点

本研究は、インタビューを終えて録音データを文字化した後に、4人の語りを精読し、「カミングアウト」という中心概念を得た。セクシュアル・マイノリティの当事者にとって重要な意味を持つ「カミングアウト」という行為を軸に据えることで、性の多様性の教育実践を場所という視点から整理することができた。具体的には、学校をどのような場として捉えて、どのよ

うな実践を行っているのかを第1の視点に定め、学校外でどのような実践を行っているのかを第2の視点に定めた。

3．4名の教師の語り

本節では、筆者らが聞き取りを行った4名の教師のそれぞれの語りを具体的に検討する。事例の提示は、学校内でカミングアウトを行っていない佐々木先生と折居先生、続いて学校内で職員に向けてカミングアウトを行った田所先生、最後にカミングアウトをしないが、自身のセクシュアリティを隠すこともしない水野先生の順序で行う。

3.1　佐々木陽介先生の語り

佐々木先生は、16年目の小学校教師でゲイを自認している。一度退職して社会的なカミングアウトに踏み切り、その後数々の講演会に登壇したり、勉強会を企画したりして性の多様性について語っている。

【当事者が性の多様性教育をする難しさ】

佐々木先生は、性の多様性の授業をしたいという強い想いがあったが「その時はビビってできませんでした」という。なぜなら、性の多様性に向けた教育実践を行う上で、セクシュアル・マイノリティ当事者の「ゲイの佐々木陽介」という立場と、教師として子どもたちに指導する「陽介先生」という二側面は「非常にややこしい」からである。それは「自分のフィルターを通さないとうまく子どもに伝えられない」という葛藤から生じるものだった。子どもたちに性の多様性を語るならば、自分のセクシュアリティを問い、語らずにはいられないからだ。

【学校外で社会的なカミングアウト】

性の多様性の教育への想いとカミングアウトとの葛藤で悶々としていた時、佐々木先生はあるカミングアウトプロジェクトに出会い「自分のことを語りたいという気持ちが、日増しに大きくなっていった」。それは、小学校教師のカミングアウトを見たことがなく、教育現場にもセクシュアル・マイノリティがいるということを示したいという想いがあったからだ。だが佐々木先生は、教師を辞めて、学校の外でカミングアウトを行い、性の多様性やセクシュアル・マイノリティについて語ることを決断した。退職は、社会的なカミングアウトによって、勤務校に迷惑をかけるリスクを減らしたいという想いからだった。佐々木先生は、退職することで、ようやく「自分のフィルター」を通して性の多様性について語ることができた。

佐々木先生は「ダイバーシティ＆インクルージョン」を円の中心に置いた時、その円周上にはいくつもの「入口」があるということを図を描きながら説明した。「入口」には様々なトピックがあって「一つはLGBTであったり、一つは障害のことであったりいろんな扉」があり、「本当に大事なのってLGBTを教えることじゃなくてLGBTを通して何を教えるか」であり、その中心にある「生き方とかあり方」について考えていくことではないかと語った。

【学校外で性の多様性を語る】

現在は、非常勤で教育現場に関わりながら、性の多様性に向けた教育の実践報告を行う勉強会を企画したり、市民向けの講演会にゲストスピーカーとして登壇したりするなど活動の幅を広げている。「今まで30何年間語れなかった部分を取り返すかのようにブワーといろんなところでしゃべっているから毎回話すたびに自己肯定感が上がる」という。

3.2　折居寛先生の語り

折居先生は、特別支援学校で約5年間勤務し、現在は公立小学校で5年目を迎えた教師で、ゲイを自認している。

【学校内では当事者である自分を守る】

折居先生が、学校の中でジェンダーやセクシュアリティに関連して違和感を持つこととして挙げていたのは、子どもたちというよりもむしろ同僚の教師に対するものだった。例えば、「男性らしい」話し方をしない男性教師に対する揶揄で盛り上がる教師がいるなど、学校で性差別

的な発言が日々飛び交っていることである。また、LGBTの話題は研修などを介して確実に入ってきてはいるものの、研修の質に問題があることや、一部の若い教師を除いて教師の側の知識や意識が追いついていないという。

折居先生はこのような同僚の実態から、勤務校を「恐ろしい現場だな」と捉え、「こういう人たちの中で、私はゲイですよとか、そりゃ言えないだろうって思うし、子どもたちなんか絶対言えないだろう」と語る。折居先生はセクシュアル・マイノリティの当事者である自分を守る点から、職場でのカミングアウトは全く考えていない。また同僚の揶揄に対しては、自分を守るために、積極的に反論せず「闘いはしない」が、同調しないようにしているという。

【「普通」を問い直すことができるように】

職場としての学校については大きな問題を抱えていると見つつ、同僚に対して積極的に働きかけることはしない折居先生だが、子どもとの関わりにおいては様々な働きかけが見られた。例えば、調査当時に折居先生が受け持っていた4年生は、子ども同士で「オカマ」などと呼んで茶化し合うことがあったという。そういった場合に折居先生は「オカマってなんですか？」と尋ねて子どもたちを揺さぶっていた。「オカマ」という言葉が何を意味するのかについては「諸説ある」としながらも、それが差別的な言葉で人を傷つける言葉であるということを認識させることが大事だと考えていた。

また、折居先生は実際に性の「普通」を問い直すような投げかけを子どもたちとの関わりの中で行っている。聞き取りの中で挙げられていたのは2つの実践であった。1つは、小学校で使われているネームプレートの文字の色が、男子が青、女子が赤となっていることに対して問題提起をし、白抜きの名前が書かれたプレートを配って各々の子どもが好きな色を塗って使うようにした実践である。もう1つは、異性愛を前提とした教科書の「思春期」の定義や、辞書の「恋愛」の定義を疑い、考え直してみる実践である。いずれも小さな働きかけではあるが、子どもたちの間で「常識」となっていることをずらしていくような実践として捉えることができる。このような働きかけをした子どもたちが進級し、新しい担任の先生が「普通」にネームプレートでの男女別の色分けを行った時に、疑問を投げかけ、闘うことができるようになって欲しいと折居先生は考えていた。

このような子どもたちへの折居先生の働きかけには、「選択肢を誰にも邪魔されずにつかめることが大事」という考えが根底にある。「男の子」「女の子」をはじめとしたカテゴリーが社会には多く存在するが、そのようなカテゴリーに合致していなければならないことは「すごくしんどいこと」だと考える。一見普通になじんでいるように見えても、どの場面においても必ずマイノリティとマジョリティが存在することは子どもたちにも伝えているという。

したがって折居先生は、LGBTをはじめとしたセクシュアル・マイノリティの問題が近年話題になっていることを肯定的に捉えつつも、他方でそれらはあくまで数多くある多様性の中の1つのピースに過ぎず、前提としてセクシュアル・マイノリティに限らず多様な人々がいることを認識することが重要であると主張した。

【カミングアウトせず他者の想像に任せる】

学校の外では、性の多様性に関する勉強会に参加している。これは、実践報告を行うスタイルで行われているが、結局のところ先に折居先生が述べたようなLGBTに限らない多様性を広げていくための手がかりにつながっていると語る。ただし他方で、そこで繰り広げられる専門的な談話に「何を言っているのかわからなくて」疎外感を持った経験もあった。折居先生は、学校での子どもの学習でも大人たちの勉強会でも、全員がその場での話題を理解していることが前提とされることで、自分の無知を痛感させられることによる疎外感があるのではないかと指摘している。その経験から、「もっとみんな分かる言葉」でなるべく話してほしいと感じると同時に、自分自身もセクシュアル・マイノリティについて「わかったつもり」になって、当事

者の代表として語ることは避けなければならないという思いも持ちはじめたという。

折居先生は、社会的なカミングアウトはせずに「自分の今やれることをやろうかな」という姿勢で性の多様性をめぐる諸課題と向き合っている。だが、最近になって自分のあり方に少しの変化が生じたという。これまではレインボープライドに参加したら「バレる」と思って眺めているだけであったが、「理解があるんだよ」という示しの1つとして「自分が教員ブースで歩くのもいいのかな」と考えるようになった。自分の歩く姿が「アライ（筆者注：セクシュアル・マイノリティの理解者、支援者）って思われるのか、当事者って思われるか、そちらの判断に任せて」という、「ゲイとも何とも言っていないんで、ご想像にお任せします」という姿勢に変化してきたという。

3.3　田所蓮先生の語り

田所先生は私立高校に勤める15年目の英語科教師で、大学生の頃からゲイを自認している。勤務校は「性と生の授業」をテーマに学習を実施して人権教育を推進している。

【生徒にカミングアウトされる予行練習】

数年前、田所先生は教職員に自身のセクシュアリティをカミングアウトした。理解ある校長に背中を押されたことに加えて、「生徒にカミングアウトされる予行練習」として聞いてもらおうと思ったからだという。田所先生はゲイという「特性」をもっているからこそ、他の人が「見にくいかもしれないようなところについても見えるのかもしれないな」と思ったという。セクシュアル・マイノリティについて「しっかり学んで、学んだものがちゃんと出せて、で、なんかおかしいことがあったら、それおかしくありませんか？っていうふうに当事者の立場で言える人として職場の中にいて、そういう人が1人くらいいてもいいよな」と考えた。例えば、「男子、女子っていうふうにラベリングしたままの世界を見ていて、本当に子どもたちのリアルが見えるかっていうとそうじゃないなってい

うふうに思う」と語り、実際に男女の括りで生徒を特徴づける教師と出会った時には、その気付きを投げかけることもあったという。

「当事者であるから遠慮なくいえるし、きいてもらえる」かもしれない一方で、言い過ぎてしまうと「当事者じゃないと分かんないでしょ」というメッセージになってしまう可能性もある。それは「すごく怖いな」と語り「すごい言葉は選んで言っているつもり」だという。

【人権教育の積み重ね】

田所先生は、セクシュアル・マイノリティを社会の中の「弱者」や「マイノリティ」の一部であると考える。性の多様性をめぐる教育実践は、それぞれのセクシュアリティを説明したり、性別二元論の枠組みを問い直したりするような内容が必要で、最終的にはセクシュアル・マイノリティについてだけではなく「別の事象についてもちゃんと想像力を飛ばす」ことが重要だと指摘した。近年、セクシュアル・マイノリティへの支援や配慮が注目されているが、表面的な議論に留まる「アリバイ的」な配慮に終始してしまわないか危惧している。

ホームルームでは、事件や社会問題を取り上げて人権教育を行っている。例えば、相模原市内で入居者の障害者が虐殺されたやまゆり園事件を取り上げて、記事や遺族の手記、ヘイトスピーチに分類されるようなネットニュースのコメントなど様々な人の視点を共有し、人権について考えた。このような活動の積み重ねによって、殊更セクシュアリティをテーマとして取り上げなくても、生徒が人権問題の1つとしてセクシュアル・マイノリティの問題を捉えることができる雰囲気があるという。

【学校外における実践の試みと迷い】

学校外では、職場でのカミングアウト以降、レインボープライドに参加している。「もう僕は知られても別に何も困ることはないし、今のところは色んなことを、ゆくゆくは生徒にも知ってってもらってもいいな」と語る。田所先生は、レインボープライドを自身のセクシュアリティや性の多様性について「説明できるチャンス」

になると考えている。

このように実践の幅が広がる一方で、多様性の実現に向けたアプローチの仕方に迷いも生じてきた。すなわち、「手を広げて色んなことに関わっていくことがいいのか」それとも「学校の現場からほんと草の根的に、自分の身近な半径50センチとか1メートルの中に入ってくる人たちに対してすごく濃く伝えてあげることで広げていくことがいいのか」。田所先生は、「学校を良くしていく」という目標の「アプローチは必ずしも学校の中からだけじゃなくていい」という考えから、自身の実践のあり方を模索している。

3.4　水野かおる先生の語り

水野先生は勤続およそ30年の高校教師で、男性から女性へのトランスジェンダーである。マイノリティについての知識や実践が豊富で、セクシュアル・マイノリティに関しても、コミュニティづくりや講演など、学校外でも精力的に活動を行っている。

【学校内に「流動性」を生み出すために】

水野先生は、セクシュアル・マイノリティの問題も他のマイノリティの問題と同じように、あるべき個人の「自由」が社会によって制約されている状態なのだと考える。特に現在の学校について、「どんどん固定化して、流動性を失っていますよね」と答える。例えば、学校でよく使われる「きちんと」という言葉1つをとっても、その指し示す意味内容は人によって異なるはずである。そのような言葉が共通語として使われるように、水野先生はセクシュアリティやジェンダーの問題に限らず、学校にある価値観や規範の画一性や堅固さに疑問を持ち、学校内に「流動性」を生み出すための「突破口」を探っている。

水野先生は、常に「正しい」価値観を疑わずに教え込もうとしてしまいがちな教師のあり方や、隠すかカミングアウトするかの二択を迫られるトランスジェンダーのあり方について、学校の中に「流動性」を生み出していく契機をつくってきた。

例えば、人権教育として多様なゲストスピーカーを招いたり、カミングアウトしないトランスジェンダーのあり方を示したりしてきた。水野先生は人権教育担当を長年務め、在日朝鮮人やシングルマザー、ゲイ、部落出身者等多様な背景を持つゲストを迎えて生徒対象のシンポジウムを開くなど、人の背景にあるものを学ぶ機会を学校の中に作ってきた。

また水野先生は、出会う生徒、教師全員に対してカミングアウトを行っているわけではなく、「カミングアウトをしない、けども分かる」という「バレバレ」のあり方を貫く。「その中で、周囲が慣れたり変わったりっていうことをやってきた」。例えば、水野先生が女子トイレに入ることを平然と受け止める生徒、自身の出演した番組を見せた際に「やっと言うてくれた」とコメントした生徒、「先生、男女どっち？」という1年前の自らの発言が「実はすごく先生を傷つけたんかもしれんと思った」と言ってきた生徒など、その受け止め方は様々だ。

【学校の限界と「配慮」の危険性】

他方で水野先生は、セクシュアル・マイノリティの問題について「学校の限界」を感じている。「諸悪の根源」は学校教育において子どもが男女に二分されることにあると考えるが、ここを根本的に変えていくのは難しい。その中で問題なのが、先述の文科省通知に挙げられている配慮事例を書かれた通りに実行し、それで問題が解決されたとしてしまう学校がありうることだと水野先生は言う。まず、この周知資料に示された事例は、例えば服装については「自認する性別の制服・衣服や、体操着の着用を認める」とする一方で修学旅行の宿泊部屋については自認する性別の部屋ではなく「1人部屋の使用を認める」等、その生徒をどのような存在として対応するのかという基準がぶれており、そのことを認識したうえで参照すべきものであるといえる。次に、教師が「配慮」として行った行為が子どもにとって2つの危険性を持ちうることを指摘する。1つは、カミングアウトをせ

ずに過ごすことを望む生徒がいた場合、教師が行う「配慮」が望まぬカミングアウト、つまりアウティングにつながってしまう危険があることだ。もう1つは、教師が子どもの性に関しての認識、取り組みを急ごうとすることが、自身の性と向き合う時間が取れていない段階でその子のジェンダー・アイデンティティ、セクシュアル・アイデンティティの「水路づけ」として働いてしまうことである。

【当事者の側方支援とコミュニティづくり】

水野先生は、マイノリティ当事者への特別措置として行われる「配慮」を「上から目線」と捉える。当事者を苦しめている「制約」の存在自体が不当なものであるという非当事者の気づきなしには、配慮をしてあげる・してもらうという不均衡な関係を免れることはできない。これを打破するためには、当事者が動き周囲と関係を築いていく時間をかけたプロセスが必要だと考える。水野先生が、職場での女性トイレやロッカールームの使用をめぐり、他の教師の納得と協力を「獲得」できたと実感するまでには数年を要した。また数学科の教師として、「困ってる子がそこにある課題を一番知ってる子なんです。だから、その子から教えてもらう以外ない」との信念をもつ。当事者が自力で問題と向き合うことに社会を変えていく力を見出し、それを「側方支援」していくことに意義を感じている。

この当事者の力に関して「学校の中でできないこと」として、水野先生はコミュニティづくりに力を入れる。コミュニティの種類は様々だが、意識しているのは「方向性をもたないコミュニティ」ということである。方向性を決めたりムーブメントが起こることを期待したりすると、必ず何らかの排除が発生する。そうではなく、「集まる中で出てくる何かを見てるだけ」なのだ。交流する中で自然と生徒同士で相談したり助け合ったり、時に異なるマイノリティの人々の交流から生まれてくる気づきがあるという。このような「雑多さ」の中で子どもたちの「選択肢」が広がり、教師以外の「多種多様な大人たち」に子どもが見守られ、「エンパワー」されていく。学校という「シングルイシュー」の場、縛りや責任が発生する場では難しいコミュニティがここでは実現しているのだ。水野先生にとって、見えない「ベスト」との整合性を測りながら、今できる「最善のベター」を模索する実践がこれらのコミュニティづくりである。

4．まとめと総合考察

4.1　まとめ

本研究では第2章で述べた2つの視点に基づいて、4名のセクシュアル・マイノリティを自認する教師の語りを検討してきた。まず第1の視点、学校をどのような場として捉えて実践を行っているかについては、カミングアウトを軸にして見ると四者四様であった。佐々木先生は常勤としての在職中に、性の多様性の授業をしたいと思いながらも、カミングアウトをせずに自分の言葉で語る難しさと葛藤し、実現出来なかった。折居先生は、職場の無理解や差別的な雰囲気から同僚へのカミングアウトはせずに同僚とは「闘いはしない」姿勢を貫いていたが、自分が受け持っている子どもたちに対しては「普通」と「闘える」子どもにしたいと考えていた。田所先生は同僚の教職員に対して、生徒に「カミングアウトされる予行練習として」カミングアウトを経験し、生徒に対してはホームルームで様々な社会問題をテーマに人権教育を行っていた。水野先生はカミングアウトをするかしないかの二元論にとらわれず、「カミングアウトをしないがバレバレ」のあり方で教師生活を送り、学校に様々なゲストを呼ぶことで人権教育を行っていた。

次に第2の視点、学校外で性の多様性に向けてどのような実践を行っているかについてであるが、佐々木先生は、社会的なカミングアウトを契機に、学校外での講演活動を通して性の多様性の問題を問いかけていた。折居先生は、学校外での勉強会に参加しており、今後はレインボープライドへの参加を考えていた。田所先生は既に個人でレインボープライドへの参加をす

る一方で、今後は学校内と学校外のどちらのアプローチで実践をしていくか決めかねていた。水野先生は、当事者の子どもたちがエンパワーされるような学校外のコミュニティづくりに携わっていた。

さらに、それぞれの語り口は異なっていたが、その中でも1点共通して語られていた思想が見出された。それは性の多様性があくまで社会における多様性のうちの1つに過ぎないという考え方であり、同様にセクシュアル・マイノリティも様々なマイノリティのうちの1つであり、人権教育の1つの入り口であるという考え方である。

4.2 総合考察と本研究の意義・今後の課題

本節では4名の教師の聞き取りから浮かび上がってきた、セクシュアル・マイノリティの当事者性の諸相とアイデンティティや実践の多様性について、考察を行う。

性の多様性に向けた教育を考えた場合、当事者であるからこそ話せる知識や理解の存在に目がいきがちである。しかし当事者であることが実践に対して持つ意味はもっと様々であることが聞き取りから明らかになった。例えば、当事者の代表としてセクシュアル・マイノリティについて語ったり、「当事者じゃないと分かんないでしょ」というメッセージとして受け取られてしまったりする危うさへの気づきが語られた。加えて、自らのセクシュアリティのカミングアウトをせずに、性の多様性について語ることの困難さという、当事者であるがゆえに言いづらいことの存在も示唆された。

また、4名の教師に対する聞き取りでは、セクシュアル・マイノリティのアイデンティティのあり方についても示唆があった。例えば折居先生は、ゲイという既存のカテゴリーを表出しない形で「ご想像にお任せ」するあり方を検討していた。水野先生も学校内ではカミングアウトをせず、しかしトランスジェンダーであることは他者からなんとなく分かるという「バレバレ」のあり方をあえて貫いていた。彼らの語りからは、カミングアウトをするか、カミングアウトせずに隠し続けるかの2択にとどまらないあり方が見出された。

アメリカのジェンダー思想家ジュディス・バトラー（Butler, Judith）は、ジェンダー化された主体が所与のものではなく、文化的・社会的に構築された規範に基づいてパフォーマティブに構築されていることを指摘した。その上でバトラーは、フェミニズムにおいて「女性」という主体の解放を目指すのではなく、むしろその主体を構築した規範を撹乱する戦略を提唱した[13]。

このバトラーの論を援用すると、水野先生の学校での「バレバレ」というあり方は、性器などの身体的特徴で性を区分する規範を撹乱することで、学校の中に「流動性」を生み出すきっかけの1つとなっている。

さらに水野先生は、カミングアウトをしないことで「トランスジェンダー」という既存のカテゴリーを基盤としないパフォーマティブなアイデンティティの可能性も示唆している。シェイン・フェラン（Phelan, Shane）は「ビカミングアウト」という概念で、カミングアウトの過程でのゲイやレズビアンのアイデンティティの形成を捉えようとした[14]が、水野先生の「バレバレ」のあり方はそれとは反対に、カミングアウトをせずに日々の振る舞いを通して表出するアイデンティティの形成を意図しているといえよう。

次に、4人の教師の実践のあり方を実践場所と対象者（学校内／外と、当事者／当事者以外も含めた全体）を基に分類すると、以下の**表2**のような4つの類型に整理することができる。

前節で見たように、4人の教師の実践は、人権教育（学校内・全ての人々）、当事者コミュニティづくり（学校外・当事者）、一般向け講演活動や社会イベントへの参加（学校外・全ての人々）であり、いずれも学校内で当事者の児童生徒のみを対象とした実践は行っていないことが分かる。

この4人の教師の実践にみられなかった類型（学校内・当事者）は、「1．はじめに」で紹介

表2 性の多様性に向けた実践の4類型

実践場所＼対象者	当事者	全ての人々
学校内	当事者への「支援・配慮」(e.g.文科省通知)	人権教育
学校外	当事者コミュニティづくり	一般向け講演活動 社会イベントへの参加

した文部科学省の通知のような、当事者個人に対する支援や配慮があてはまる。しかしながら、このような支援や配慮の実践は、先の表のように実践場所・対象者を軸とした類型でみると、他の3つの類型同様に4つのうちの1類型に過ぎないという限界を持つ。したがって、支援や配慮の実践のみならず、多様な実践のあり方を想定していく必要があるだろう。

加えて、支援や配慮の実践そのものが持つ限界も指摘することができる。第1に、セクシュアル・マイノリティの児童生徒に支援や配慮を行う場合、既存のカテゴリー化されたアイデンティティに分類されてしまい、場合によっては本人の自覚のないまま、水野先生が指摘したような「水路づけ」がなされてしまう危険性がある。第2に、セクシュアル・マイノリティに対する支援や配慮は、性別二元論や異性愛主義そのものを問い直さないまま、「問題」とされていることが当事者個人の問題に帰せられてしまう危険性が指摘できる。第3に、同様に水野先生が指摘したように文科省通知に基づく教師の支援や配慮が慎重さを欠く形で行われた際に、それが当事者の児童生徒にとっての望まぬカミングアウト、つまりアウティングとなってしまう危険性がある。

以上のような本研究の結論からは、教師が行う性の多様性に向けた実践を見る新たな枠組みが提示されたといえる。また、当事者である教師を支援・配慮を受けるのみの受動的な存在としてではなく、むしろ変革の主体として見る視点も示された。さらに、当事者であることが実践を困難にさせる側面が存在することも本研究から明らかになったといえよう。

最後に残された課題について触れたい。本研究ではセクシュアル・マイノリティを自認する教師4名のインタビューとその語りの分析を行った。機縁法により佐々木先生と折居先生、田所先生にインタビューを依頼したために、とりわけ3人の思想には共通性の高い特徴がみられた可能性がある。さらにインタビュー対象者のセクシュアル・アイデンティティは、ゲイとトランスジェンダーに限局している。今後より多様なセクシュアリティや背景をもつ教師を対象にインタビューを行うことで、性の多様性をめぐる学校の制度的・文化的課題を見出し、支援や配慮にとどまらない具体的な実践を描出することができるだろう。

[謝辞]
本研究の遂行にあたり、研究協力者の先生方に多大なご協力を賜りました。この場を借りてお礼申し上げます。

[付記]
本研究は、東京大学大学院教育学研究科附属学校教育高度化・効果検証センターの2017年度若手研究者育成プロジェクトの助成を受けて実施し、ワーキングペーパーとして報告した調査のインタビューデータを、研究論文として再分析・再構成したものである。

注・引用文献
(1)渡辺大輔「『性同一性障害』『性的マイノリティ』に関する文科省通知の意義と課題」『季刊 人間と教育』第88号、2015年、90-97ページ。
(2)文部科学省「性同一性障害や性的指向・性自認に係る、児童生徒に対するきめ細かな対応等の実施について（教職員向け）」2016年。
(3)渡辺大輔・楠裕子・田代美江子・艮香織「中学校における『性の多様性』理解のための授業づくり」『埼玉大学教育学部附属教育実践総合センター紀要』第10巻、2011年、97-104ページ。
(4)田代美江子・渡辺大輔・艮香織「ジェンダー・バイアスを問い直す授業づくり―「性の多様性」

⑷を前提とする中学校の性教育―」『埼玉大学教育学部附属教育実践総合センター紀要』 第13巻、2014年、91-98ページ。

⑸佐々木掌子「中学校における『性の多様性』授業の教育効果」『教育心理学研究』第66巻第4号、2018年、313-326ページ。

⑹奥村遼・加瀬進「セクシュアルマイノリティに対する配慮及び支援に関する研究：学校教育現場に対する当事者のクレームを手がかりに」『東京学芸大学紀要 総合教育科学系』第67巻第2号、2016年、11-19ページ。

⑺畔田由梨恵・中下富子・岩井法子・大信田真弓「性別違和感を抱える中学生・高校生に対する養護教諭の支援方法の特徴」『日本健康相談活動学会誌』第8巻第1号、2013年、44-55ページ。

⑻日高庸晴「思春期・青年期のセクシュアルマイノリティの生きづらさの理解と教員および心理職による支援」『精神科治療学』 第31巻第5号、2016年、565-571ページ。

⑼土肥いつき「トランスジェンダー生徒の学校経験―学校の中の性別分化とジェンダー葛藤―」『教育社会学研究』第97集、2015年、47-66ページ。

⑽池田久美子『先生のレズビアン宣言―つながるためのカムアウト』かもがわ出版、1999年。宮崎留美子『私はトランスジェンダー―二つの性の狭間で…ある現役高校教師の生き方』ねおらいふ、2000年。高取昌二『同性愛者として―coming outの軌跡』京都府教職員組合、2000年。土肥いつき『「ありのままのわたしを生きる」ために』日本性教育協会、2014年。

⑾佐藤卓『セクシュアリティの差異の視点による教師文化論の再検討―非異性愛教師の生きづらさの実態調査から―』 千葉大学修士学位論文、2016年（未公刊）。

⑿キャサリン・コーラー リースマン、大久保功子・宮坂道夫監訳『人間科学のためのナラティヴ研究法』クオリティケア、2014年、101-145ページ。

⒀ジュディス・バトラー、竹村和子訳『ジェンダー・トラブル―フェミニズムとアイデンティティの攪乱』青土社、1999年。

⒁ Phelan, S., "(Be)Coming Out: Lesbian Identity and Politics", *Signs*, Vol. 18, No. 4, 1993, p. 765-790.

ABSTRACT

Various Aspects of Educational Practice for Gender and Sexual Diversity: Thematic Narrative Analysis of Sexual Minority Teachers

ARIMA Rie（Graduate Student, The University of Tokyo）
UEMATSU Kazuki（Graduate Student, The University of Tokyo）
ISHIZUKA Yu（Tochigi Prefectural Utsunomiya High School）
SHIZUTA Moe（Graduate Student, The University of Tokyo）

In 2015, the Ministry of Education, Culture, Sports, Science and Technology (MEXT) issued a notification to all schools to address the challenges experienced by the students with gender dysphoria. This notification was far from satisfactory however as it was merely requesting schools to be lenient of imposing gender specific regulations for school uniforms and/or hairstyles. No specific indication was made on pedagogic and educational approaches to address the needs or challenges of students across gender and/or sexuality.

Existing research focuses on curriculum development addressing the issues of sexual minorities, and on providing support for sexual minority students experiencing difficulties in schools. This study aims to identify factors to be addressed in educational practice, with respect to the diversity of gender and sexuality.

This study did semi-structured interviews with four teachers who are sexual minorities. Thematic narrative analysis was used to identify "coming out" as the key guiding principle constituting of their teaching practice.

Teachers from sexual minorities exhibited two particularities in their teaching practices: First, their practice targeted not the specific sexual minority students inside schools, but all the students including majority students, inside and outside of schools. Second, they positions the issues of sexual minority within a larger framework of diversity by critically approaching the mainstream values, such as heterosexism and gender binarism.

This study identifies three areas of limitations and challenges when addressing gender and sexuality in teaching practices. First, teachers from sexual minorities have difficulties to bring forward the issues of sexuality because those issues are very much personal to them. Second, while it is much needed to provide adequate support or accommodation for sexual minority students, such approach offers an escape from critical examination of binarism and keeps mainstream biases against LGBTQ unchallenged. Lastly, it is critical to understand that there are options other than "coming out" or "being in a closet". Two teachers interviewed suggested "performativity" as a possible option for individuals of sexual minority to identify their sexuality outside of existing LGBTQ categories.

Keywords：**sexual minority, teacher, gender and sexual diversity, educational practice, thematic narrative analysis**

〈研究論文〉

協働的でより深い省察を伴う授業検討会に向けての話し合いの様相の変容
―― 教職大学院における模擬授業検討会の取り組みの事例を手がかりに ――

渡辺　貴裕（東京学芸大学）

1. 研究の目的

　授業の省察（reflection）を他者と対話しながら協働的に行うことは、教師が新たな視点を獲得し授業を捉える枠組みを再構築していくうえで有益であるとされている（坂本＆秋田2008）[1]。授業の事後検討会は、本来、その目的に資するための場である。けれども、すべての事後検討会において一様にそれが実現できているわけではない。例えば、事前に設定した観点に沿ってその達成度を確認するだけの話し合いになってしまったり、あるいは、参加者同士の持論のぶつけ合いになって各人に気付きをもたらさない話し合いになったりしている例もある。

　それでは、教師はどのように協働的でより深い省察を伴うような検討会を行えるようになっていくのだろうか。その際、話し合いの様相はどのように変化していくのだろうか。

　本稿では、特に、教員養成段階の学生らが行う模擬授業の検討会に着目する。ある教職大学院での取り組みを事例として取りあげ、そこでの話し合いの様相の変化を分析する。

　本稿では、「より深い省察」を、コルトハーヘン（2010）が示した「ALACTモデル」における「本質的な諸相への気づき」の局面を含むような省察、つまり、何が授業で起きていたかを振り返った後すぐに「次にどうすればよいか」の検討に進むのではなく、何が本質的な問題なのかを掘りさげる局面をもつような省察と捉える[2]。また、「協働的な省察」を、参加者同士がやりとりを通して相互に影響を与え合い各人に気付きをもたらすような省察と捉える。

　模擬授業の検討会には、実際の授業の検討会と違い、本物の子どもの反応を得られるわけではないという制約がある。けれども、次の3つの理由によりここで取り上げることに意味があると考えられる。

　1つめは、実際に多くの教員養成機関において模擬授業の検討会は実施されており、教員志望の学生らにとって、授業の検討会の原体験として機能していると考えられるからである。2つめは、授業における出来事をもとに省察を行うという点では両者は同じであり、それが抱えてきた課題（例：授業者に対する一方向的な助言になりがち）にも共通性が見られるからである。3つめは、模擬授業の検討会には、より深い省察の仕方を学んでいくうえでの積極的な意義があるからである。先述のコルトハーヘン（2010）は、「本質的な諸相への気づき」の局面に進む手がかりとして、実践の文脈が何か、さらに、授業者と学習者それぞれの側から、望んだこと・行ったこと・考えたこと・感じたことは何かを考え、そこに見られるズレに着目するということを挙げている。模擬授業の場合、学習者の思考や感情は、外からの観察によってそれを推測しなければならない実際の授業の場合と違って、参加者が内側から経験したものを直接的に話すことができるのである。

　本稿で取りあげるのは、まさにそうした模擬授業ならではの意義を活かして省察の仕方のトレーニングを行ってきた、A教職大学院での「対話型模擬授業検討会」の取り組みの事例で

ある。「対話型模擬授業検討会」は、「授業者役と学習者役とがそれぞれの立場から授業中に感じたこと、考えたことなどを出し合い対話を行う」ことで「授業実践に関する問いを浮かびあがらせ、授業者役と学習者役とが共に探究することを目的とする」ものである（渡辺＆岩瀬 2017）[3]。本稿では、そうした検討会を学生らが繰り返し経験することで、そこでの話し合いの様相がどのように変化するか、またそれがどう協働的な省察の深まりに結びつくのかを分析する。まず、全般的な傾向を見るために数量的な比較を行い、次に、個別事例に着目して質的な分析を行う。

模擬授業の検討会における学生らの省察を扱う研究としては、例えば、川口（2018）がある[4]。これは、「『リフレクション』する力」そのものの育成を目指している点、協働的な省察に焦点を当て検討会でのその実態を捉えようとしている点などにおいて、本稿の問題意識と共通している。しかし、検討会時に用いるシートへの記述内容に関して「教授行為」「場の設定」などの「カテゴリー」を生成し分類するという手法をとっているため、検討会における参加者の発言がどのように絡まり合って省察を導いているのかを明らかにすることはできていない。また、「『子ども』の立場から『リフレクション』を行うことがほとんどない」という記述に見られるように、取り組み自体、学習者の立場を内側から経験できることを活かしたものには到っていないと考えられる。同種の限界は、模擬授業の検討会での省察を扱った他の研究にも見られる。その点で、本稿での分析は貴重なものである。

なお、渡辺＆岩瀬（2017）では、検討会の繰り返しを通して「話し合いの進め方そのものを学生たちは学んでいっている」ことを指摘しているが、話し合いの様相の変化を実証的に明らかにするには到っていなかった。

2．研究の方法

(1)取りあげる取り組みの概要

Ａ大学教職大学院に2016年度に入学した学部卒院生らの例を事例として取りあげる。彼らは、「実践から学ぶ学び方そのもののトレーニング」を標榜する、在籍コースの中核科目（1年次：前後期とも2コマ連続で開講、必修、2年次：前期のみ隔週2コマ連続で開講、選択だが原則履修推奨）の授業において、「対話型模擬授業検討会」形式の検討会を繰り返し経験してきた。1年次は、必修であるため22名の在籍学生の全員が、2年次前期は、実習や非常勤講師の都合などにより抜けた者を除く15名がこれを経験した。

学生らは、模擬授業20分、検討会30分という形で、2〜3教室に分かれ（それぞれに担当の大学教員が入る）、各教室7〜10名程度の参加者で実施する。検討会の進行は基本的に学生らに委ねられており、大学教員の役割は、最後に議論を整理するコメントを述べたり、途中で議論が沈滞してきたときに流れを変えるような一言を挟んだりといったものである。

彼らが経験してきた検討会は次頁の**表1**の通りである。2年次前期まで履修した15名の場合、1人あたり計25回（うち授業者役としては3回）検討会を経験してきたことになる。

本稿では、この一連の取り組みの初回にあたる2016年6月21日の6回の検討会と、最終回にあたる2017年5月29日の6回の検討会に注目し、それらの比較・分析を行う。初回と最終回を取りあげるのは、話し合いの様子の変化が見て取りやすいと考えられるからである。その際、検討会と当該の模擬授業に関してビデオカメラで録画した映像およびＩＣレコーダーで録音した音声を活用する。検討会については、映像および音声データから文字起こししてトランスクリプトを作成する。また、当日の授業者による配布物（授業で用いた資料や授業プラン）も適宜参照する。なお、研究に際しては、学生らに趣旨を説明し、全員から協力の了承を得ている。

次頁の**表2**に、初回と最終回の模擬授業と検討会の基礎情報をまとめた。学部卒院生22名に関しては匿名化のため各人にA〜Vのアルファ

表1　2016年度入学の学部卒院生らが経験してきた検討会の一覧

日時	形態	のべ検討会数(回)	個人が経験する検討会数(回)	備考
2016/6/21	3教室×2回	6	2	
2016/6/28	3教室×2回＋2教室×1回	8	3	この間に1回授業者役を務める
2016/7/5	3教室×2回＋2教室×1回	8	3	
2016/10/28	3教室×1回＋2教室×2回	7	3	
2016/11/11	3教室×2回＋2教室×1回	8	3	この間に1回授業者役を務める
2016/11/25	3教室×1回＋2教室×2回	7	3	
2017/5/1	2教室×2回＋1教室×1回	5	3	
2017/5/15	2教室×2回	4	2	この間に1回授業者役を務める
2017/5/29	2教室×3回	6	3	
合計		59	25	

表2　分析対象とした初回と最終回の模擬授業および検討会の概要

日付	記号	授業者	校種学年	教科	授業タイトル	検討会時間	人数
初回 2016/6/21	A1	V	高2	世界史B	国歌と演劇から学ぶフランス革命	24:08	7
	A2	G	高2	音楽	世界史との関わりを感じて楽曲を聴く	30:15	7
	A3	A	高1	現代社会	大日本帝国憲法と日本国憲法	30:30	7
	A4	C	高2	古文B	連句をつくって読みを深める―『枕草子』の世界観	32:27	7
	A5	M	小6	算数	速さ	25:30	8
	A6	Q	中3	数学	三平方の定理	28:47	8
最終回 2017/5/29	B1	B	小2	算数	長さをはかろう	26:43	7
	B2	K	中2	理科	発熱反応	28:37	7
	B3	A	高3	政治経済	地方自治	30:34	7
	B4	M	小4	国語	いろいろな意味をもつ言葉	29:36	8
	B5	N	高2	生物基礎	呼吸	31:03	8
	B6	I	高1	倫理	ソクラテス	30:54	8

ベットを割り振り、以降もそれを用いることにする。「人数」は、参加した学部卒院生の数を表す。A1とA2、A3とA4、A5とA6、B1～B3、B4～B6はそれぞれ同じ教室で行われたもので、同じメンバーが参加している。

3．初回と最終回の検討会群の全般的な比較

(1)話し合われた内容と省察の深さの傾向

それでは、初回の検討会群と最終回の検討会群を比較した場合に、どのような違いが見えてくるのだろうか。まず、話し合われた内容とそこに見られる省察のタイプに着目する。

次頁の表3は、それぞれの検討会において話し合われた主な内容を、特にそこで浮上した問いに注目してまとめたものである。検討会冒頭で授業者が言及していたわけではないものについては「◎」を付してある。

初回の検討会群では、「楽曲の説明なしでまず聴くという流れはどうだったか」（A2）や「教師の働きかけが誘導だったかどうか」（A6）のように、授業で用いた手立ての適否を問うたり評価を求めたりするものが多い。一方、最終回の検討会群では、「実験して考えるのか、確かめるために実験するのか」（B2）や「図と理解の関係はどう考えられるのか」（B5）のように、その授業に即しながらもより一般的で本質的な問題と結びついたものが多い。しかも、これらは検討会冒頭で授業者によって言及されていなかったものである。

このように、全般的な傾向としては、最終回の検討会群では、当初の枠組みを問い直して問題を掘りさげる、より深い省察が伴う話し合いになっているらしいことがうかがえる。

(2)発話数

続いて、発話数に注目して、初回と最終回の検討会群の比較を行う。

各検討会につき、文字起こししたデータをも

表3　初期と後期の検討会における話し合いの内容

話し合われた内容、浮上した問い　※◎は検討会冒頭で授業者による言及がなかったもの

A1	・台本を読み合うことでフランス革命を身近に感じることができたか。 ◎農民役は必要か。 ◎授業冒頭のフランス国歌とのつながりはどうだったか。
A2	・楽曲の説明なしでまず聴くという流れはどうだったか。 ・世界史との関連づけがどうだったか。
A3	・日本国憲法と大日本帝国憲法を比較して話し合うという活動をどう受け止めたか、どう改良できるか。
A4	・和歌の付合の活動で上の句・下の句両チームが何を感じたか、それがどう貴人の気持ちの理解につながったか。
A5	◎教師がどう声を掛ければ誘導にならずにすむか。 ◎グループ間の進度のズレにどう対応するか。
A6	・教師の働きかけが誘導だったかどうか。
B1	◎同じもので測る活動が入るとどうなるか。 ◎どれが一番長いか明白な状態で測る活動をする意味は。 ◎長さを「わかりやすく」表すとはどういうことか。
B2	・発熱実験後の「考察」の部分でどう考えたか。 ◎実験して考えるのか、確かめるために実験するのか。 ◎考えるための材料として何が必要か。
B3	・W駅の自転車駐輪場問題の例が地方自治制度の理解に役立ったか。 ◎地方自治に関してどんな理解の仕方を求めるのか。
B4	◎多義語の学習において何のために辞書を用いるのか。 ◎いろいろな意味があることを知るためになぜ言い換えの活動が必要なのか。
B5	・生徒が自分たちで図にまとめるという活動はどうだったか。 ◎図と理解の関係はどう考えられるのか。
B6	◎大昔の哲学者を身近に感じるとはどういうことか。 ◎倫理という科目では何を目指すのか。

とに、発話者の交代をもって区切りとみなして発話数のカウントを行った。発話の途中に挿入される他の参加者による「うん」「なるほど」といったあいづちは区切りとみなさず、また、ホワイトボードマーカーのインク切れによるやりとりといった、内容に関係のない進行上の発話もここには入れなかった。

各検討会の総発話数および5分あたりの平均発話数をまとめたものが次頁の表4である。

この表からは、A4やB6のような例外的な値はあるものの、全般的に、最終回の検討会群のほうが発話数が増加していることが分かる。もっとも、初回の検討会群のほうが発話数が少ないからといって、それらの検討会において沈黙の時間が長く続いたというわけではない。これは、初回の検討会群のほうが最終回のものに比べて1発話あたりの分量が多いということ、つまり、初回の検討会群では、よりボリュームのある発話を参加者らが順に行っており、一方、最終回の検討会群では、よりコンパクトな発話を参加者らが次々に行っているということを示している。

4．初回と最終回の代表事例の比較

(1) A5とB4の事例概要

初回と最終回の検討会群の比較からは、全般的傾向として、最終回のもののほうが、コンパクトな発話の積み重ねで進むものになっており、また、そこで生じる省察もより深いものになっているらしいことがうかがえた。

それでは、これらの特徴はより具体的にはどのように現れているのだろうか。発話がコンパクトであることと省察の深まりにはつながりがあるのだろうか。

これを明らかにするために、初回と最終回からそれぞれ1事例ずつ、A5（小6算数）とB4（小4国語）を取りあげて、それをもとに分析を進めていくことにする。これらを取りあげるのは、5分あたり平均発話数の点でいずれも各群の平均に比較的近く、内容的にも代表事例とす

表4　初回と最終回の検討会での発話数の比較

	総発話数	5分あたり平均発話数		総発話数	5分あたり平均発話数
A1	42	8.7	B1	196	36.7
A2	80	13.2	B2	204	35.6
A3	92	15.1	B3	135	22.1
A4	183	28.2	B4	173	29.2
A5	82	16.1	B5	177	28.5
A6	81	14.1	B6	87	14.1
平均	93.3	15.9	平均	162	27.7

ることに無理がないと思われるため、また、完全に条件は揃えられないものの、少なくとも学校段階と授業者は同じで、対比に適していると考えられるためである。

　まず、それぞれの模擬授業および検討会の内容について簡単に説明しておく。

　A5は、小6算数で、速さを扱った授業である。「120m 3分」「850m 12分」というように架空の15名分の通学距離と時間が書かれたプリントが配られ、そのうち誰が一番速いかを考え、その根拠を絵や図で分かりやすく説明するという活動を2グループに分かれて行った。検討会では、冒頭、授業者から「速さの出し方を公式で覚えるんじゃなくて、なんでこの公式なのかっていうのを知ってほしくて」という思いが語られていたが、それに関してはその後の話し合いで触れられなかった。子ども役からの、プリントでの作業中に困っている学習者に授業者から一言あれば、という発言に対し、授業者は「なるべくあんまり声掛けて教師から誘導はしたくない」と述べており、どう声を掛ければ「誘導」にならずにすむかという話題と、グループ間での進度のズレにどう対応するかという話題が中心になった。活動や教材への捉え直しや「誘導」という言葉の吟味が生じていない点で、ここでの省察は比較的浅い段階のものだといえる。

　B4は、小4国語で、言葉の多義性を活かした川崎洋の詩「とる」を扱った「いろいろな意味をもつ言葉」という教科書教材に基づく授業である。授業者は、詩の各行の一部を空所にして提示し（例：「はっけよい　□とる」「こんにちは　□とる」）、空所部分を予想させる活動から始め、さらに、動作化や、辞書の「とる」の項目のコピーを参考に各行の「とる」を言い換えさせる活動を行った。検討会では、当初は、辞書を用いた言い換えの活動に特に疑問は持たれていなかった。そもそも「とる」の言い換えの活動は、「他の言葉に言いかえたりして、それぞれの意味を考えてみましょう」と教科書でも指示されていたものだったのである。けれども、その後参加者らが、各活動で自分がどう考えたり感じたりしたかを出し合うなかで、辞書を参考にした言い換えの活動が、「とる」の多義性の実感や理解へと必ずしもつながっていなかったことが浮かびあがっていき、検討会終盤には、「なんで、言い換えるんだろう？」という、当初自明視していたものを問い直す発話が出てきている。出来事の振り返りから改善策へと直結するのではなく本質的な問題を掘りさげている点で、これはより深い省察を伴う話し合いであると考えられる。

(2)検討会冒頭部分の比較

　A5とB4の話し合いの具体的な特徴の違いを見ていくことにしよう。それぞれの検討会の冒頭で、授業者が自身のやりたかったことややってみての感想、気になることなどを（他の参加者とのやりとりも交えながら）述べたのに続く部分（3〜4分間程度）を取りあげる。この部分を取りあげるのは、そこが、初回と最終回の検討会群における話し合いの特徴の違いが最初に現れる部分だからである。

　次頁の表5にそれぞれのトランスクリプトを示した。行頭の数字は発話番号、アルファベットは発話者（授業者にはその旨表記あり）を示

表5　検討会冒頭の授業者の語りに続く部分のA5とB4の比較

A5　3分41秒〜7分55秒	B4　5分9秒〜8分22秒
9 Q　最初はなんか様子見な感じがあったのかなと思うんですけど、①「どっから手付けていいんだっけ？」みたいな感じの雰囲気が結構、漂ってたのかなっていう感じでいて。割と引っ張るような感じの人がいなかったというか、自然と動いてく感じがあったので、②そこは先生から一言もらえたらうまくいきそうかなっていうのは感じてました。	9 G　⑦最初は正解がないのかなって思ってたんだけど、「すもうとる」のときとか。「すもう？」みたいな。「（動作化を）やってみよう」って、そのまま「正解」とか言わずに次に進んだから。だから正解ないのかなとか思ったんだけど、ここら辺で、（授業者Mが）「正解」って言ったから、「正解あるんだ！」って。
10 D　感じたこととか。（Jに振る）	10 M（授業者）　そうだね、一応、川崎さんが作ったものなんで。難しいとこですね。
11 J　時間はたっぷりあったというか、本当に俺ら自身で進んでた20分間だったというか、ルール説明だけだったので、自分でやってる感はあったかなぁ。	11 G　どうですか。
12 D　③さっき「一言あると良かった」みたいな感じでQさん言われてたんですけど、具体的にどういうのがあったりすると良かったのかなと。	12 N　確かに「すもう」…、「すもう」めっちゃためた（次の行に進む前に間があった）よね。（Mうなずく）
13 Q　なんか、「どこで困ってるの？」じゃないけど、きっかけが多分、欲しかったのかなと。どこに着目したらいいのかとか、いまいち、すぐには分からない状態だったのかなと思うんで。これってなんでこの数字なのかなとか、どこに着目したらいいのかっていうヒントを…。	13 Q　⑧逆に不安になるくらい。（笑）
14 D　Kはどういうふうに感じましたか。	14 I　⑨次にいった瞬間とかも、あれ？「すもう」じゃないのかな、もしかして「まわし」かな、みたいな。（口々に「あー」）（笑）
15 K　どっちの班からも、距離割る時間っていうふうに、僕らは1分当たりで割って、向こうの班からは5分当たりで割ってっていうふうに、④考え方がある意味、固まってしまったので、もう1個、別のやり方ないかなっていうふうに、⑤「他の解法とか考えられるかな」みたいなのも一言あってもいいかなって思いました。僕らは最初1分当たりに直すために、120割る3っていうふうに、みんなの流れ的にいったんですけど、僕一人で最初考えたときには、割り算が個人的に嫌いだから、60分当たりに全部直してたんですよ。だから、そういうふうに他のやり方ないかなっていうふうに、きっかけというか、あれば良かったのかなっていうふうに思いました。	15 M（授業者）　「正解」って言葉が欲しかったってこと？
16 H　僕も…、（記録を）書いてたから、いまいち話についていけてなかったんだけど、さっきの20分の話し合い？	16 I　欲しかったかどうか…。
17 D　学習者として受けてみて、どう思ったかとか。	17 Q　よく分かんない。
18 H　Jの意見にちょっと似てるんですけど、⑥時間がたっぷりあってすごい話し合えたのは良かったんですけど、途中からだれてしまってたなというのは…。あそこにもあるんですけど、アミダで発表した順番を自分たちで作っちゃったりとか、ちょっと余計な話をしてしまったなっていうふうな、そういう時間があったなっていうふうには感じました。	18 N　ずっと「ファイナルアンサー？」って聞かれてる感じ。
	19〜32（6分12秒〜7分1秒）省略　※「すもう」の動作化および「しきをとる」部分についての話
	33 S　「とる」の意味を知るのに、その上の文字の、なんだろ、その通り入れるのって必要なのかなって、単純に思ってしまって。
	34 M（授業者）　間を埋めることの意味。
	35 S　「すもうとる」は分かるけど、2個目で、⑩「こんにちは　ほうしとる」って。そこで訳分からなくなっちゃって。
	36 O　⑪帽子かぶってねーし、みたいな。
	37 S　「すもうとる」はすごいしっくりくるけど、帽子、「こんにちは　ぼうしとる」、⑫えっ、こんにちは、帽子！？みたいな。なんかそこが、「とる」の違いじゃなくて、そっちの…。
	38 M（授業者）　あー、なるほど。あそこを抜いたのは、「とる」っていう言葉の意味が変わるのが、⑬前の言葉との、なんていうの、接続じゃないけど。相撲を「とる」、帽子を「とる」で、意味が変わる、「とる」の意味が変わるから、前の言葉をなしにしてみたんだけど、教科書は普通に書いてあって、読んで、みたいな感じなので。

している。B4に関しては、分量が多くなるため、「とる」という詩の各行の空所を予想する活動に関する部分を中心に取りあげた。

　A5とB4の対比からは、1発話あたりの分量の違いにとどまらない違いが見てとれる。

　まず、各発話に含まれるものに注目しよう。A5でもB4でも、学習者役として感じたり考えたりしたことが発話に含まれている点は共通している。これは、そもそもこの一連の検討会が、学習者および授業者として感じたり考えたりしたことを出し合うところから始めることを促さ

れているため、当然のことともいえる。

　けれども、A5のほうでは、学習者として感じたり考えたりしたことが、一つの発話のなかで、授業者のふるまいや授業中の出来事に対する評価や改善案としばしばセットになっている。例えば、発話9においては、下線①「『どっから手付けていいんだっけ？』みたいな感じの雰囲気が結構、漂ってた」が、下線②「そこは先生から一言もらえたらうまくいきそうかな」の改善案とセットになっている。また、発話15においては、下線④「考え方がある意味、固ま

ってしまった」が、下線⑤「『他の解法とか考えられるかな』みたいなのも一言あってもいいかな」とセットになっている。

　また、A5のほうでは、下線①「『どっから手付けていいんだっけ？』みたいな感じの雰囲気が結構、漂ってた」や下線⑥「時間がたっぷりあってすごい話し合えたのは良かった」に現れているように、自分が体験したことがもとになっていても、客観的な言い方、評価を伴う言い方になっている発話が見られる。

　一方、B4のほうでは、学習者として感じたり考えたりしたことを述べる際、評価や改善案を伴わせていない。比較的分量が多い発話9の下線⑦に関しても、自分がどのように思考していたかを詳細に述べているだけである。しかも、そうした発話を、客観的な視点からではなく、自分自身の体験として話している。

　各発話に含まれる内容のこうした違いは、発話のつながり方にも影響していると考えられる。発話相互のつながり方を見てみよう。

　A5のほうでは、発話相互のつながりは比較的弱い。Dが司会的な役割を果たし、それぞれが順にまとまりのある発話をしていくような形になっている。相互のつながりがある場合でも、Qの下線②「そこは先生から一言もらえたらうまくいきそうかな」を受けてDが下線③「さっき『一言あると良かった』みたいな感じでQさん言われてたんですけど、具体的にどういうのがあったりすると良かったのかな」と述べているように、学習者として感じたり考えたりしたことのほうでなく、その後に付け加えられていた評価や改善案のほうに関して、発話がつなげられている。

　つまり、発話の最後に添えられる評価や改善案は、その発話における一種の結論として機能しており、そのため、それぞれの発話の独立性が高くなるのだと考えられる。

　一方、B4のほうでは、発話相互のつながりが強い。それぞれが授業中感じたことや考えたことが互いに補足し合ったり触発し合ったりして連鎖的に引き出される形になっている。

例えば、Sの下線⑩「『こんにちは　ぼうしとる』って。そこで訳分からなくなっちゃって」に対して次にOの下線⑪「帽子かぶってねーし、みたいな」という補足が入ることによって、さらに次のSの下線⑫「えっ、こんにちは、帽子！？みたいな。なんかそこが、『とる』の違いじゃなくて、そっちの…」という、より細かく自分のそのときの頭の働きを述べる発話が引き出されている。また、Qの下線⑧「逆に不安になるくらい」がきっかけになって、Iの下線⑨「次にいった瞬間とかも、あれ？『すもう』じゃないのかな、もしかして『まわし』かな、みたいな」というように、そのときにそれぞれが感じたことの発話が続いている。

　こうした発話の連鎖は、授業者の発話に関しても働いている。例えば、下線⑩⑫でSが授業中に感じた戸惑いを述べたことによって、なぜ詩の一部を空所にして提示したかについての授業者側の考えが、下線⑬「前の言葉との、なんていうの、接続じゃないけど。相撲を『とる』、帽子を『とる』で、意味が変わる、『とる』の意味が変わるから、前の言葉をなしにしてみた」のように、引き出されている。

　A5と異なり、各発話に結論的な事柄を付け加えないため、また、主観的な視点で自分の経験を述べる形をとっているため、発話の連鎖がさかんに生じているのだと考えられる。

　それでは、このように結論を急がずに自分が学習者として感じたことや考えたことが短く発話され、それが連鎖するといった話し合いの特徴は、省察を協働的に深めることにどのように寄与しているのだろうか。B4の事例に即して見てみることにする。

(3)B4における話し合いの深まりの軌跡

　次頁の図1に、B4の話し合いの全体像を模式的に示した。話題のまとまりごとに区切り、また、話題転換のきっかけとなったり重要な役割を果たしたりした発話（一部）を、例として掲げた。まず、ここからは、検討会での話題が、順に一つずつ片付けていくような形ではなく、

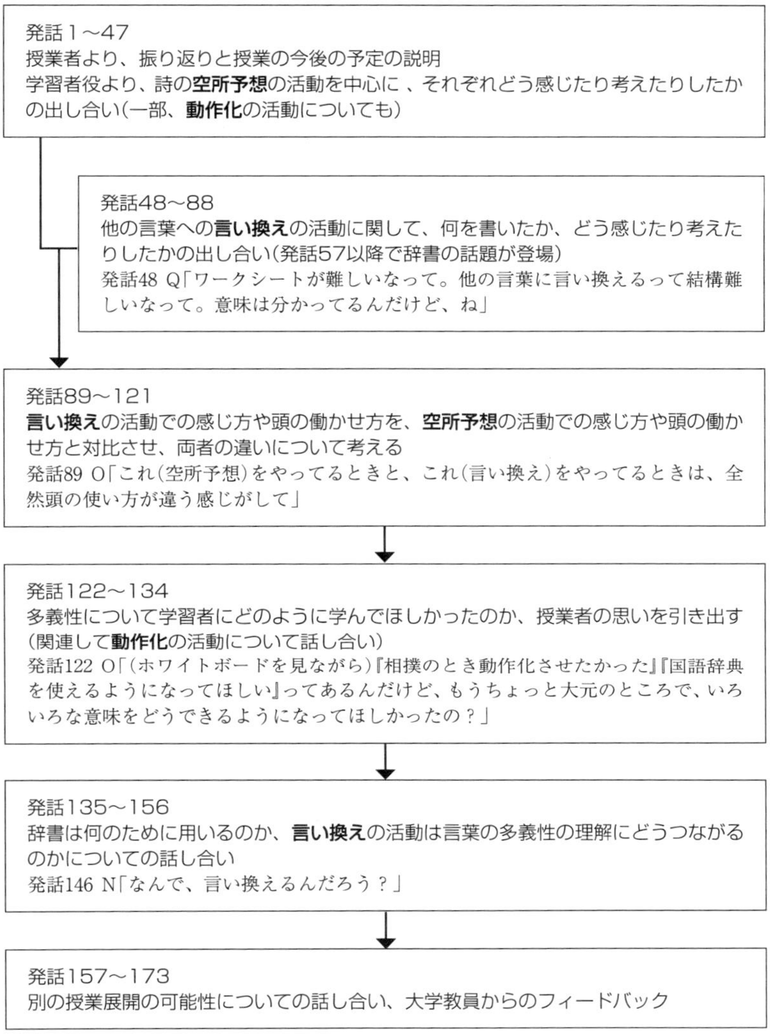

```
発話1~47
授業者より、振り返りと授業の今後の予定の説明
学習者役より、詩の空所予想の活動を中心に、それぞれどう感じたり考えたりしたか
の出し合い(一部、動作化の活動についても)

    発話48~88
    他の言葉への言い換えの活動に関して、何を書いたか、どう感じたり考えた
    りしたかの出し合い(発話57以降で辞書の話題が登場)
    発話48 Q「ワークシートが難しいなって。他の言葉に言い換えるって結構難
    しいなって。意味は分かってるんだけど、ね」

発話89~121
言い換えの活動での感じ方や頭の働かせ方を、空所予想の活動での感じ方や頭の働か
せ方と対比させ、両者の違いについて考える
発話89 O「これ(空所予想)をやってるときと、これ(言い換え)をやってるときは、全
然頭の使い方が違う感じがして」

発話122~134
多義性について学習者にどのように学んでほしかったのか、授業者の思いを引き出す
(関連して動作化の活動について話し合い)
発話122 O「(ホワイトボードを見ながら)『相撲のとき動作化させたかった』『国語辞典
を使えるようになってほしい』ってあるんだけど、もうちょっと大元のところで、いろ
いろな意味をどうできるようになってほしかったの?」

発話135~156
辞書は何のために用いるのか、言い換えの活動は言葉の多義性の理解にどうつながる
のかについての話し合い
発話146 N「なんで、言い換えるんだろう?」

発話157~173
別の授業展開の可能性についての話し合い、大学教員からのフィードバック
```

図1 B4の話し合いの進展の模式図

あちこちに飛びながら、行きつ戻りつしながら進んでいることがうかがえる。

もっとも、それが検討会での協働的な省察の深まりにつながっていると考えられる。トランスクリプトもあわせて見ていこう。

すでに、この検討会において、「なんで、言い換えるんだろう?」という問いかけ(発話146)が、問題を掘りさげるものであったことを述べていた。けれども、この問いかけは、急に生じたものではない。仮にこの問いかけが検討会の最初のほうでなされていたとしても、それは、参加者らの思考をかき立てるものにはなっていなかっただろう。それまでに、言い換えの活動で感じた難しさや多義性を学ぶうえでの違和感が、例えば発話140のG「『とる』以外の言葉を使うと、出前って『頼む』って感じなのかなぁみたいな、意味の確認みたいになって。出前『頼む』って変じゃない?みたいな、そういう微妙な誤修正みたいな感じで、作業がそんなに面白くなかったのかも」のように、複数の参加者から細かく語られ、問いかけを受け入れる態勢ができていたからこそ、意味をもったのである。

また、そもそも、言い換えの活動についてこ

のように細かく学習者の経験が表出されていたのには、発話89のO「これ（空所予想）をやってるときと、これ（言い換え）をやってるときは、全然頭の使い方が違う感じがして」という発話が大きな役割を果たしている。この後、発話90のR「こっち（空所予想）楽しかった」という共感、発話91のO「こっち楽しかったよね。こっち（言い換え）はなんで楽しくなかったのかな」という問いかけが続いており、参加者らが言い換えの活動のときの自分の経験にあらためて意識を向けるきっかけをつくっている。それが、発話106のO「（辞書の項目に）いろいろ書いてあるものの中から一つを選ぶっていうより、これ（詩の空所）って何が入るだろうって、いっぱいみんなで出してるときのほうが、いろいろな言葉やいろいろな意味を感じた気がする」、発話109のR「（辞書のコピーを手がかりにして言い換えの言葉を探す活動には）一つの答えがある」といった発言を導いている。

そしてさらに、この発話89「これ（空所予想）をやってるときと、これ（言い換え）をやってるときは、全然頭の使い方が違う感じがして」自体、主に発話1～47で学習者役らから語られていた詩の空所予想の活動への感想と、主に発話48～88で語られていた言い換えの活動への感想（例：発話52のI「そのまんま書くとなんか違和感あるねって言いながら、ずっとやってた」）をふまえ、両者を結びつけるような形で発されたものだった。

ここで2つのことを指摘することができる。

1つは、それが発せられていたときにはその意義が（本人にも周りにも）認識されていなかったような、結論を伴わない短い発話が積み重なり、後でそれが結びつけられることによって、より深い省察を導くような問いが浮かびあがるということである。省察の深まりは、話し合いにおいて、直線的にではなく、いわば螺旋的なプロセスとして生じている。

もう1つは、このように、それまでの参加者らの発言と結びつくような形で問題を掘りさげる問いが出てくるからこそ、持論のぶつけ合いではない、協働的な省察が可能になるということである。各参加者が、自分が行っていた発言とのつながりが感じられ、問題状況を共有できるため、浮かびあがる問いを大事なものとして受け入れられるのである。

ここでは、B4を代表事例として分析を行った。最終回の他の検討会のすべてが、こうした軌跡を経て省察の深まりをもたらすものになっているとはいえない。例えば、B6（高1倫理）では、「倫理って何だろう」という抽象的な問いが検討会の早い段階で出てそこに話題が移ってしまい、問題状況を共有しての掘りさげにならなかった。けれども、初回の検討会群と比べると、全体の傾向として、螺旋的なプロセスによる省察の深まり、協働的な省察といった特徴は指摘することができる。

5．成果と課題

本稿で得た成果は、教員養成段階での模擬授業検討会の実施に示唆を与える。

まず指摘できるのは、より深い省察を導けるような授業検討会での話し合いができるようになるには、訓練が必要ということである。本稿で取りあげた事例の学生らも、この検討会の趣旨の説明は受けていたし、上級学年の検討会の実例を参観した経験もあった。にもかかわらず、初回の検討会群では、自分が感じたり考えたりしたことから始めつつもそこから結論的なことを一緒に述べてしまう言い方になっており、その結果、協働的に省察を深めることに必ずしも成功していなかった。深い省察をもたらす話し合いは、マニュアルを示したりチェックシートを用意したりすれば即可能になるものではないのである。

次に言えるのは、検討会における発言観の見直しである。しばしば検討会では、結論的なことまで含む「まとまりのある発言」を学生はしようとするし、それを大学教員側が求めてしまっている場合もあるだろう。けれども、本稿の内容に即すならば、それは発話の連鎖を妨げ、当初は意識できていなかった問いを協働的に浮

かびあがらせるような、より深い省察へといたるような話し合いを阻害してしまうと考えられるのである。

　一方、本研究には課題も残されている。本研究では、初回の検討会群と最終回の検討会群を比較するという手法を用いたため、その間にどのようなプロセスが存在したか、つまりどのようにして学生がこのような話し合いを行えるようになっていったか、そこで大学教員のかかわりはどんな役割を果たしたかについては明らかにできていない。また、こうした模擬授業の検討会における話し合いの仕方の獲得が、どのように実際の自身の授業の省察に結びついているかも明らかにできていない。それらの検討は他日に期したい。

注・引用文献

(1)坂本篤史＆秋田喜代美「授業研究協議会での教師の学習―小学校教師の思考過程の分析―」秋田喜代美、キャサリン・ルイス編『授業の研究　教師の学習』明石書店、2008年。

(2)コルトハーヘン、フレット著、武田信子監訳『教師教育学』学文社、2010年。

(3)渡辺貴裕＆岩瀬直樹「より深い省察の促進を目指す対話型模擬授業検討会を軸とした教師教育の取り組み」『日本教師教育学会年報』第26号、2017年、136-146ページ。

(4)川口諒「体育教員養成課程の模擬授業における学生の『リフレクション』の実態に関する事例研究―他者の実践を対象とした協議会における『リフレクション』に着目して―」『広島大学大学院教育学研究科紀要　第二部　文化教育開発関連領域』第67号、2018年、259-268ページ。

ABSTRACT

Change in Mode of Discussion toward Collaborative Review Sessions with Deeper Reflection: Based on a Series of Review Sessions of Mock Lessons at Graduate School of Teacher Education

WATANABE Takahiro
（Tokyo Gakugei University）

This paper investigates the ways in which students' discussion developed through review sessions of mock-lessons, and the impact made on the students' collaborative and deep reflection, after repeating the practices over a year. Korthagen's ALACT model suggests that deepening reflection needs "awareness of essential aspects." To learn about how to engage in deep and collaborative reflection is not an easy task for students. This study, therefore, observed how students (of teacher preparation program) entered into a different mode of discussion throughout their review sessions lasting more than a year.

This research is centered on a case study in which students of a professional graduate school of teacher education employed dialogue-based review sessions after each mock-lesson. For data analysis, this study has transcribed and compared the first six sessions and the last six sessions of 59 total review sessions carried out.

The prominent theme in the first six sessions was "procedural issues," and the discussions remained at a superficial level. Every participant spoke at length, but the total number of utterances in each session remained small. The last six sessions, on the other hand, saw discussions challenging the framework assumed by those who played the role of the teacher in the mock-lessons. Every participant spoke in short statements and each session's utterances was large in number.

For further analysis, one from each first six and last six review sessions were selected to inquire into the introductory phase of discussions. In the earliest review session, the participants added judgmental comments or advice in an utterance after giving their thoughts and feelings as a learner. Furthermore, their statements lacked coherence and tended to be fragmented. The session chosen for analysis of the last six, however, found the participants frank in sharing their thoughts and feelings as a learner. The utterances were developed in connection with and on the basis of other people's statements.

Through comparatively analyzing the discussions at the earliest and the latest stages of review sessions, this study identified some ways in which chains of short utterances lead to collective and deep reflections. The reflective discussion thus proceeds spirally rather than linearly.

Keywords：reflection, mock lesson, review session

〈研究論文〉

師範教育の「学習指導力」への影響
―― 1921年実施「小月小学校外三校学校調査」の分析を中心に ――

長谷川　鷹士（早稲田大学大学院）

はじめに

本論文は1921年に実施された「小月小学校外三校学校調査」（以下、「小月調査」と略記する）の分析を通じて、師範教育が初等教員の「学習指導力」[1]を向上させていたのかの一端を明らかにするものである。

筆者は全体として師範教育が生徒、卒業生に対して、どのような影響を及ぼしたのかを明らかにする研究を構想している。具体的には社会的視野等の思想面と教授方法等の専門性にどのような影響を及ぼしたのかを究明する。本論文はその一部に位置づくものである。

戦前の初等教員社会の中核をなした師範学校卒業生に対しては様々な批判がなされたが、その一つとして教員の専門性を構成する教授方法についての批判があった。例えば戦後の教育改革を主導した教育刷新委員会で、戦前教員全体、わけても師範学校卒業生を念頭に、務台理作が「従来の教授方法というのは、本当に生きた事象というものを捉えずに、観念的に色々技巧を凝らしてやった点が多い」と述べているのが代表的な例である[2]。こうした戦後教育改革の流れを引き継いだのが、1970年代前半に海後宗臣らが示した教員養成論である。海後らは「教員になるための教育」を特別考えるべきではなく、教員も学者や芸術家になれるように教育されてこそ、主体的な教員が育つと主張した[3]。この主張に対して、横須賀薫は理想的ではあるが、現実的ではないと批判し、後には師範教育について「何よりも子どもと誠実に向き合い実践に打ち込んだ姿勢、高い教育技術、それも特定の教科に偏することのないオールラウンドな能力」を育成したと評価し、戦後の教員養成改革は「たらいの湯を捨てるのに赤子まで流す」ことになったと批判している[4]。教員養成の段階で「教員になるための教育」をどの程度重視するかを巡って意見の対立があったのである。こうした対立は、今日においても存在していると考えられる[5]。

筆者は以上のような議論を踏まえ、「教員になるための教育」を重視することが教員の「学習指導力」にどのような影響を及ぼすのかを明らかにする必要があると考える。このことには今日、「教員になるための教育」を重視する必要があるか否かを議論するうえでの一つの歴史的素材を提供できるという意義がある。そこで本論文では1921年に実施された「小月調査」を資料として、師範学校卒業生とそれ以外の教員が指導した児童で「学力」[6]に違いがあったのかを検証することで、師範教育の「学習指導力」への影響を推定する[7]。

なお「小月調査」を取り上げるのは、後述するように調査対象児童を第1学年から第6学年まで指導した教員の資格が記載され、さらに第6学年時点での「学力」が記載されているなど、分析に当たって重要な情報が記載されている希少な資料だからである。

次に先行研究を検討する。師範教育を受けた教員がどのような資質能力を有していたかを戦後に実施したアンケートから検討した村山英雄『山口県師範教育の遺産』[8]や検定試験合格者

の資質能力をその学習歴から検証した笠間賢二の一連の研究[9]など戦前の初等教員の資質能力に関する研究には一定の蓄積がある。ただし、これらの研究には教員自身の認識や知識量から資質能力を推定しているという限界がある。また本論文で扱う「小月調査」については竹村英樹による研究がある[10]。竹村は「小月調査」が日本における最初期の学校調査である点に着目し、「実証性」を追究した調査であったと特徴づけている。ただし、竹村は「小月調査」を歴史的に位置づけることに重点を置いており、同調査を資料として用いて、師範教育を受けた教員の資質能力を検証するということはしていない。

本論文では以上のような研究の蓄積を受けて、受け持ち児童の「学力」という観点から、師範学校卒業生とそれ以外の教員との「学習指導力」の違いを分析する。

最後に本論文の分析項目を示す。第1に担任教員の資格と児童の「学力」の関係を分析する。同調査に記載された6年間を通じた担任教員の資格を利用し、師範学校卒業生が担当している児童の方が、それ以外の教員が担当している児童よりも「学力」が高いのかを検討する。第2に児童の「知能測定量」や家庭背景などの「学力」への影響を検討する。教員資格と「学力」の関係の分析のみでは他の要因の影響を除外できない。そこで「知能」や家庭背景の「学力」への影響を検討し、そうした要因の統制を試みる。以上の分析を通して、師範教育が教員の「学習指導力」を向上させたといえるのかを明らかにする。

1.「小月小学校外三校学校調査」の概要

(1)実施の経緯とその特色

まず本論文で分析対象とする「小月調査」の実施の経緯とその特色を簡略に示す。「小月調査」は東京帝国大学教育学研究室が1921年10月に実施し、翌年、報告書を出している。同調査は教育学研究室吉田熊次教授の指示を受け、阿部重孝助教授と岡部弥太郎助手が実施したもの

である。この調査では阿部と岡部が山口県に赴き、各種調査を実施している。彼らがこのような調査を実施したのは、折からの政策課題となっていた三学級二教員制の「効果」を検証するためであった。三学級二教員制を巡っては推進する政府側と反対する教育界側で激しい論争となっていた[11]。そうした状況の中、阿部らは「是等の問題を学術的に調査研究して、三学級二教員制を論ずる者に、学術的資料を供せんとすること」を目的として[12]、同調査を実施した。

「小月調査」は児童の「学力」や「知能」を試験によって把握し、三学級二教員制の「効果」を測定しようとするという「実証性」をその特色とした。そのため、同調査の報告書には「学力」試験の結果や「知能」測定の結果、調査対象児童をそれまで指導してきた教員の資格や性別といった多くの情報が記載されている。わずか4校の事例であるという点でその一般化は難しいが、教員資格や児童の「知能」が児童の「学力」とどのような関係性を持っているかも分析することができる。その意味では阿部らの調査目的を超えた資料的価値を持つ調査であると言える。

(2)調査内容及び結果

まず「小月調査」の対象となった学校と児童数を確認する。同調査で対象となっているのは三学級二教員制を実施していた山口県豊浦郡小月村小月小学校と、同県同郡で一学級一教員の清末村清末小学校、岡枝村岡枝小学校、西市村西市小学校の計4校の第6学年の児童であった。

なお阿部らの調査では小月小学校と他3校の各種調査の結果を比較し、三学級二教員制の「効果」を検証しているが、本論文の関心からすると三学級二教員制を採用していた小月小学校は他の3校と条件が異なる。そこで小月を除いた3校について、以下では扱うことにする。

それぞれの学校について、調査対象となった児童数と男女別人数を示すと清末小学校42人

（男子22人：女子20人）、岡枝小学校58人（男子31人：女子27人）、西市小学校37人（男子20人：女子17人）であった。ただしそれぞれの学校の第6学年の在学者数は清末46人、岡枝58人、西市39人であり、欠席などの理由で調査を受けていない児童もいる[13]。なお1922年度の豊浦郡全体での学齢児童就学率は99.56%であり、1920年の各小学校の出席率は清末97.52％、岡枝96.92％、西市97.50％であった[14]。

次に同調査で課された試験問題について概観する。同調査では国語は読方と書取、算術は計算問題と応用問題、歴史及地理、理科は知識問題が出されていた。読方は10点満点、書取は5点満点、計算（寄算と割算）は10点満点、応用は2点満点、歴史は8点満点、地理は5点満点、理科は12点満点であった。それぞれの試験問題は、読方は無線電信についての文章を読ませて、その開発者などを文章中の記述から抜き出させる問題、書取は「怠る」などを書き取らせる問題で、算術は「7493＋9016＋6487＋7591＋6166」などの足し算6題と「32763/67」などの割り算4題、応用は速さや土地の面積を求める問題など2題で、歴史は年代並び替えと関連人物を答える問題、地理は特産品と地域を対応させる問題、理科は植物の受粉方法などを答えさせる問題であった[15]。試験問題は主に第5学年での学習内容をもとに構成されており[16]、回答時間は最長の読方で20分、書取は不詳、計算問題は6分、応用問題、歴史及地理、理科は各10分であった[17]。時間の多寡については読方で「最後の二三分は殆んど無くともよい様に見えた」とされ[18]、算術の応用でも「最後の一二分はあまり問題の出来不出来に関係なかつた」[19]、歴史及地理でも「最後の一分位は多くのものにとつて不用である様に見えた」とされており[20]、回答時間としては充分であったようである。試験問題は以上のようなものであったが、その結果は学校別にどのようなものであったのだろうか。

試験結果は表1のようであった。

表1　学校別試験結果

	清末	岡枝	西市
国語（読方）	5.8点【62%】	6.4点【78%】	5.4点【57%】
国語（書取）	1.2点【24%】	0.6点【7%】	1.1点【11%】
算術（寄算）	2.0点【12%】	1.5点【12%】	1.9点【14%】
算術（割算）	0.7点【21%】	0.5点【9%】	0.4点【8%】
算術（応用）	0.3点【29%】	0.4点【29%】	0.1点【16%】
歴史	1.5点【12%】	1.6点【14%】	1.0点【0%】
地理	2.1点【36%】	2.3点【36%】	1.3点【16%】
理科	3.4点【19%】	3.0点【7%】	3.6点【16%】

東京帝国大学文学部教育学研究室「小月小学校外三校学校調査」を参考に筆者作成[21]。

表について簡単に説明しておくと、数値は平均点を記載し、カッコ内に6割以上得点者の割合を示している。

3校とも読方以外は平均点が低い事が指摘できる。計算は10点満点で各校2点程度、歴史は8点満点で各校1点台と軒並み低くなっている。その中でも学校ごとの比較をすると書取や寄算、理科を例外として西市の平均点が低くなっていることが指摘できる。ではこうした西市の平均点の低さ、清末、岡枝の平均点の相対的な高さは何を原因としているのだろうか。以下、本論文の検討課題である担任教員の養成歴との関係を分析すると共に、児童の知能検査の結果や家庭背景など他の要因との関係を分析する。

2．教員資格と児童の「学力」の関係

「小月調査」には調査対象になった児童の第1学年から第6学年までの担任教員について表2のような情報が掲載されていた。

表について簡単に説明しておくと、教員については、大文字は男性、小文字は女性を示している。また同一校内で同一のアルファベットで示したのは同一人物である。なお小学校本科正教員＝小正、尋常小学校本科正教員＝尋正、尋常小学校准教員＝准教、代用教員＝代教と略記している。

ここでは本論文の検討課題である師範教育経験の有無と「学習指導力」の関係を検証するため、教員資格と児童の試験結果の関係を分析す

表2　各学校教員資格など

	学年	教員	資格	年齢	在職年数
清末小学校	1	A	小正	57	31
	2	b	准教	21	1
	3	c	准教	19	0
	4	D	尋正	25	3
	5	E	小正	26	4
	6	F	小正	22	0
岡枝小学校	1	A	尋正	32	15
	2	B	代教	20	0
	3	C	小正	57	29
	4	C	小正	58	30
	5	D	小正	23	0
	6	E	小正	22	2
西市小学校	1	a	尋正	29	5
	2	B	代教	22	0
	3	C	小正	43	18
	4	B	准教	24	2
	5	D	尋正	30	8
	6	E	小正	29	8

173ページを参考に筆者作成。

る。さらに他の教員側要因、特に「学習指導力」に影響を及ぼすと考えられる経験年数と児童の試験結果との関係も分析する。

　先述の通り、試験問題は主に第5学年の学習内容となっていた。ただし、読方や書取は6学年通じての学習内容と考えられる。そこで読方、書取は6年間の担任教員の小学校本科正教員の割合と「学力」の関係を分析し、さらに1919年3月の山口県の「実力調査」によって当時の各校の第3学年（＝「小月調査」時点の第6学年）の国語の成績が把握できるのでこれも合わせて分析する。なお小学校本科正教員資格は必ずしも師範卒であることを意味はしないので、この分析は大枠を捉えるものである。算術の試験問題は第5学年の学習内容であるが、第1学年からの学習の積み重ねが影響したと考えられる。そこで第5学年の教員資格と「学力」の関係を分析したうえで、1919年12月の山口県の「実力調査」で把握できる当時の各校の第4学年（＝「小月調査」時点の第6学年）の算術の成績を参照し第1学年からの積み重ねの影響も合わせて検討する。歴史及地理、理科は第5学年から学習が開始され、試験問題も第5学年の学習内容から構成されているため、第5学年の教員資格と「学力」の関係を分析する。なお第5学年の小学校本科正教員は年齢、在職年数などから師範卒者と推定できる[22]。

　まず国語について分析する。学校ごとの6年間の担任教員の小学校本科正教員割合を**表2**から計算すると清末50％、岡枝67％、西市33％となる。小本正教員割合と試験結果を比べると、読方については小本正教員割合があがると成績の平均点もあがる関係にある。また経験年数についても29年目（30年目）の教員のいる岡枝や31年目の教員のいる清末が、最長でも18年目の教員しかいない西市よりも読方の平均点が高くなっている。以上から師範教育を受ける事が「学習指導力」をあげたと解釈できる。

　ただし、1919年3月の「実力調査」での当時の第3学年の読方の点数を見ると清末60.3点、岡枝56.2点、西市60.9点である[23]。岡枝は第4学年以降に「学力」があがり、逆に西市は下がっている事がわかる。従って、4年生以降の担任教員の「学習指導力」の差が影響したと解釈する方が確からしいといえる。このように考えた場合も、師範学校卒業生が多く教えている清末、岡枝の方が、それ以外の教員が教えている西市よりも「学力」が高いため、師範教育が「学習指導力」を高めていると解釈できる。

　書取については教員資格も経験年数も最も恵まれている岡枝が最も成績が悪くなっている。この点について岡部は「岡枝は書取には極めて僅かな努力しかして居ない様に思はれる」と批判している[24]。

　次に算術について分析する。それぞれの学校の第5学年の教員の資格は**表2**から清末と岡枝が小学校本科正教員、西市が尋常本科正教員であったことがわかる。また経験年数については、清末は4年、岡枝は0年と短く、西市は8年と相対的に長かった。

　表1、**表2**を参照しながら、教員資格と試験結果の関係を分析する。寄算については6割以上得点者などの点で西市が最も結果が良好だ

研究論文　111

が、割算、応用問題については清末、岡枝のほうが平均点、6割以上得点者双方で良好な結果となっている。清末、岡枝の第5学年担任が小学校本科正教員で西市の担任が尋常本科正教員であった事実から、師範学校卒業生の「学習指導力」が高かった可能性が示唆される。

ただし1919年12月の「実力調査」の結果を見ると当時の第4学年の算術は清末63.6点、岡枝55.8点、西市40.0点となっている[25]。4年生の時点までに小学校本科正教員が担任を持った数は、岡枝は1人が2回持っており、清末と西市は1回ずつである。ここからは師範卒者に教わったほど、「学力」があがったとは言えない。その他の「学力」への影響要因を考えないならば、西市の教員の「学習指導力」が全体的に低かったと考えられる。このようにして4年生までについた「学力」差は、5年生での学習にも影響を及ぼしたと考えられる。以上から4年生までについてしまった「学力」差の影響は否定できないが、5年生の担任の「学習指導力」の差が「学力」の違いをもたらしたとも解釈できる。

なお「学習指導力」に影響を及ぼす要素としては勤務経験の長短があると考えられるが、5年生の担任を見ると最も経験の長い西市で児童の「学力」が低いという結果になっており、勤務経験が「学習指導力」を高めたとは解釈できない。

次に歴史及地理について分析する。歴史及地理では平均点、6割以上得点者とも師範卒者が教えていた清末、岡枝のほうが、それ以外の教員が教えていた西市よりも高くなっている。この結果からも師範卒者の「学習指導力」が高かったと解釈できる。また勤務経験の長短については、算術の場合と同様、「学習指導力」に影響しているとは言えない。

最後に理科について分析する。平均点は西市が最も高くなっている。6割以上得点者は清末が多いが、西市との差はわずかである。従って、理科については師範教育が「学習指導力」を高めたとは解釈できない。そして、勤務経験については「学習指導力」を高めたと解釈できる。

以上、担任教員の教員資格や経験年数と児童の「学力」の関係を分析することで、師範教育経験や教員経験が「学習指導力」を高めたと解釈できるかを検討した。結果、算術の寄算や理科を除いて、師範教育を経験することが「学習指導力」を高めたと解釈できた。もちろん、これは教員の学習指導以外に児童の「学力」に影響を及ぼし得る児童の「知能」や家庭背景を考慮しない状態での解釈である。そこで以下、児童の「知能」と「学力」の関係や児童の家庭背景と「学力」の関係を分析することで、そうした分析を経たうえで、師範教育経験が「学習指導力」を高めたと解釈できるのかを検討する。

3．児童側の要因と児童の「学力」の関係

(1)「知能」との関係

まず「知能」が「学力」とどの程度関係していたのかを分析する。岡部は3校の児童について「知能」も調査していた[26]。その結果を示すと平均「知能」は岡枝が109、清末が101、西市が89であった[27]。

以下、岡部が実施した「学力」と「知能」の相関分析を再分析するが、その際の留意点として、岡部がそれぞれの科目の得点と児童の「知能測定量」の相関を分析するのではなく、児童の試験結果をそれぞれの科目に重みづけをしたうえで合計し[28]、その合計値（＝「教育的測定量」）と「知能測定量」とで相関係数を計算していることがある。また相関分析の際に使われている「教育的測定量」、「知能測定量」とも度数である。従って、厳密性という点ではやや問題がある。

以上のような点に留意しながら、3校の「学力」と「知能」の相関係数を見ると清末が0.62、岡枝が0.59、西市が0.37である[29]。3校とも正の相関はあるが、強い相関があると言えるほどの数値ではなく、「知能」の高低だけで「学力」の高低を説明できるとは言えない。

次に3校それぞれについて「知能」と「学力」の散布図を示し、その特徴を分析する。それぞれの散布図は表3-1～3のようになる。

表3-1　清末小学校の「知能」と「学力」

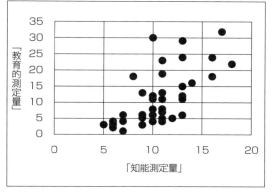

154ページを参考に筆者作成。

表3-2　岡枝小学校の「知能」と「学力」

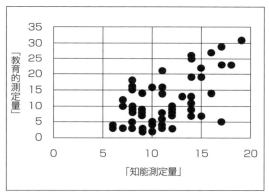

155ページを参考に筆者作成。

表3-3　西市小学校の「知能」と「学力」

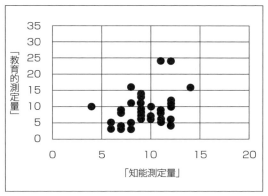

156ページを参考に筆者作成。

まず「知能」について15以上をとっている児童が西市にはいない点が指摘できる。平均値で「知能」が低かったことから窺われるように西市の児童は全体的に「知能」が低かったと言える。次に西市の「知能」に合わせて「知能」14以下で比較すると「学力」について約半分である16を超える児童数は清末7人、岡枝8人、西市4人と西市が少なくなっている。従って、西市については「知能」の高低にかかわりなく、全体的に「学力」が高くなっていなかったと言える。

以上から西市は「知能」だけでは説明できない「学力」の相対的な低さがあったと言える。そうした「学力」の相対的な低さは、師範教育を受けている清末、岡枝の教員の「学習指導力」が高く、受けていない西市の教員の「学習指導力」が低かったためとも考えられる。次に児童の「学力」に影響しうる児童の家庭状況を可能な限り検討する。

(2)家庭状況

「小月調査」では児童の家庭背景についてはほとんど取り上げられていない。しかし、家庭背景は3村で大きく異なっていた。清末について見ると、清末村の南部は国道沿いの市街地であり、古くは清末藩毛利家の城下町として栄えていた。しかし、山陽線が開通したことで、その賑わいは城下町時代に比べ衰えている[30]。岡枝について見ると岡部が「四校の中純農村学校たる岡枝」としているように[31]、城下町であった清末とは異なっている。また西市は江戸時代から西市の位置する豊田地区のなかでは「萩と長府の往還路が通り、本陣・脇本陣があったほどであるから政治的な中心地であるとともに、経済的にも重要な位置にあった」が[32]、長門鉄道が開業する1918年ごろには「本郡東北部に於ける物貨集散の中心市場」「長門鉄道の終点」となり、もともとは豊田地区の市街地に過ぎなかったのが「長門鉄道の開通と共に大に其の面目を一新するに至」った[33]。様々な「県の出先機関をはじめ警察署・銀行等の主要機関が集まり、店舗は改築整備されて活況を呈し、豊浦郡屈指の商店街を形成していた」のである[34]。

以上のように3校の位置する村は異なる状況にあった。それを産業構造の点から確認すると清末は1917年当時、村内の戸数522戸に対して、農業従事が297戸と農業従事率が57％となっている。商業65戸で12％、工業48戸で9％と農業型の産業構造と言える(35)。岡枝は1917年当時、村内の戸数472戸に対して、農業従事が381戸と農業従事率が81％を超えている。商業75戸で16％、工業はわずか3戸で0％しか従事しておらず、農業型の産業構造であった(36)。これに対して西市は1917年の産業構造をみると、村内の戸数818戸に対して農業従事が505戸と農業従事率が62％ではあるが、商業従事が268戸で33％と多くなっている。工業従事は35戸で4％と多くはない(37)。商業型の産業構造と言える。なお西市村には三豊小学校と西市小学校の2校があったが(38)、西市小学校は市街地の方に位置しており、そこに通う児童は商業従事者の子弟が多かったと考えられる。

　以上のような村の状況の違い、産業構造の違いは児童の「学力」にどのように影響しうるだろうか。まず清末、岡枝は農家の子弟が多かったと推察されるが、農家の家庭環境は放課後に農作業の手伝いなどをするため、一般的には学習には向かないものであったと考えられる(39)。商家の場合も家業の手伝いはあったであろうが、「機敏なる町の生活」は学業に有利であったとも考えられる。岡部はこうした考え方を否定しているが(40)、西市が書取や寄算に比較的好成績であったのはこうした家庭背景のためであった可能性もある。

　最後に村の産業構造とは異なる観点から児童の家庭背景を推定できる進学率を検討する。まず調査対象の児童の上級学校進学率を学校ごとに示すと清末79.55％（男子-95.65％：女子-66.66％）、岡枝89.65％（男子-96.77％：女子-81.48％）、西市87.18％（男子-84.21％：女子-90.00％）となる(41)。全体的傾向として岡枝、西市が高く、清末が低い事がわかる。また高等小学校進学に耐えられないほど、極端に経済状況の悪い家庭はほとんどなかったことも確認できる。なお岡枝、西市の高さからは学校教育への期待を読み取ることができ、清末は相対的に期待が低かったと考えられる。特にそれが女子について、顕著になっている。ただし、この点については西市の女子進学率の高さは実業補習学校女子部があったことも影響していると考えられる(42)。また西市の男子の進学率は他校に比べ低いことにも留意する必要がある。

　以上、3校の所在する村の状況、産業構造、各学校の進学率を推計した。その結果としては村の状況、産業構造という点では西市が最も恵まれており、また上級学校進学率に窺われる教育期待という点では清末が恵まれておらず、西市は良好であった。こうした点から考え、西市の児童の「学力」の低さは家庭背景で説明することはできない。従って、担任教員の師範教育経験による「学習指導力」の違いが「学力」に影響を及ぼしていた可能性は高いと考えられる。

おわりに

　本論文では師範教育を受けていることが「学習指導力」をあげると言えるかを検証するため、「小月小学校外三校学校調査」を再分析した。以下、分析結果を示すと共に師範教育経験と「学習指導力」の関係に関して、本論文の検討の結果を踏まえて考察する。

　まず師範教育を受けたか否かを教員資格という形で把握し、また児童の「学力」を試験結果で把握し、そのうえで担任教員の教員資格の高低と児童の「学力」の関係を検討した。その結果、担任教員の資格が高い清末、岡枝の方が、担任教員の資格の低い西市よりも児童の「学力」が全体的には高くなるという結果が見出された。従って師範教育を受けたことが、教員の「学習指導力」を向上させた可能性が示唆された。ただし、わずか3人の教員についての分析のため、偶然の可能性を排除することはできない。

　次にこうした結果が他の要因によってもたらされている可能性を考慮し、児童の知能検査の

結果を検討すると西市が相対的に低く、岡枝、清末が相対的に高いという結果が出た。つまり、「学力」の低さは児童の「知能」の低さでもある程度説明できると言えるが、「知能」と「学力」の関係を分析すると西市は「知能」に関係なく「学力」が低くなっていた。従って清末、岡枝が相対的に「学力」が高く、西市が相対的に低いのは「知能」の高低だけでは説明できず、教員の「学習指導力」の結果である可能性が示唆された。

最後に各学校に通っている児童の家庭背景を検討した。その結果は、西市は商業中心の産業構造をしており、商工業も発展していた。対して清末、岡枝は農業中心の産業構造であった。また児童の上級学校への進学率を検討することで家庭の教育意欲を推察したが、岡枝、西市、清末の順に高いという結果になった。ただし、西市は男子児童の進学率が他の村に比べて低かった。以上から児童の家庭背景についてまとめると西市は村の経済構造という点では学習に有利な状況にあったと考えられ、相対的に清末、岡枝は不利であったと考えられる。また進学率から窺われる家庭の教育期待の点で言うと清末の女子児童は低く、「学力」平均値を押し下げる効果を持ったと考えられる。また西市は男子児童について低く、西市の「学力」の低さの一端はこの点から説明できるとも考えられる。しかし、この点のみで西市の「学力」の低さを説明することはできず、児童の家庭背景で「学力」の高低を説明することはできないと言える。

以上から師範教育が教員の「学習指導力」を高めている可能性が高いことが示唆された。この結果のみから考えると教員養成における「教員になるための教育」の重要性が強く主張できるが、他の事例でも師範卒業者の「学習指導力」が高いという解釈は成り立つのか、また、そうした教育が生徒の思想傾向にどのような影響を及ぼしているのかを分析していない段階では、「教員になるための教育」の是非は論じ得ないと考える。

以下、今後の課題を示す。まず他の時期、他の地域でも同様の結果が得られるのかを検討する必要がある。そうした作業によって、この結果の妥当性を検討することができるだろう。また地域相関研究になってしまうが、全国的な教員資格と児童の「学力」の関係を分析することで、全国規模で同様の結果を得ることができるのかを検討する必要がある。さらに師範生徒・卒業生の思想傾向についても検討を進める必要がある。

注・引用文献

(1)「学習指導力」は子どもの学習意欲や態度にまで関わる広義のものではなく、「受け持ち児童の測定可能な学力（テストの点数など）の高さ」から推定される狭義のものとする。
(2)日本近代教育史料研究会編『教育刷新委員会教育刷新審議会会議録第1巻 教育刷新委員会総会（第1～17回）』岩波書店、1995年、187ページ。
(3)海後宗臣『教員養成』東京大学出版会、1971年、558ページ。
(4)横須賀薫『教員養成』ジアース教育新社、2006年、139-140ページ。
(5)例えば、山崎奈々絵が『戦後教員養成改革と「教養教育」』六花出版、2017年で実践的指導力重視の政策動向を批判し、教職の自律性、主体性を発揮できるような教養教育重視の養成教育を対置しているところなどにも、こうした対立の継続は窺われる（4ページ）。
(6)「学力」はテストで測定可能な狭義のものをさして用いている。「学力」の定義については苅谷剛彦・志水宏吉編『学力の社会学』岩波書店、2004年、2-7ページを参考にした。
(7)教員資格と児童「学力」の間に何らかの関係が成立する場合、様々な要素が介在するが、主要なものとして教員の「学習指導力」があると考えられる。そのため教員資格と児童「学力」の分析から、師範教育の教員の「学習指導力」への影響を推定できると考える。
(8)村山英雄『山口県師範教育の遺産』ぎょうせい、1982年、219-224ページ。
(9)笠間賢二「小学校教員検定に関する基礎的研究

(10)竹村英樹「『小月小学校外3校学校調査』と3学級2教員制―日本最初の学校調査成立に関する調査史的考察―」川合隆男編『近代日本社会調査史（Ⅱ）』慶應通信、1991年、43-78ページ。

(11)三学級二教員制は1913年の小学校令施行規則改正で導入されたが、耳目を集めたのは1921年に臨時教育行政調査会の答申が教育費節減の方法として取り上げてからである。教育擁護同盟を結成し、義務教育費節減反対運動を実施していた教育雑誌記者らは三学級二教員制にも強く反対することとなった。

(12)東京帝国大学文学部教育学研究室『小月小学校外3校学校調査』東京帝国大学、1922年、2-3ページ。

(13)同上、107-108ページ。

(14)豊浦郡小学校長会『豊浦郡郷土誌』聚海書林、1920年（1984年）、338-341ページ。なお出席率に1920年の数値を示したのは調査時に第6学年であった児童たちが、主な試験内容を学んだと考えられる第5学年の数値を示すためである。

(15)読方は東京帝国大学文学部教育学研究室、前掲、123ページ、書取は126ページ、計算は129ページ、応用は133ページ、歴史は137ページ、地理は138ページ、理科は143ページに掲載されている。

(16)計算問題について「この種の問題に似たものは第五学年の時にやつて居る」と記載があり（129ページ）、応用問題の面積問題も「これは尋常科第五学年に教へられてあるもの」とされている（134ページ）。他は特に記載がないが、小学校令施行規則や教科書の内容から、第5学年の学習内容と推定した。

(17)回答時間は、読方は123ページ、計算は130ページ、応用は134ページ、歴史及地理は140ページ、理科は144ページ参照。

(18)同上、126ページ。

(19)同上、135ページ。

(20)同上、140ページ。

(21)123、126、129、133、137-138、143ページを参照。以下、表は『小月小学校外三校学校調査』を参照。ページ数のみ注記する。

(22)小正を得る経路は師範学校と無試験検定、試験検定があった。無試験検定対象者は1900年の小学校令施行規則では上級学校教員免許状所有者や府県知事認定者などであった（牧昌見『日本教員資格制度史研究』風間書房、1971年、208ページ）。府知事の認定基準は1907年に改正され男子は30歳以上、5年以上の教職経験であった（同上、243ページ）。従って、無試験検定を経ている可能性は低い。また試験検定は、例えば宮城県では合格率が低く、小正に占める割合は多くて2％程度で（笠間、前掲、2007年、177ページ）、こうした傾向は秋田県でも同様である（釜田史「大正期秋田県における小学校教員検定制度に関する研究」『神戸大学大学院人間発達環境学研究科研究紀要』第2巻1号、2008年、56ページ）。2県の事例のため、全国的傾向と確定はできないが、試験検定を経ていた可能性も低い。

(23)東京帝国大学文学部教育学研究室、前掲、171ページ。

(24)同上、127ページ。

(25)同上、171ページ。

(26)知能測定は末梢、類推、置換、完成、語構の5つの方法でなされている。その結果は合計の平均値が100にされている。検査問題の詳細は同上、108-118ページ、合計値に対する操作は118-121ページ、参照。

(27)同上、120ページ。

(28)科目の得点は5教科合計点の平均が100点になるように、また国語と算術に3、歴史、地理、理科に2の重みがつくように操作されている（同上、146-147ページ）。

(29)同上、154-155ページ。

(30)豊浦郡小学校長会、前掲、242ページ。

(31)東京帝国大学文学部教育学研究室、前掲、164ページ。

(32)豊田町史編纂委員会『豊田町史』豊田町役場、

㉝1979年、654-655ページ。
㉝豊浦郡小学校長会、前掲、246ページ。
㉞豊田町史編纂委員会、前掲、655ページ。
㉟豊浦郡小学校長会、前掲、73ページ。
㊱同上、73ページ。
㊲同上、74ページ。
㊳同上、323-324ページ。
㊴例えば『信濃教育』第371号、1917年9月1日、84-86ページに掲載された内河邦芳「家庭に於ける児童の勤労について」など。
㊵東京帝国大学文学部教育学研究室、前掲、164ページ。
㊶豊浦郡小学校長会、前掲、333-335ページ。
㊷同上、362-364ページ。清末、岡枝は男子部のみだが、西市には男子部、女子部がある。

ABSTRACT

Case Examination of the Impacts of Normal School on the Skills and Practice of Teaching: On School Survey of Ozuki and Three Other Elementary School in Yamaguchi Prefecture in 1921

HASEGAWA Yoji
（Graduate Student, WASEDA University）

This study examines the impacts of teacher education under normal school system on developing the skills for teaching based on the School Survey of Elementary Schools in Ozuki and Three Other Villages of Yamaguchi Prefecture of 1921.

This research found that normal school had positive impact on the skills for teaching by test-score of students. Students taught by teachers with normal school education obtained better scores than students taught by teachers without normal school education. No significant correlation was found between students' level of intelligence and the test score. In this respect, it can be said that the difference between the student outcomes represented by the test scores was not based on students' level of intelligence, but on the differences in teachers' teaching skills. Furthermore, the students' home backgrounds did not explain in difference in student-outcomes. The students of Kiyosue and Okaeda were mostly of children of farmers' families, and thus they were thought of being disadvantaged background by comparison to the students of Nishiichi Elementary School, whose family were mostly merchants. However, the student-outcomes showed no notable link to their home backgrounds, and thus it can be said that the difference of test-scores reflected the difference of teachers' teaching skills.

This study thus concludes that normal school education had impacts on improving teachers' teaching skills, and its teacher education practices could offer an important insight into today's teacher training.

Keywords：**history of teacher education, education at normal schools, teaching skill, school survey, educational gap**

〈研究論文〉

教員の管理職志向性の規定要因に関する研究
── 性別による相違に着目して ──

川崎　知巳（千葉商科大学）

1．問題と目的

　昨今、学校管理職選考の受験倍率の低下等の現象を踏まえ、学校管理職候補者の育成・確保そのものが、大都市を中心に全国的な課題となっている（中央教育審議会初等中等教育分科会チームとしての学校・教職員の在り方に関する作業部会[1]、2015; 大杉ら、2014[2]）。同様に、東京都教育会（2015）も、副校長・教頭への昇任を希望しない教員の増加、降格希望する副校長・教頭の増加、昇任選考試験志願者の減少傾向を踏まえ、各地の教育委員会がその対策に乗り出していることを指摘している[3]。そもそも、教員の管理職志向性について、ベネッセ教育総合研究所（2010）は、全国調査で、将来的に管理職を志向する者は、小、中学校とも1割から1.5割程度であり、大半の一般教員は、管理職を志向していない可能性があることを示している[4]。その要因を探る調査としては、東京都公立学校教員を対象として実施した調査があり、児童生徒との関わる時間の減少、自己の教育理念や力量の不足、精神的ストレスの多さ等が阻害要因として挙げられている（高瀬、2015）[5]。このような現状を踏まえ、東京都教育委員会（2015）では、管理職としての育成の対象を、早期段階から見出し、将来の管理職として育成すること、各教員にキャリアアップを意識させることを重視した人材育成方針を打ち出している[6]。
　また一方で、管理職の中でも、女性管理職の占める比率が低いことが従来から指摘されてい

る。文部科学省（2017）は、平成28年度公立学校教職員の人事行政状況調査の結果、平成29年4月1日現在、女性管理職の割合は16.7%であり、この割合は、昭和63年（1988年）以降、過去最高を更新したとされているが、依然として管理職全体に占める女性管理職の比率は低い[7]。このことから、全国的に管理職の志向性が低下してきていることと、女性管理職の管理職志向性が低いことは、分けてとらえる必要があることが推察される。
　学校管理職志向性に影響を与える要因に着目した先行研究には、次のような研究がある。塚田（1997）は、男性教員のライフヒストリーの聞き取り調査に基づき、組合への不信と生徒への興味、学校経営についての「実績」と「管理運営能力」の発揮等の手腕と成就感、「力のある校長」との出会いが、学校管理職に導いたと論じている[8]。それに対して、川村（2012）は、小学校校長のライフヒストリーの分析から、学校全体を見渡す必要性のある校務分掌に就くことが、管理職として予期的社会化される機会となっていること、重要な他者との出会いが、一般教諭が管理職としての道を選択する契機となっていること、教育実践家としての熟達と加齢の影響を受けた教職アイデンティティの揺らぎが、管理職志向に影響を与えたと論じている[9]。また、川崎・飯田（2018）は、学校管理職志向を規定する要因を明らかにするために、一般教員を対象に質問紙調査を実施している。その結果、国（文部科学省）や教育委員会の方針や方向性の具体的な推進、校長の学校経営の方針や

計画について具体的に推進できたという職務達成感、学校を大きく改革・変革していくリーダーシップ機能を有する学校管理職との出会いが、自分が校長の学校経営方針や学校経営、国や教育委員会の施策等に貢献できそうであると思う「組織貢献効力感」や、校長職に対する魅力すなわち「校長職に対する肯定的認知」の2つの変数を介して、学校管理職志向に影響を与えることを明らかにした[10]。

　上記の研究は教員の性別に関係なく行われたものであるが、女性教員の管理職志向性に焦点を当てた研究に以下のような研究がある。まず、田中（1991）は、男性教員と比較し、女性教員の昇進希望者がとりわけ20代、30代で少ない割合に留まっていることを質問紙調査の結果から明らかにしている。その理由として、管理職昇任より児童生徒と直接関わることを教員としての生きがいと感じていること、管理職になっても責任を果たしえないのではないかという自信のなさ、職場環境による影響、家庭と職務との均衡の難しさなど、男性とは異なる阻害要因が挙げられている（田中、1991）[11]。次に、高野（1999）は、聴き取り調査から、主任経験の少なさと、「家事・育児責任」の存在、学級担任のみの「単線型キャリア」を選択することが、「昇進意欲の乏しさ」に影響を与えていることを示している[12]。また、青木（2000）は、家庭との両立、家族関係等、女性の家庭責任が、管理職を忌避する主な理由の一つであると言及している[13]。また、蓮尾（1994）は、質問紙調査を通して、女性教員が、「役割期待のもとに将来の管理職に向けて社会化される装置」をもたないために、「固有の職業的社会化を遂げて」おり、「人間個人として本来的なアイデンティティを模索し、実質的なキャリアを形成しうる機会」があること、すなわち男性教員とは異なるキャリア形成を図ってきたことを論じている[14]。高野ら（2013）は、女性校長・校長経験者のインタビューによる分析から、管理職の職階へと引き上げようとする外的な力、学校マネジメントに関わる重要な職務や役割を通した力量形成・発揮が管理職志向性に影響を与えることを明らかにしている[15]。

　海外の研究に、Evetts（1987、1988）がある。Evetts（1987）は、小学校の既婚女性校長のライフヒストリーを分析した結果から、女性教員の多くは、家庭と職業の両立への見通しが立って初めて昇進を意識したことを明らかにした[16]。また、Evetts（1988）は、既婚女性校長のライフヒストリーの分析から、教職と家庭とのバランスが適切に取れる条件下で、女性の昇進が行われていることと、女性校長の多くに昇進を後押ししたゲートキーパーが存在していたこと、指導主事、校長、教員を結ぶインフォーマルなネットワークも、女性のキャリアを支援する機能を持つことを明らかにした[17]。Evetts（1987、1988）の研究を踏まえ、杉山・黒田・望月・浅井（2004）は、日本では、女性教員にキャリア計画の不明確さという特徴が見られ、管理職昇進にあたっては、主に校長がゲートキーパーの役割を果たしていることを明らかにした[18]。また、杉山ら（2004）は、個人的なキャリアの経験が社会や制度に規定されていることは明白であり、女性教員は人生の様々な場面における選択と決定を通してキャリアを形成していくが、それらの選択や決定は個人的な事柄に見えながら、社会における性別役割分業や、教職における性差別を体現していると論じている[18]。

　これまで挙げてきた先行研究をまとめると、以下のことが言える。男性、女性別に管理職志向性の促進要因に着目したキャリア発達の研究において、これまでの研究の多くがライフヒストリー研究であり、定量的に検討されているものはほとんど見られない。また、量的研究を行った川崎・飯田（2018）では、男性教員と女性教員とに分けた分析に言及していないため、男女間で管理職志向への規定要因に差があるか明らかにされていない。先行研究で指摘されているように、学校管理職志向性は、男性教員と女性教員で様相が異なる可能性があり、男性教員と女性教員とを分けて、管理職志向の規定要因を検討する必要があると考えられる。

以上のことを踏まえ、本研究は、川崎・飯田（2018）の一般教員が学校管理職を志向する規定要因を踏まえた上で、男女差に着目し、学校管理職志向に与える影響について量的に検討することを目的とする。

２．方法

(1)調査対象者

web調査会社に、公立小中学校の正規教員を調査対象者の条件として、調査を依頼した。その際、web調査会社が、パネルとして登録している調査対象者に、事前に調査趣旨の説明を提示し、調査協力の意思の有無を尋ねるアンケートを実施した上で、条件に該当し回答に同意したものを調査対象者とした。その結果、310名から回答を得た。

(2)調査時期

2015年10月16日〜17日に実施した。

(3)調査内容

以下の①〜⑨を実施した。なお、以下の⑤から⑨はいずれも川崎・飯田（2018）で予備調査を踏まえて作成されたものである。

①フェイスシート　性別、年齢層（20代、30代、40代、50代）、教員経験年数（5年未満、5年以上10年未満、10年以上15年未満、15年以上20年未満、20年以上25年未満、25年以上）、校種（小学校、中学校）、職層（主幹教諭、指導教諭、主任教諭、教諭、主幹養護教諭、主任養護教諭、養護教諭）、勤務先都道府県の6項目について回答を求めた。

②学校マネジメント経験の有無　学校マネジメント経験を「教務主任、生徒指導主事等、年間を通して学校全体を動かす立場での仕事経験」と定義し、この校務経験の有無について、「経験した（現在している）」、「経験したことはない」の単一回答法で回答を求めた。

③ロールモデルとなる学校管理職との出会いの有無　ロールモデルとなる学校管理職との出会いの有無について、「はい」、「いいえ」の単一回答法で回答を求めた。

④教師効力感　春原（2007）[19]が作成した3つの下位尺度から構成させる『教師効力感尺度』に、『保護者・地域住民等との関係形成効力感』『学校運営に関する効力感』『組織貢献効力感』の下位尺度を足して、川崎・飯田（2018）が作成した。『保護者・地域関係形成効力感』（例：保護者に自分から積極的に関係をつくっていく働きかけができる）（12項目）、『教授・指導効力感』（例：わかりやすい教え方ができる）（9項目）、『学校運営効力感』（例：各教職員の仕事の進捗状況を把握することができる）（4項目）、『学級管理・経営効力感』（例：課題のある児童・生徒に、クラス全体が巻き込まれないように指導できる）（6項目）、『組織貢献効力感』（例：校長の学校経営の方針や計画にそって、自己の教育活動等を推進することができる）（4項目）、『児童生徒関係形成効力感』（例：児童・生徒と短期間で関係をつくることできるか心配だ（逆転項目））（3項目）の6つの下位尺度（全38項目）で構成される。「あてはまる」「まああてはまる」「どちらともいえない」「あまりあてはまらない」「あてはまらない」の5件法。

⑤学校管理職等からの被承認認知　「自分は、学校の中で中心的な存在の教員だと思われている」「自分は、学校経営に関わる仕事も任せておける教員だと思われている」「自分は、授業や研究、対応など認めてもらっていると思う」など10項目で構成される。前述と同様の5件法。

⑥脱学級最優先・全体的視野意識　「学校や学年全体の状況によっては、自分の学級経営だけでなく、全体の仕事も引き受ける」「組織の一員であることを自覚して、自分の希望しない職務も引き受ける」「年齢や経験年数を考え、負担の多い仕事も厭わず引き受けていく」など8項目で構成される。前述と同様の5件法。

⑦公立学校教員としての職業意識　「文部科学省や教育委員会の方針、教育施策等を具体的に進めること」「校長の学校経営方針（計画）を具体的に進めること」「保護者、地域住民、都道

府県民、市民からの信頼を得るとともに、地域に貢献すること」「全体の奉仕者である自覚をもち、公平、誠実であること」など全体で10項目で構成される。前述と同様の5件法。
⑧校長職に対する肯定的認知　「校長は、自分の目指す教育を実現できる」「校長は、教職員を、自己の目指す教員に指導・育成できる」「校長は、保護者、地域に大きな影響力がある」など10項目で構成される。前述と同様の5件法。
⑨学校管理職志向　「学校管理職として、学校マネジメントに取り組んでみたい」「学校管理職として教職員の人材育成に取り組んでみたい」「校長から何度も強く勧められれば、学校管理職になることを考える」など、11項目で構成される。前述と同様の5件法。

(4)倫理的配慮

web調査の調査協力者には、スタート画面に調査目的や倫理的配慮（無記名のため個人が特定されることはないこと、調査への協力は任意であること、途中で回答を拒否できること、データは全体の傾向としてまとめられ個人が特定されることはないこと）について説明した上で、回答者が「同意ボタン」をクリックした場合に、研究参加に同意したものとした。なお、本調査は、筑波大学大学院人間系倫理委員会東京地区委員会の承認を得て行われた。

3．結果

(1)調査協力者の基本属性

全国の公立中学校、公立小学校の正規採用教員310名（小・中学校教員各155名、男性205名、女性105名、平均年齢45.2歳で、有効回答者率100％であった。回答者の年齢は、20代17名（5.5％）、30代72名（23.2％）、40代90名（29.0％）、50代131名（42.3％）であった。回答者の公立学校教員経験年数は、5年未満20名（6.5％）、5年以上～10年未満36名（11.6％）、15年以上～20年未満36名（11.6％）、20年以上～25年未満50名（42.3％）であった。回答者の職層は、主幹教諭12名（3.9％）、指導教諭3名（1.0％）、主任教諭56名（18.1％）、教諭237名（76.5％）、養護教諭2名（0.6％）であった。

(2)各尺度間の関係

t検定、重回帰分析を行うに先立ち、男性教員、女性教員別に属性（公立学校教員経験年数、勤務先公立学校校種、職層、学校マネジメント経験の有無、ロールモデルとなる学校管理職等との出会いの有無）と、教師効力感の6因子、学校管理職からの被承認認知、脱学級最優先・全体的視野意識、公立学校教員としての職業意識、校長職に対する肯定的認知、学校管理職志向の相関分析を実施した（表1）。

その結果、男性教員の場合、学校管理職志向との関連では、ロールモデルとなる学校管理職との出会いの有無（$r=.31$、$p<.001$）、教師効力感尺度では児童生徒関係形成効力感を除く全ての変数（$rs=.23$-$.41$、$ps<.01$）、学校管理職からの被承認認知（$r=.29$、$p<.001$）、脱学級最優先・全体的視野意識（$r=.29$、$p<.001$）、公立学校教員としての職業意識（$r=.39$、$p<.001$）、校長職に関する肯定的認知（$r=.49$、$p<.001$）の間に有意な正の相関が見られた。一方、女性教員の場合、学校管理職志向との関連では、職層（$r=.23$、$p<.05$）、教師効力感の学校運営効力感（$r=.28$、$p<.05$）と学校管理職からの被承認認知（$r=.22$、$p<.05$）の間に有意な正の相関が見られ、教師効力感尺度の児童生徒関係形成効力感（$r=.42$、$p<.001$）の間に有意な負の相関が見られた。

(3)男性教員と女性教員の各尺度の得点差の検討

教師効力感の各下位尺度、学校管理職からの被承認認知、脱学級最優先・全体的視野意識、公立学校教員としての職業意識、校長職に対する肯定的認知、学校管理職志向の各尺度について、男性教員と女性教員の差を検討するため、t検定を実施した（表2）。その結果、「教授・指導効力感」（$t(308)=4.38$、$p<.001$、$d=.52$）、「学校運営効力感」（$t(308)=5.24$、$p<.001$、$d≒.63$）、「学級管理・経営効力感」（$t(308)=4.30$、$p<.001$、$d≒.52$）、「組織貢献効力

表1 男女別 属性と各尺度間の相関行列

	1	2	3	4	5	6	7	8	9	10	11	12	13	14	15	16
1.経験年数	—	.04	.155*	.184**	-.05	.04	.04	.05	.00	.01	.04	.10	.01	-.03	-.04	-.08
2.校種	.15	—	-.06	-.05	-.16	.05	.09	.08	.07	.07	.06	.06	.04	-.05	-.02	-.10
3.職層	.10	-.08	—	.07	-.05	.02	.06	.05	.05	.06	-.02	.16*	.03	.07	-.08	-.07
4.学校マネジメント経験の有無	.18	-.01	.16	—	.10	.22**	.17*	.27***	.18**	.29***	.07	.22**	.26***	.19**	.00	.10
5.ロールモデルの出会いの有無	.02	.07	.08	.10	—	.28***	.29***	.30***	.23**	.23**	.08	.26***	.35***	.31***	.30***	.31***
6.保護者・地域住民関係形成効力感	.17	.10	-.11	.00	.17	—	.75***	.70***	.74***	.67***	.56***	.66***	.68***	.50***	.31***	.29***
7.教授・指導効力感	.35***	.06	.10	.10	.32**	.65***	—	.67***	.79***	.59***	.50***	.60***	.64***	.45***	.28***	.23**
8.学校運営効力感	.29**	.00	.13	.23*	.10	.40***	.48***	—	.65***	.68***	.40***	.65***	.56***	.40***	.24**	.31***
9.学級管理・経営効力感	.34***	.00	.11	.14	.10	.54***	.69***	.37***	—	.55***	.60***	.63***	.58***	.40***	.20**	.24**
10.組織貢献効力感	.23*	-.17	.10	.08	.16	.54***	.55***	.49***	.40***	—	.34***	.56***	.57***	.66***	.41***	.41***
11.児童生徒関係形成効力感	.09	.11	.06	.01	-.11	.30**	.40***	-.01	.34**	.10	—	.42***	.37***	.23**	.07	-.06
12.管理職からの被承認	.35***	.05	.12	.31**	.28**	.45***	.62***	.58***	.48***	.11	—	.61***	.45***	.28***	.29**
13.脱学級最優先・全体的視野意識	.12	-.06	-.02	-.08	.13	.55***	.53***	.20*	.54***	.44***	.24*	.40***	—	.62***	.34***	.29***
14.公立学校教員としての職業意識	-.02	.22*	.03	-.13	.10	.49***	.42***	.06	.29**	.50***	.17	.18	.61***	—	.55***	.39***
15.校長職に関する肯定的認知	-.03	-.09	.07	-.06	.18	.278**	.32**	.28**	.24*	.36**	-.01	.26*	.41***	.43***	—	.49***
16.学校管理職志向	-.04	-.13	.23*	.15	.07	-.19	-.08	.28**	-.10	.09	-.42***	.22*	-.11	-.06	.17	—

注）対角成分右上欄は男性教員(n=205)、対角成分左下欄は女性教員(n=105)における各相関を示す。
***p<.001 **p<.01 *p<.05

表2 男女別の平均値とSD及びt検定の結果

		男性(n=205) M	SD	女性(n=105) M	SD	t値	d
教師効力感	保護者・地域関係形成効力感	3.52	.70	3.39	.60	1.71	.20
	教授・指導効力感	3.67	.63	3.34	.67	4.38***	.52
	学校運営効力感	3.32	.71	2.84	.86	5.24***	.63
	学級管理・経営効力感	3.64	.71	3.29	.64	4.30***	.52
	組織貢献効力感	3.38	.73	3.10	.67	3.68**	.39
	児童生徒関係形成効力感	3.54	.86	3.53	.81	.13	.02
学校管理職等からの被承認認知		3.28	.93	2.80	.79	4.54***	.54
脱学級最優先・全体的視野意識		3.75	.69	3.60	.67	1.77	.21
公立学校教員としての職業意識		3.71	.71	3.64	.60	.87	.10
校長職に対する肯定的認知		3.35	.78	3.44	.61	-.98	.12
学校管理職志向		2.56	1.18	1.98	.91	4.43***	.53

***p<.001 **p<.01 *p<.05

感」（$t(308)=3.68$、$p<.01$、$d≒.39$）、「学校管理職等からの被承認認知」（$t(308)=4.54$、$p<.001$、$d≒.54$）、「学校管理職志向」（$t(308)=4.43$、$p<.001$、$d≒.53$）で有意差が見られた。

(4)男女別学校管理職志向への規定要因の検討

川崎・飯田（2018）の仮説モデル[20]に従って、重回帰分析を行った。重回帰分析は2段階に分けて行った。第二水準を基準変数にして、第一水準の変数を説明変数とする分析、第三水準を基準変数にして、第一、第二水準の変数を説明変数とする分析を行った。なお、重回帰分析はいずれも変数増減法を用いた。単相関と偏回帰係数の正負を照合した結果、正負はいずれも一致した。なお、本分析では、男性教員205人と、女性教員105人をそれぞれ対象とした。分析結果を、図1と図2に示す。

男性教員を対象とした重回帰分析の結果から、「学校マネジメント経験有」から、「保護者・地域関係形成効力感」（$β=.192$、$p<.01$）、「教授・指導効力感」（$β=.148$、$p<.01$）、「学校運営効力感」（$β=.247$、$p<.001$）、「学級管理・経営効力感」（$β=.166$、$p<.05$）、「組織貢献効力感」（$β=.274$、$p<.001$）、「学校管理職からの被承認認知」（$β=.188$、$p<.01$）、「脱学級最優先・全体的視野意識」（$β=.233$、$p<.001$）、「公立学校教員としての職業意識」（$β=.158$、$p<.05$）への有意な正の偏回帰係数が見られたが、これらの第二水準の変数のうち「組織貢献効力感」のみ学校管理職志向に有意な正の偏回帰係数を示していた（$β=.240$、$p<.01$）。このことから、学校マネジメント経験は、「学校管理職志向」に間接的に影響を与えることが示された。一方、「ロールモデルとなる学校管理職との出会い有」は、「保護者・地域関係形成効力感」（$β=.265$、$p<.001$）、「教授・指導効力感」（$β=.259$、$p<.001$）、「学校運営効力感」（$β=.302$、$p<.001$）、「学級管理・経営効力感」（$β=.236$、$p<.01$）、「組織貢献効力感」（$β=.204$、$p<.01$）、「学校管理職からの被承認認知」（$β=.267$、$p<.001$）、「脱学級最優先・全体的視野意識」（$β=.340$、$p<.001$）、「公立学校教員としての職業意識」（$β=.292$、$p<.001$）、「校長職に対する肯定的認知」（$β=.298$、$p<.001$）への有意な正の偏回帰係数が見られた。このうち「組織

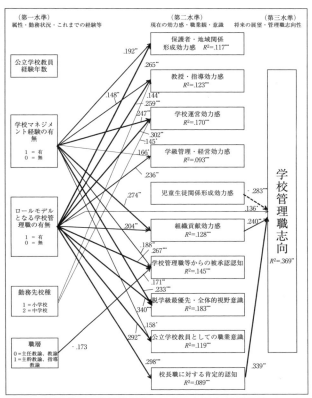

図1 男性教員の学校管理職への志向を規定する要因(n＝205)
***p<.001 **p<.01 *p<.05
注）実線は正の偏回帰係数、点線は負の偏回帰係数を示す。

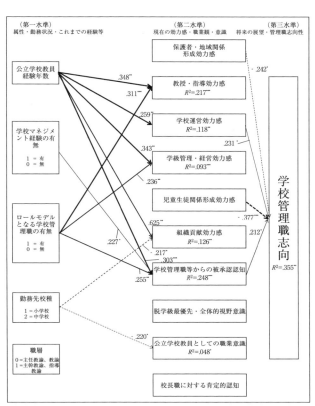

図2 女性教員の学校管理職への志向を規定する要因(n＝105)
***p<.001 **p<.01 *p<.05
注）実線は正の偏回帰係数、点線は負の偏回帰係数を示す。

貢献効力感」（β＝.240、p<.01）、「校長職に対する肯定的認知」（β＝.339、p<.001）は「学校管理職志向」に有意な正の偏回帰係数を示していた。また、「ロールモデルとなる学校管理職との出会い有」は、直接、「学校管理職志向」に有意な正の偏回帰係数を示していた（β＝-.136、p<.05）。このことから、ロールモデルとなる学校管理職との出会いは、「学校管理職志向」に直接的、間接的に影響を与えることが示された。また、「児童生徒関係形成効力感」から「学校管理職志向」に負の偏回帰係数が見られ（β＝-.283、p<.001）、児童生徒との関係形成効力感が高いことが学校管理職志向を低める傾向が示された。

女性教員を対象とした重回帰分析の結果から、「公立学校教員経験年数」から、「教授・指導効力感」（β＝.348、p<.001）、「学校運営効力感」（β＝.259、p<.001）、「学級管理・経営効力感」（β＝.343、p<.05）、「組織貢献効力感」（β＝.625、p<.001）、「学校管理職等からの被承認認知」（β＝.303、p<.001）への有意な正の偏回帰係数が見られた。また、「学校マネジメント経験有」から、「学校管理職等からの被承認認知」への有意な正の偏回帰係数（β＝.227、p<.05）が見られた。これらの第二水準の変数のうち「学校運営効力感」（β＝.231、p<.05）と、「学校管理職等からの被承認認知」（β＝.212、p<.05）が学校管理職志向に有意な正の偏回帰係数を示していた。さらに、「ロールモデルとなる学校管理職との出会い有」は、「教授・指導効力感」（β＝.311、p<.001）、「学級管理・経営効力感」（β＝.236、p<.01）、「学校管理職等からの被承認認知」（β＝.255、p<.001）への有意な正の偏回帰係数が見られたが、これらの第二水準の変数の

うち、「学校管理職等からの被承認認知」（$\beta=.212$, $p<.05$）が学校管理職志向に有意な正の偏回帰係数を示していた。

このことから、女性教員の場合、公立学校教員経験年数が、「学校運営効力感」と「学校管理職等からの被承認認知」を通して、「学校管理職志向」に、間接的に影響を与えることが示された。また、学校マネジメント経験と、ロールモデルとなる学校管理職との出会いは、「学校管理職等からの被承認認知」を通して、「学校管理職志向」に、間接的に影響を与えることが示された。また、「保護者・地域関係形成効力感」と「児童生徒関係形成効力感」から「学校管理職志向」に負の偏回帰係数が見られ（順に$\beta=-.242$, $p<.05$、$\beta=-.377$, $p<.001$）、保護者・地域住民や児童生徒との関係形成効力感が高いことが学校管理職志向を低める傾向が示された。最後に、勤務先校種から組織貢献効力感（$\beta=-.217$, $p<.01$）、公立学校教員としての職業意識（$\beta=-.220$, $p<.05$）へ有意な負の偏回帰係数が見られ小学校教員が中学校教員より、これらの得点が低い傾向が示された。

4．考察

(1)全体考察

本研究は、川崎・飯田（2018）の一般教員が学校管理職を志向する規定要因を踏まえ、男女別の学校管理職の規定要因の分析を行ったものである。まず、男性教員は、学校マネジメント経験とロールモデルとなる学校管理職との出会いの影響が、「組織貢献効力感」と関連が見られ、学校管理職志向とも間接的に関連が見られた。また、ロールモデルとなる学校管理職との出会いの影響が、学校管理職志向と直接的に関連が見られるとともに、「校長職に対する肯定的認知」とも関連が見られ、間接的に学校管理職志向への関連が見られた。

このことから、男性教員は、学校マネジメント経験や、ロールモデルとなる学校管理職との出会いを通して、教育委員会や校長の示す組織目標等の達成に貢献できる自信が、管理職志向性に影響を与えることが示唆された。この結果は、男性校長を対象とした塚田（1997）や、男性、女性管理職両者を対象とした川村（2012）の質的研究、川崎・飯田（2018）の量的研究の結果と整合していた。今回の結果と川崎・飯田（2018）と異なっていたのは、ロールモデルとなる学校管理職との出会いが直接学校管理職志向に影響を与えていた点であった。一方で、今回得られた新たな知見は、男性教員の場合は、ロールモデルとなる学校管理職との出会いが、直接管理職志向性に影響を与えうるという点と、女性教員にとっての規定要因であった学校管理職等から職務を認められているという実感は、男性教員にとっては規定要因になっていないことであった。

次に、女性教員は、男性教員と比較して、学校管理職への志向性が有意に低かった。このことは、田中（1991）や高野（1999）の質問紙調査の分析から導き出された、男性教員と異なり、女性教員の昇進意識が低いという結果と整合しており、30年近く経過しても、この傾向が変わっていないことが明らかになった。また、女性教員は、「児童生徒関係形成効力感」と学校管理職志向が負の相関を示しており、このことは、高野（1999）の、学級担任のみの「単線型キャリア」を選択することが、「昇進意欲の乏しさ」に影響を与える考察を裏付けたものとも言える。女性教員は、公立学校教員経験年数が、「学校運営効力感」と「学校管理職等からの被承認認知」と関連が見られ、学校管理職志向とも間接的に関連が見られた。また、学校マネジメント経験とロールモデルとなる学校管理職との出会いの影響が、「学校管理職等からの被承認認知」と関連が見られ、学校管理職志向とも間接的に関連が見られた。このことは、女性教員が学校管理職を回避する理由としての、高野（1999）の、主任経験等の学校運営に関する職務経験の少なさや、蓮尾（1994）の、女性教員が「役割期待のもとに将来の管理職に向けて社会化される装置」をもたないために、男性教員とは異なるキャリア発達をしていくという指摘

を、逆説的に裏付けていると考えられる。また、高野他（2013）が質的研究から、学校管理職志向性に影響を与える要因として明らかにした「管理職の職階へと引き上げようとする外的な力」の存在、学校マネジメントに関わる何らかの重要な職務や役割を通した力量形成・発揮について、量的に明らかにしている。さらに、Evetts（1988）や杉山ら（2004）の指摘する、女性校長に至るまで、昇進を後押しするゲートキーパーとしての校長等の存在の重要性も量的に裏付ける結果であった。

このことから、女性教員は、教員としての経験年数を重ねる中で、各教職員の仕事の進捗状況の把握、各教職員の得意、不得意に応じた職務の割り振り、各教職員のタイプに応じた職務遂行についての助言、学校全体の動かし方についての自信をつけることが、学校管理職志向に影響を与える可能性があることが示唆された。また、教員としての経験年数を重ねること、学校マネジメント経験、ロールモデルとなる学校管理職との出会いを通して、学校管理職等から、授業、研究、生徒指導、児童生徒・保護者対応、他の教員への影響力をはじめ、学校運営上有能で信頼される教員であると認められているという意識が、学校管理職志向に影響を与える可能性があることも示唆された。

(2) 男性、女性教員の特性を踏まえた管理職育成に向けた提言

本研究の第1の提言は、男性教員と女性教員とは、管理職志向性に影響を与える経験内容や経験から得た認識が異なる部分がある点に着目して、それぞれに応じた指導・育成、キャリア支援をしていく必要があるということである。男性教員に対しては、学校マネジメント経験を通して、文部科学省や都道府県、市区町村教育委員会といった一つの学校を超えた、広い視野にたった教育施策等を何らかの形で推進する役割や、職務や教育活動を担わす機会と経験や、校長の学校経営方針、学校経営計画上の重点的な職務や教育活動を推進していく役割や職務を担う中で、自分が、文部科学省、教育委員会、校長の広い視野にたった教育を推進し、組織に貢献できるという効力感（Bandura、1971；原野・福島共訳、1985）[21]を培う管理職育成プログラムの構築が重要である。また、ロールモデルとなる学校管理職等との出会いの機会の設定や、その出会いを通して、個人の組織貢献効力感を高める働きかけ、学校管理職の魅力を高めていく必要性やその意義も示された。

本研究の第2の提言は、女性教員の場合、Evetts（1987）、蓮尾（1994）、高野（1999）、青木（2000）、杉山ら（2004）が共通して論じている「家事・育児責任」等に代表される教職と家庭とのバランスを保つ使命感を一要因として、管理職志向が男性と比較して低い傾向にあることから、これらを保障する、社会制度の整備、例えば年単位で申請でき、同職層に円滑に復帰できる、介護や学齢期まで含めた子育て休業制度等や、既存の家事・育児支援に関する制度を取得しやすくするための社会全体への理解啓発の推進が重要である。また、人材育成に焦点をあてるならば、蓮尾（1994）の論じる、女性教員が「役割期待のもとに将来の管理職に向けて社会化される装置」をもたない状況を変えていくためにも、男性と同様、それ以上に意識化して、早い段階から意図的・計画的に育成していくことが重要である。その際、児童生徒関係形成効力感と管理職志向性とが負の相関関係にあったこと、経験年数が学校運営効力感を媒介して学校管理職志向に影響を与えていたことを踏まえ、教員経験年数を重ねるだけでなく、学級担任の職務に専念することに加えて、校内の教職員の個々の職務状況の進行管理や指導助言を行うことや、学校全体を動かすことに対する効力感を高めるような職務経験を、キャリアステージに応じて、計画的に組み入れていく管理職育成プログラムの構築が重要である。

本研究の第3の提言は、女性教員の場合は、経験年数、学校マネジメント経験、ロールモデルとなる学校管理職との出会いが、学校管理職等から認められているという実感を媒介して、

学校管理職志向に影響を与えていたことが明らかになった点である。学校管理職等からの被承認認知が学校管理職志向性に影響を与えていなかった男性教員に対して、女性教員の場合は、ロールモデルとなる学校管理職と出会うことができても、校長から自分の職務が認められているという実感がなければ、管理職志向にはつながらないことが示されていた。この結果は、校長になるまでに、校長を始めとする学校管理職の存在が重要であると指摘する研究と一致する（例えば、Evetts、1988；杉山ら、2004）。一方で、今回得られた新たな知見は、学校管理職は、女性教員のキャリア発達支援のための「ゲートキーパー」則ち、声をかけ、話を聞き、相談にのり、必要な情報提供をしたり、見守る存在になったりする中で、とりわけ、女性教員の職務姿勢、職務遂行等を適切に評価し、認めていることを女性教員が認識するよう伝えていくこと、すなわち「役割期待のもとに将来の管理職に向けて社会化される装置」を機能させることの重要性が明らかになったことである。

(3)本研究の限界と今後の課題

本研究の限界と今後の課題について、以下4点述べる。第1に、本研究の回答者は、性、年齢、教員経験年数等が、均等な数にはなっていないことから、サンプル数をさらに増やし、それぞれ、均等な数による分析で、精度を高めていくこと、その際、特に、学校管理職志向に影響を与えるロールモデルとなる学校管理職のタイプについても検討していくことが教員の育成上必要である。また、本研究では、服務監督権と任命権の両者が都道府県教育委員会に属する大半の高等学校と、任命権のみ都道府県教育委員会に属し、服務監督権が市町村教育委員会に属する小・中学校の教員とは、教員への管理職選考受験等への働きかけが異なることから、小・中学校教員を対象とし、高等学校教員は対象としなかった。各年代、教員経験年数別、校種別に、学校管理職志向に影響を与える要素に相違があるか検証していくことが必要である。

第2に、本研究においては、全国的傾向を把握する目的で、47都道府県対象の調査を実施したが、大都市とそれ以外の都市等の地域性にも着目し、全体のサンプル数及び各地域のサンプル数の均衡性を図り、大都市とそれ以外の都市等に分けた分析を行い、精度を上げていく必要がある。第3に、本研究の結果示唆された学校管理職志向と関係する要因について、縦断的調査や介入を行うなどして検討する必要がある。第4に、もともと学校管理職の中で女性管理職が占める割合が低いことを踏まえ、女性教員にとって、ロールモデルとなる学校管理職が同性である場合とそうでない場合とを比較して検討する必要がある。今回の結果は、その介入の際の手がかりになり得ると考える。

注・引用文献

(1)中央教育審議会初等中等教育分科会チームとしての学校・教職員の在り方に関する作業部会「チームとしての学校の在り方と今後の改善方策について（中間まとめ）平成27年7月16日」2015年、25-27ページ。

(2)大杉昭英・藤原文雄・渡邊恵子・今村聡子・植田みどり・藤岡謙一・武藤久慶・萬谷宏之・宮崎悟・山中秀幸・田中真秀・鈴木瞬「学校管理職育成の現状と今後の大学院活用の可能性に関する調査報告書」国立教育政策研究所、2014年、43-45ページ。

(3)東京都教育会「東京都教育会の提言」2017年。www.t-kyoikukai.org/teigen/teigen.html

(4)ベネッセ教育総合研究所「第5回学習指導基本調査報告書（小学校・中学校版）」2010年、164-165ページ。

(5)高瀬智子「学校管理職・指導主事志向に関する要因分析―東京都公立学校管理職・教員、指導主事の調査を通して―」政策研究大学院大学教育政策プログラムポリシーペーパー（未公刊）、2015年。

(6)東京都教育委員会「東京都教員人材育成基本指針【一部改正版】平成27年2月」2015年、1-4、15-18、19-25ページ。

⑺文部科学省（2017）「平成28年度公立学校教職員の人事行政状況調査 初等中等教育局初等中等教育企画課2017年12月」http://www.mext.go.jp/component/a_menu/education/detail/_icsFiles/afieldfile/2017/12/27/1399625_16.pdf/ （2017年12月27日）、2017年。

⑻塚田守「高校教師のライフヒストリー研究⑴中年期後の男性教師の聞き取りから」『椙山女学園大学研究論集社会科学篇』第28、1997年、241-259ページ。

⑼川村光「管理職への移行期における教職アイデンティティの再構築―小学校校長のライフヒストリーに注目して」『関西国際大学教育学部教育総合研究叢書』5、2012年、1-15ページ。

⑽川崎知巳・飯田順子「教員の管理職志向への規定要因―ロールモデルとマネジメント経験に焦点を当てて―」『教育心理学研究』66(1)、2018年、67-80ページ。

⑾田中義章「管理職（校長）志向に関する男女教員格差―東京都・長野県・福岡県・山口県の公立小学校の場合」『社会学論叢』112、1991年、283-297ページ。

⑿高野良子「女性校長最低率要因に関する一考察」『日本女子大学大学院人間社会研究科紀要』5、1999年、105-118ページ。

⒀青木朋江「女性が管理職になるうえでむずかしいこと」『教職研修』増刊号、2000年、158-161ページ。

⒁蓮尾直美「小・中学校女性教員のキャリア形成に関する事例研究」『三重大学教育学部研究紀要 教育科学』45、1994年、141-153ページ。

⒂高野良子・河野銀子・木村育恵・杉山二季・池上徹・田口久美子・村上郷子「公立高等学校管理職のキャリア形成に関する予備的考察―『一任システム』に着目して」『植草学園大学研究紀要』5、2013年、25-34ページ。

⒃Evetts, J. "Beconing career ambitious: the career strategies of married women who became primary headteachers in the 1960s and 1970s" Educational Review,. 39, 1, 1987, p.15-29.

⒄Evetts, J. "Returning to teaching：the career breaks and returns of married women primary headteachers"British Journal of Sociology of Education.9, 1, 1988, p.81-96.

⒅杉山二季・黒田友紀・望月一枝・浅井幸子「小中学校における女性管理職のキャリア形成」『東京大学大学院教育学研究科紀要』44、2004年、281-299ページ。

⒆春原叔雄「教育学部生の教師効力感に関する研究―尺度の作成と教育実習に伴う変化」『日本教師教育学会年報』16、2007年、98-108ページ。

⒇川崎・飯田（2018）は、属性である「性別」「公立学校教員経験年数」、背景要因となる「勤務先校種」「職層」、過去の経験である「学校マネジメント経験の有無」「ロールモデルとなる学校管理職との出会いの有無」を第一水準に、回答者が現在もっている教員としての効力感や職業観、学校管理職からの被承認感や校長職に対する認知として、「教師効力感」「学校管理職からの被承認知」「脱学級最優先・全体的視野意識」「公立学校教員職業観」「校長職肯定的認知」を第二水準に、将来的に管理職をやってみたいという、将来への展望として「学校管理職志向」を第三水準におく仮説モデルを設定し、重回帰分析を行っている。

(21)Bandura.A.,"Psychological modeling: Conflicting theories."Chicago: Aldine Atherton, 1971. （バンデュラ．A、原野広太郎・福島脩美共訳『モデリングの心理学―観察学習の理論と方法』金子書房、1985年）。

［付記］
　本研究の一部は、2018年国際学校心理学会（ISPA2018大会）において発表された。
　本論文の作成にあたり、丁寧なご指導を賜りました筑波大学の飯田順子先生に深く感謝申し上げます。

ABSTRACT

Factors Affecting Teachers' Aspirations to Become School Administrators:
Focusing on the difference by gender

KAWASAKI Tomoki
(Chiba University of Commerce)

This study examines the factors affecting teachers' aspiration to become school administrators, with a particular focus on gender. A web survey was conducted for 205 male teachers and 106 female teachers, working in public elementary and junior high schools in Japan. Multiple regression analysis was used to identify factors contributing to teachers' aspiring to be school administrators.

For male teachers, it is suggested that their having experienced school management roles carries an indirect impact on the level of aspiration to be a school administrator through "organizational contribution efficacy", and their having met a role model school administrator makes a direct impact on their "organizational contribution efficacy" and "positive attitude toward school principals."

For female teachers, the years of experience indirectly influences their aspiration to become school administrators through two variables: "school management effectiveness" and "approval from school manager". Experience in school management roles and having had a role model school administrators have indirect impacts on their aspiration to become school administrators when there is "an approval from school administrators".

These findings suggest that different strategies are necessary for training male teachers and female teachers to take a pathway to become school administrators.

Keywords: school administrators, aspiration to become school administrator, role model, experience in school management, gender

日本教師教育学会年報
第28号

③

〈書評・文献紹介〉

〈書評〉

鈴木悠太 著

『教師の「専門家共同体」の形成と展開：アメリカ学校改革研究の系譜』

紅林　伸幸（常葉大学）

　「学校を改革することは尊い営みである」。鈴木悠太氏は、ミルブリィ・マクロフリンの学校改革への愛情に満ちた言葉から本書をはじめる。そして、マクロフリンが論文の表題に用いた「学校改革の『現場の声を聞き現場から学ぶ』」という命題の意味するところに迫ることを目標に掲げて、マクロフリンの1970年代から2000年代にかけての学校改革研究の意義を辿る作業を開始する。本書は、アメリカ学校改革研究の系譜を辿り、マクロフリンが提起した教師の「専門家共同体」（professional community）概念の実践的な意義を明らかにすることを第1の目的とし、同時にマクロフリンの「現場の声を聞き現場から学ぶ」研究スタンスの教師・学校研究上の意義を示すことを目指した、多角的で、複合的なミルブリィ・マクロフリン研究の成果である。

　本書は文部科学省科学研究費補助金の助成を受けて実施された独立した２つの研究成果を含む博士学位論文であるが、既出の論文が研究方法を紹介する序章から研究結果の総括と考察が示された終章までの11の章の中でわずかに1章（第5章）だけということもあって、400頁を超える全編をトータルな一つの研究成果として読むことができる。それは読者が各章を独立した論文として読むことを拒絶しているともとれるが、間違いなくこれこそが本書の魅力となっている。読者は、マクロフリンの教師研究、学校改革研究のすべてを、目の前で起こっていることのように追体験することになるだろう。本書はマクロフリンのエスノグラフィーなのだ。

　鈴木氏は、10年近くにわたって積み上げてきた研究の成果である、学校改革政策の評価研究の第一人者であり、ジュディス・リトルの同僚性概念を「専門的共同体」として発展させたことで知られるミルブリィ・マクロフリンの1970年代から現在に至る教師研究・学校改革研究を、4部に分けて詳細に記述していく。第Ⅰ部は、1970年代から1980年代にマクロフリンが中心となった「ランド・変革の担い手研究」を起点とする学校改革研究の展開過程であり、第Ⅱ部は1980年代から1990年代にオーストラリア教育学会誌上において繰り広げられたリトルの「教師の同僚性」概念に関わる論争の追跡作業である。続く第Ⅲ部では、1980年代から1990年代にマクロフリンが「同僚性」に代わる「専門家共同体」という論点を定式化した研究の成果が紹介され、第Ⅳ部は1990年代後半から2000年代にかけてスタンフォードCRCを拠点として推進した「専門家共同体」論に準拠した学校改革の取組が詳述されている。この整理によって、マクロフリンの理論的、実践的な教師研究・学校改革研究の全体像を的確に捉えることに成功している。

　しかし、おそらく、読者は、本書をそれ以上のものとして体験するだろう。なぜなら本書は、２つの歴史的イベントのフィールドワークのレポートとして読むことができるからである。第1は、同僚性概念を巡る論争のフィールドワークであり、第2は「専門家共同体」論に準拠して行われた学校改革の取組のフィールドワークである。

　言うまでもなくそれを可能としたのは、２つの教育史的イベントについて、膨大な資料に当

たり、丁寧な整理を行った著者の力によるところが大きいだろう。また、4部9章を通じて、禁欲的に厚い記述に徹した研究スタイルの貢献も大きい。しかし、それ以上に、マクロフリンの業績を示すにあたって、著者が同僚性概念をめぐって繰り広げられた論争と一筋縄では行かなかった学校改革の取組を中核的事象として位置づけて論述したことが重要である。

　前半の分析では、同僚性をめぐる論争を取り上げ、論争の中の対立する視点を行き来しながら同僚性概念の展開過程を詳述している。このスタイルは、後半に展開される学校改革の経緯に寄り添う作業にも一貫している。そこでは、学校改革の成功と挫折、そしてその克服という一連のプロセスが、教師や改革を推進したマクロフリンら研究者集団の外部からの圧力（「象の足」）との対決や彼らの内面の苦悩を追体験できるものとして記述される。こうして2つの記述は、それ自体が、多声化されたイベントとして読者が追体験できる構造になっている。これは、対象とする事象をどのような素材を取り上げて記述するかが、分析の質を左右する極めて重要な意味を持っていることを示している。

　もちろん本書の分析の優れた点は素材の質だけではない。ポイントは序章にある。鈴木氏は、序章に日本における教師の同僚性研究の動向を検討する作業を置くことによって、読者に複数の観点を持たせることに成功している。それによって、読者は、フィールドワークの核心たる同化する目と異化する目を持って、2つの歴史的イベントに追参加することができるのである。ただし、残念ながら、この序章の効果は、後半の分析には、前半への効果ほどは効いていない。それは、前半の分析の結果として「専門家共同体」がその到達点として示されるために、後半の学校改革の物語は、複眼的にではなく、「専門家共同体」という到達点から読み進むことになるからである。私たちは、2つの目を持ってマクロフリンの学校改革の取組に追参加するのではなく、マクロフリンと同じ目線でマクロフリンの学校改革の取組に追参加し、観察する。つまり、いつの間にか鈴木氏と同じようにマクロフリンの葛藤に寄り添いながら学校改革を読むことを強いられているのである。しかし、そのことによって、私たちは、マクロフリンの学校改革を臨場感あるドキュメントとして体験するのである。

　刺激的な一冊だ。教師の「同僚性」や「専門家共同体」などの概念を知識として示すだけでなく、それが研究者たちによってどのように形成されていったのかを、そのプロセスを辿りながら理解することができる。著者とともに、そのプロセスを辿る歴史的な旅も楽しい。さらに、教師研究のスタイルについて多くのことを学ぶこともできるだろう。今後、我が国の教師研究では、実践志向の研究や実践のエビデンスに関する研究が重視されていることにより、マクロフリンと同じようなアクション・リサーチ的な教師研究と、常時実践に参画するのではなく、実践の記録を読み解く作業によって教師の実践に迫ろうというタイプの研究がともに増えていくことが予想される。鈴木氏は最後に、そうした研究に必要な姿勢として、マクロフリンの「現場の声を聞き現場から学ぶ」研究を提案する。

　「現場の声を聞き現場から学ぶ」姿勢は、学校や教師のみを特権化することを意味するのではなく（p.427）、教職の認知的、社会的、歴史的拘束性を照射し、その理解を改革の出発とすることを意味し（p.429）、授業実践の質を吟味する目が求められる（p.431）。この姿勢を持って学校改革のアクション・リサーチを行うことによって、教職生活の疎外と克服の現実が露わにされた（p.436）。この可能性を鈴木氏は本書の成果とする。おそらく、ここに「専門家共同体」論の核心がある。

　本書の意図するところではないだろうが、本書に示されている研究者集団が現場の学校改革をリードして進めていく姿に羨ましさを感じるのは評者だけではないだろう。言うまでもないことだが、同様のことを私たちも期待されている。けれども、なぜ彼らにできて、私たちには

できないのか。おそらくここには、私たち研究者が、研究組織を編成するにあたって、「専門家共同体」というチームを構成するという観点を持つことができなかったことが関わっている。近年我が国の大学でも、欧米の先導的な研究機関と同じように、プロジェクト型の研究組織を積極的に導入する取り組みが始まっている。しかし、ほとんどの大学にはそれを行うだけの余裕はない。そもそもアイデアすらないかもしれない。したがって、プロジェクトに準拠したチームを構成する目的でメンバーを集めて「専門家共同体」を構成することができないのだ。

　本書に感じる羨ましさは、「専門家共同体」を組織して教育改革に取り組むことができたマクロフリンらに対する羨ましさでもある。学校もまた同じような条件の下にある。学校にしても、研究機関にしても、「専門家共同体」を既成の組織の中で一から作っていかなくてはならない我が国の現実を突きつけられ、私たちもまた「象の足」に踏み潰された草むらに立っているのだと感じた。

（勁草書房、2018年2月発行、A5判、488頁、定価7,200円＋税）

〈書評〉

佐久間亜紀 著

『アメリカ教師教育史―教職の女性化と専門職化の相克』

宮本　健市郎（関西学院大学）

　本書は著者の博士学位申請論文（2014年、東京大学）を加筆修正し、公刊したものである。アメリカでは19世紀に教職の女性化が進み、今でも小学校教師の圧倒的多数が女性であることはよく知られているが、その傾向は19世紀半ばに州立師範学校が設置されるころから現れていた。本書は、教職の女性化が急速に進みつつあったその時期に、同時に教職の専門職化への動きも進んでいたことに着目して、「教職の女性化と専門職化の相克」の実態と思想を解明することを課題としている。当時の女性教育者が残した手書きの日記や手紙等も利用しながら、可能な限り、女性教育者の心情までを読みとろうとしたところに本書の特長があり、「女性教師の存在を周辺化し続けてきた従来の歴史叙述の枠組み自体を問い直したい」（ii頁）という著者の意欲と執念の結晶である。

　まず、本書の概要を見ておこう。目次は以下のとおりである。

序章　教師教育という視座
第Ⅰ部　州立師範学校前史
　第1章　教師教育理論の導入と展開―男性指導者による教職の専門職化言説
　第2章　女性教師像の成立―エマ・ウィラードの「共和国の母」としての教師像
　第3章　女性のための専門職像を求めて
　　　　―キャサリン・ビーチャーの専門職としての教師像
　第4章　女性による教職専門職化批判
　　　　―メアリー・ライアンの聖職者としての教師像

第Ⅱ部　初期州立師範学校の実際
　第5章　初期州立師範学校の実際
　　　　―背負わされた宿命
　第6章　校長補助教師と呼ばれた女性たち
　　　　―イレクタ・ウォルトンの葛藤
　第7章　女性教師の日常世界
　　　　―日記と手紙から
第Ⅲ部　州立師範学校の普及と変容
　第8章　州立師範学校の普及と変容
　　　　―教育需要の拡大と序列化競争
　第9章　女性校長の出現とその意味
　　　　―アニー・ジョンソンとエレン・ハイドの思想と実践
　第10章　専門的養成をめぐるカリキュラム論争
　　　　―ジュリア・キングの思想と実践
終章　教職の女性化と専門職化の相克

　全体は3部で構成されており、第Ⅰ部（19世紀初頭）は州立師範学校の前史、第Ⅱ部（19世紀中葉）は初期州立師範学校、第Ⅲ部（19世紀後半）は州立師範学校が普及し大学に昇格した時期を扱っている。各部の最初の章で、その時期の教師教育の様相を概観し、それに続けて、章ごとに一人（第9章は2人）の女性教師を取り上げている。各章の副題を読めば、およその内容が推測できるように構成されている。

　序章では先行研究を概観し、本書の課題を確認する。著者によると、本書の独創性は、州立師範学校の歴史叙述をジェンダーの観点から再検討したこと、教職の女性化が州立師範学校の歴史に与えた影響を解明したこと、州立師範学

校で教鞭をとった女性の視座を採用し、女性教師が直面したジレンマを解明したこと、以上の3点にある（25-26頁）。

第Ⅰ部では、州立師範学校が設立される以前の教師教育、すなわち、女性セミナリーにおける教師教育の実態と思想を確認する。教師教育のための公的教育機関の設置を求める男性指導者の間では、女性教師は不適切という主張が有力だったが、女性指導者の間では、女性こそ教師にふさわしいという議論も始まっていた（1章）。続く章で、1821年にトロイ女性セミナリーを設立したウィラード（2章）、1823年にハートフォード女性セミナリーを設置したビーチャー（3章）、1837年にマウント・ホリヨーク女性セミナリーを設立したライアン（4章）をそれぞれ取り上げて、思想と活動を分析する。そして、これらの3人は、道徳性に優れた女性こそが教職にふさわしいとするジェンダー観を共通にもっていたことを確かめる。このジェンダー観に支えられて、教職と女性は関連づけられたのである。しかし、そのことは同時に、女性が受ける高等教育が師範教育に限定され、女性教師の待遇が低いまま放置される事態を伴っていた。

第Ⅱ部では、19世紀半ばに設立された州立師範学校の実際を確認する。1839年にアメリカで初めて設置されたレキシントン師範学校は女性教師の資質向上を目的としていた。校長は男性だが、補助教師は女性であり、学生も多くは女性であった。後に共学の師範学校も設立されたが、女子学生が中心であったことに変わりはない。州立師範学校は、初等教育教師養成のための手段として明確に意識されており、教職の専門職化運動の成果であった。だが、女性の入学を前提としていたために、教育水準の低さは避けられなかった（5章）。レキシントン師範学校を卒業したのち、女性補助教師として働き、「校長代理」としての仕事もしたのがイレクタ・ウォルトンであった。優れた教育実績をあげながら、女性であるがゆえに、校長になれず、自分の名前で図書の出版もできなかった。著者はウォルトンに対して、「男性優位の待遇格差や階層化を、結果として進展させた」（239頁）と厳しい評価を下すが、ウォルトンの葛藤の中に、既存のジェンダー規範への批判があったことも読みとっている（6章）。19世紀半ばには、ほとんどの教師が、養成教育を受けないまま教壇に立っていた。著者は、その事例となる女性教師の内面を分析し、「精神的報酬」「不確実性」「孤独」などの心性を見出している（7章）。

第Ⅲ部では、州立師範学校が量的に拡大し、大学昇格が始まった19世紀末を取り上げている。この時期には州立師範学校が主要な教師養成機関となり、急速に増加しつつあった高校の増加に伴い、中等教育教師養成までが期待されるようになり、カリキュラムも多様化していった。師範学校の性格は地域によって異なり、中西部では師範学校が総合大学と一体化し、南部では職業教育も期待される傾向にあった（8章）。1866年にジョンソンが女性として初めてフラミンガム州立師範学校の校長に就任し、1875年にはハイドが続いた。ハイドは「知性的かつ実践的な教師教育カリキュラム」をめざしたが、教授技術への特化をねらう教育委員会と対立した。結局、師範学校は小学校教員養成を堅持することで、大学昇格が遅れることになった（9章）。これに対して、中西部のミシガン州立師範学校は、中等教育教師の養成、さらに、学問的コースを設置することで、1899年に州立師範大学に昇格した。同校の教師兼プリセプトレスであったキングは、学識か教職教育か、という二項対立を超えて、「学問のディシプリンに基づく教師養成」（393頁）を重視していた。ハイドもキングも教養教育と教職教育の両方を重視し、教師像の中核に「知性」を置いたことは同じであった。ところが、師範学校が大学に昇格すると、教授団に占める女性の割合は減少しており、大学教育は、19世紀のほうが女性に開かれていたと結論づけている（10章）。

終章は、19世紀初頭から世紀末にかけて、教職の女性化と専門職化の相克の過程を3点にまとめている。第一に、教師像の中核に置くのは「女性性」ではなく、「知性」になったこと、第

二に、州立師範学校が19世紀末に大学に昇格すると、性別による階層化が進んだこと、第三に教職の女性化が、同時に教師教育制度の「脱女性化」を伴っていたと結論づける。「脱女性化」とは、養成すべき教師像として、男子学生を対象とした中等教育教師や教育行政官、教育研究者の養成を主たる使命とするようになったこと、教師養成機関のファカルティに占める女性の割合が減少したこと、新しく生まれた科学的教育学の担い手が、教職経験のない男性が多いことをさしている（439-440頁）。

本書は、教師教育の「史的展開」の諸相を解明し、教師教育史を大きく書き替える画期的な業績である。教職の女性化が、実は教師教育の脱女性化を伴っていたという指摘がとくに重要である。ジェンダーの規範が社会制度の中に深くしみ込んでいたことを示している。

また、教師教育制度の成立と教職の専門職化を「発展の歴史」ととらえる見方を修正したことも大きな意義をもつ。ジェンダーの視点にたてば、専門職化は失敗の連続であった。ビーチャーは専門職としての教師像を打ち出しながら、既存のジェンダー規範は受け入れて、男性専門職像を無自覚に前提としていた（3章）。ウォルトンは優れた実績をあげたものの校長にはなれず、補助教師のままだった。キングは女性の役割を「夫と子どものため」に限定しようとする教育委員会に反発した（9章）。師範学校が大学に昇格すると、ファカルティの女性割合が減少した（10章）。専門職化は、「発展」したというより、「挫折」したというべきかもしれない。この複雑な過程を知らない限り、現代の我々も教職の女性化と専門職化のジレンマを乗り越えることはできないであろう。この点でも本書は示唆に富む。

本書は教師教育史を書き換えるという大きな成果をあげたといえるが、同時に、あらたな課題も提起している。そのひとつは、師範教育が大学教育になっていく過程を解明することである。著者はグレイアムを援用して、「女性が大学教育を受ける機会は一九世紀後半の方が二〇世紀よりも大きかった」（408頁）という。州立師範学校を大学と見做すなら、そのような見方も可能だが、やはり、師範学校（初等教育教師養成）と大学（中等教育教師養成など）は、その教育内容が異なるのだから、区別して考えたほうがよい。そうすると、19世紀では、師範学校の教師も学生も、性別を問わず、大学教育からは排除されていたということになるはずである。師範学校が大学に昇格したことで、その事実が見えにくくなったのではないだろうか。

もうひとつは、師範学校が、初等教育教師養成を目的とする理念を維持したまま、師範大学になることの困難さの原因はどこにあったかを問うこともあらたな課題になるだろう。著者がいうように、師範学校は大学に昇格すると、初等教師養成の目的が不明瞭になり、多目的な教育を重視する傾向を強めた。だが、既存の大学をみると、シカゴ大学は、附属実験学校を設置し、同時に、幼児教育・初等教育教師も養成するという新規な試みを始めていた。コロンビア大学ティーチャーズ・カレッジも幼児教育の専門家の養成を始めていた。大学における初等教育教師養成は新しい段階に入りつつあった。師範学校には女性教師が多かったはずだが、幼児・初等教育の研究や教師養成においても既存の大学の後塵を拝したのだろうか。もしそうなら、ここに師範学校の抱えていた構造的な弱点が現れていたように思われる。

最後に、教師教育における「脱女性化」は、現代では克服されたのか、なお課題のままなのか。もしそうであれば、如何にして克服できるのか。著者に問うてみたいところである。

（東京大学出版会、2017年2月発行、A5判、453＋47頁、定価10,000円＋税）

〈文献紹介〉

久冨善之・長谷川裕・福島裕敏 編著
『教師の責任と教職倫理――経年調査にみる教員文化の変容』

長谷川　哲也（岐阜大学）

　子どもや学校をめぐる諸問題に対して、教師は常に矢面に立たされる。これは、日本社会での教師の位置づけに由来する存在論的な課題であり、教師の仕事の難しさでもある。他方で、教師は常に改革のターゲットとして位置づけられ、資質能力の向上から働き方まで、政策動向に左右される存在にもなっている。

　本書は、社会的にも制度的にも不安定な教師の仕事をめぐる「応答責任」と、負うべき責任を内面化する「教職倫理」の問題を、日本における教員文化の動態として実証的に解明することを目指したものである。著者らのグループはこれまで、教員文化の概念および性格に関する原理的な研究や、教師の専門性と教職アイデンティティに関する実証的な研究などを積み重ねており、本書はこれらの延長線上にあるテーマを追究した継続研究の成果にもとづく。

　本書は二部構成となっている。第Ⅰ部では、主として2014年に実施した教員調査の結果をもとに、部分的には2004年の教員調査の結果と比較することで、教職アイデンティティ、同僚関係、教職観、バーンアウトの状況、教育改革への受け止め、教育信念、特別支援教育への取り組み、政治意識などに関する、教師の意識や教員文化の諸相を分析している。加えて、教育委員会・学校を訪問して実施したインタビュー調査の結果を、質問紙調査の結果と対照しながら分析し、当該地域の教育活動の特徴を明らかにしている。続く第Ⅱ部では、東日本大震災被災地の教師などを対象とした質問紙調査とインタビュー調査をもとに、被災地の教師が直面している固有の状況や意識を分析している。

　調査結果の経年比較により、日本の教員文化の「現在」をあらわす二つの興味深い知見が示されている。一つは、教員文化が教職の危機や困難を緩衝する機能を一定程度果たしているものの、それは日本の教師が築き上げ、今なお根強く保持している「献身的教師像」に由来するものではないということである。いま一つは、教師は広範なことがらに対する期待を認知して、その責任を意識しているが、どのような期待を認知して応えるべき責任があるものとして受け止めているかについては、何らかの限定をかけているということである。そして本書では、このような「献身的教師像」に代わる緩衝機能と、期待認知と責任意識を規定する基準として、「職務遂行」的な教職観や教職遂行という新しい教員文化を仮説的に提示している。すなわち今日の教師は、定められた行動を確実に成し遂げる「職務遂行」的な性格のものとして教職を捉え、割り当てられた役割に専心してうまく適応することで、危機や困難を緩衝し、自身の責任の範囲を限定しているという。この仮説の検証は今後の追求課題とされているため、継続的な研究の成果に期待したい。

　教師という仕事は特有の難しさがあり、今日では閉塞感さえ漂っている。こうした状況を何とか乗り切る手段としての教員文化に着目し、その課題や可能性に迫った本書は、教職が果たす社会的役割や持続可能性をあらためて問い直すきっかけを与えてくれる。

（勁草書房、2018年7月発行、Ａ5判、512頁、定価5,500円＋税）

〈文献紹介〉

河野銀子 編著
『女性校長はなぜ増えないのか
——管理職養成システム改革の課題』

中嶋　みさき（女子栄養大学）

　本書は河野銀子・村松泰子編著『高校の「女性」校長が少ないのはなぜか——都道府県別分析と女性校長インタビューから探る』（学文社、2011年）のテーマを、新たな社会的文脈のもとで検討しなおした意欲作である。新たな社会的文脈とは、一億総活躍社会にむけて進む、働き方改革（長時間労働の是正）のことである。教師のキャリア形成における新システム、いわゆる育成指標の導入による、学校管理職としてのキャリア形成の「見える化」を検討している。

　本書によれば、この新たな学校管理職養成システムは、新たにジェンダー不平等をもたらすという。そして前著で指摘した女性管理職のキャリア形成を促進するための提案（家庭責任との両立可能な機会の増加や多様な経験を含むキャリア形成の許容）が、新システムでも、一定の有効性をもつという。さらに新システム下でのインタビュー調査の結果から、「見える化」が教師の力量を見定める力の衰弱を指摘している。

　各章の章立てと執筆者は次の通りである。
序　章　教育改革下の学校管理職とジェンダー　河野銀子
第１章　世界と日本の女性校長の現状とリーダーシップの特徴　村上郷子
第２章　学校管理職のキャリア形成　高野良子
第３章　一任システムと見定め　田口久美子
第４章　新たな管理職育成システムの課題—管理職選考試験の受験資格と女性校長—　木村育恵
第５章　ジェンダーの視点で見る学校管理職養成システム改革の現在—「一任システム」の崩壊と課題　木村育恵　河野銀子
終　章　女性校長は増えるか　河野銀子

　本書の主張は、個人のキャリア形成や新システムの機能を左右する教員文化を自律的で創造性や柔軟性に富み、しかもジェンダー平等に敏感なものに変革することにある。そこには、アメリカの教育学者Ａ・ハーグリーブスや政治学者Ａ・ガットマンと共通の問題意識、自律的なジェンダー平等文化の実現による民主的解決がある。

　しかしこの10年あまりの研究の蓄積は、学校管理職養成に対する働きかけを可能にする、自律的なジェンダー平等の文化が、日本の学校では育ちにくいことを明らかにしてきた。そのため、編著者らは性急な批判を展開しない。GGI（ジェンダー・ギャップ指数）世界149ヵ国中110位（2018年）という極めて遅れた日本社会の現状をふまえ、日本の社会環境の中に根をおろし、なおかつ性別管理を克服する可能性をもつ仕組みとして「一任システム」（本人の強い希望より上司等に「一任」するという文化）及び、そのもとで培われる教師の力量を見定める力の養成機能に着目するのである。

　本書から、学校のジェンダー・バイアスを、教員のキャリア形成から問う社会学的アプローチの概要を知ることができる。今後、フェミニズム教育学などとの対話による、この分野の研究の深まりを期待したい。

（勁草書房、2017年10月発行、四六判、288頁、定価2,800円＋税）

日本教師教育学会年報
第28号

④

〈第28回大会の記録〉

第28回大会　公開シンポジウムの記録

大会テーマ　教師教育研究の射程を問い直す

1．企画の趣旨

　第28回大会の企画に当たり、会場校である東京学芸大学（以下「本学」）の大会実行委員会は、「教師教育研究の射程」をテーマに掲げた。

　日本教師教育学会は、1991年創設時より「教師あるいは教職という概念を、たんに学校教育に直接携わっている人々だけに限定して理解すべきではない」と捉え、「社会教育や社会福祉事業に従事する人々をも含めた広い意味での教師、いわば、教育専門家の育成」に関して「教師教育をめぐるさまざまな視野からの総合的な研究」（設立趣旨）を行うべく活動を行ってきた。

　この趣旨は、その後の教育課題の多様化や教師の多忙化等が深刻になってきたことを背景に「チーム学校」が政策的に打ち出されるに至る動向を、図らずも先取りしていたと言える。

　一方、「教育の総合大学」を謳う本学の側では、2015年度からの学部再編に際し、新課程（教養系）を廃するとともに、こうした「チーム学校」等の動向に鑑み「学校の外部にあって学校現場と協働し、様々な現代的教育課題の解決を支援する意欲と能力を備え、自ら考え行動できる教育支援職を養成する」[1]べく教育支援課程を創設した[2]。こうした学会と本学の双方の動きの結節点に、この大会シンポジウムは企画されている。

　提案者としては、学会の側から教師教育研究の方法論をめぐっての問題提起を行っていただくべく百合田真樹人理事（当時。教職員支援機構）、本学から教育支援課程のコンセプトとその背景を基に広義の「教師」の在り方を問い直すべく松田恵示氏（非会員、東京学芸大学副学長）の両者に加え、「教師教育」が政策的・研究的に議論の俎上に登る際にともすればマージナルな領域として扱われがちな幼児教育・保育者養成の立場から政策に関わってこられた無藤隆氏（非会員、白梅学園大学元学長）の問題提起を据えた。そして、これらの提案を引き取って学会の研究活動にどうつなげていくのか、に関わる高野和子会長（明治大学）の指定討論を踏まえ、フロアも交えて「教師教育研究」がどこまでを射程に収め、その方法論は如何にあるべきかを考える場を設定することを目論んだ。

2．シンポジウムの概要

　シンポジウムは大会2日目の午後（13:00〜）に、本学南講義棟S410教室で開催された。コーディネータは、大会実行委員会事務局長の岩田康之（東京学芸大学）が務めた。台風24号が関東地方に接近し、鉄道の計画運休が予定されたことを踏まえ、終了を早める（15:30）こととしたが、約100名の参加者が悪天候の中で残ってくださった。3本の提案は以下のとおり。

提案1　幼児教育の養成の特徴を整理する
　　　　　　　　　　無藤隆（白梅学園大学）
提案2　教育支援職の養成と教師を取り巻く状況の変化　　　松田恵示（東京学芸大学）
提案3　教師教育研究の政治性と方法論的課題
　　　　　　　　百合田真樹人（教職員支援機構）

　提案1（無藤）ではまず、政策審議においてはほとんどが義務教育段階の教師を念頭に置いて検討が進められ、幼稚園教員や保育士については「ときどき視野に入る」程度でしかない現状が語られ、四年制大学よりも短期大学や専門学校による養成の割合が大きく、学力や意欲や

生活面で多様な学生が目立つこと、幼稚園（文科省）と保育士（厚労省）の並立がカリキュラムを複雑にしていること、等の幼児教育に特有の事情の指摘があった。その上で、幼稚園教員や保育士の養成に関わる教員たちの研修が不充分であることが課題であるとされた。特にこの点で修士・博士の学位取得者＝研究できる幼児教育者を増やすことが重要であり、養成課程を持つ大学の役割が重要であるとされた。

提案2（松田）においては、「チーム学校」を担う教育支援職の概念について、「子ども」を中心に据えて「学校」「社会」「家庭」「福祉」を四方に置く形の見取り図が示された。これら異なった主体が互いに協働することが、子どもに対するトータルな教育支援を行う上では不可欠であり、それゆえ教育支援職の専門性とは、内容に関するスペシャリストであるとともに異質な他者と協働する（つながる）力、それも従来型のグループ・アプローチ（職員室に見られるような同質性の強いつながり）ではなく異質な他者が相互にリスペクトしつつ協働していくチーム・アプローチに基づく力、を持つことであるとの指摘がなされた。

提案3（百合田）はまず、デューイとソーンダイクを起点に教育研究の学術的展開の見取り図を示し、その中で教師や教育実践に関する研究は永らく軽視されてきたものの、1950年代以降に教育研究のトピックとして教師教育や教育実践研究が行われるようになり、「実践の学問」（プラクシス）の側面が強まった、と整理した。その上で、今後の教師教育研究が「制作の学問」（ポイエーシス）となっていく展開として、多様性を帯びる個別の実践や全体的な価値を、その有用性の根拠や効果の基準のコモンセンスを通して科学的普遍性へ止揚していく筋道が示された。その際、価値の議論に不可欠なエビデンスのとらえ方として、個々の実践者からシステマティックレビューに至る四層のトライアングルが示された。

3．主な論点

高野会長は指定討論の中でまず、創設当初の「教育者」を広く捉えようとする姿勢が徐々に一条校の教師に収斂していった過程を省みた上で、松田提案で指摘された協働する能力が教師教育研究において貧困であることに気づきながらも充分に位置づけられなかったと述べた。その上で、そうしたコラボレーション能力については、無藤提案で述べられたような、養成プロセスに入る学生たちのそれ以前の、幼児期からの育ちの問題として捉える必要があるとした。さらに、百合田提案に関わって、自律的実践主体として教師を捉えていくことが、単なる実践の蓄積から出られない現状を変えていく可能性につながるのではないか、と指摘した。

フロアからは、エビデンスのとらえ方、一条校教員の養成と職業教育との関係、専門学校と異なる大学としての使命、近年の養成課程の学生の変化、等々、重要な論点の指摘があった。3名の提案者もそれぞれ、学びの形の変化（adoptive learning＝松田）、研究的実践者としての教師イメージの拡充（無藤）、日本の学会特有の弱さ（「ニーズに応える」は強いが哲学的なものが弱い＝百合田）などと応じた。

これらの論点については、高野会長が、マルチ・ディシプリンの学会であるが故に顕在化した「弱点」であるとして引き取り、今後の学会の研究課題として取り組んでいく旨の「決意表明」を最後に行って、シンポジウムはお開きとなった。

注

(1)「教育支援系（課程）」の目的。東京学芸大学教育支援課程ウエブサイトより。
http://e7.u-gakugei.ac.jp/about.html
(2)このことに関わって、第28回研究大会においては、大澤克美会員（東京学芸大学）をコーディネータとした大会校企画のセッション「社会の変化と子どもの多様性に見る教師教育への期待」を9月29日午前に開催している。
（文責・岩田康之／東京学芸大学（第28回大会実行委員会事務局長））

課題研究Ⅰ

教師教育研究の成果と課題の検討

1．課題研究Ⅰの課題

　今期の課題研究Ⅰ部会では、若手・中堅の研究者が『教師教育研究ハンドブック』（2017年）の内容を材料としてこれまでの教師教育研究のレビューを積み重ねている。このような研究会を地道に積み重ねていき、ハンドブックの次期改訂に向けて教師教育研究の全体マップを作成するというのがこの部会で当初設定した目標である。

　2018年度の活動は、担当理事2名のほか、次の10名の会員がメンバーとなって開始された。

　朝倉雅史（早稲田大学）、栗原峻（学習院大学大学院生）、髙谷哲也（鹿児島大学）、髙野貴大（筑波大学大学院生・日本学術振興会特別研究員）、田中里佳（東村山市立回田小学校、現在は上野学園大学）、長谷川哲也（岐阜大学）、早坂めぐみ（秋草学園短期大学）、村井大介（静岡大学）、望月耕太（神奈川大学）、山崎奈々絵（聖徳大学）

2．大会での課題研究Ⅰのねらいと内容

　部会内で実施した、これまでの教師教育研究の研究レビューの内容について会員に広く知っていただき、それらに対する率直な疑問や意見等を出していただき、じっくり議論することを主なねらいとして今回の課題研究を企画した。

　大会以前に行った部会内研究会での報告者2名が内容を一部修正して報告することに加えて、教職課程コア・カリキュラムや教員育成指標など、近年の教師教育政策で関心を集めている「教職スタンダード」に関係する章の内容を取り上げて計3名を報告者とし、山﨑準二担当理事が司会を務めた。各報告者のタイトル等は以下の通りであった。

司会：山﨑準二
報告：髙野貴大：第一部第5章「教職の専門家としての発達と力量形成」の検討—教師教育研究における研究対象と目的に関する一考察—
望月耕太：第一部第7章「教員文化と同僚関係」の検討
浜田博文：「教職に関するスタンダード」のガバナンス装置について—第一部第6章「教職専門性基準」の検討から—

3．3名からの報告

　髙野報告は第一部第5章の内容を紹介した上で「『教職の専門家（＝教師）』とはどのような『専門家』なのか」、「『教職の専門家としての発達と力量形成』を捉えることは『個還元的』か」という2つの疑問を提示した。その上で、以下の3点から考察した。すなわち、①教師教育研究における研究対象とは、②教師教育研究における研究目的とは、③教師教育研究における課題と展望、である。①では、「教育者」「教員」「教師」等の近似用語の混在状況を指摘するとともに「専門職としての教職を定位するための議論」の必要性を提起した。②では「教師教育研究は、教職という専門職として必須の知識・技術・力量を明らかにしていくことが重要と考える」との主張を披露した。③では、「教師は主体的に『学び続ける』ものだという認識を、客体として受け取らせてしまう事態」への危惧を披瀝した。

　望月報告は、第1節「教員文化」と第2節「同僚性」のそれぞれを要約的に整理した上で、以下の3点から考察を展開した。すなわち、①「同僚性」の研究対象、②「力のある学校」にお

ける同僚性と教員個人の自律的な力量形成の両立、③同僚性研究による中間管理職者が抱える多忙（感）の改善、である。①では、スクールカウンセラーやICT支援員等の多様な専門家・スタッフが校内に配置され協働が求められている中で、「『同僚』にはどこまでの専門家が含まれ、研究対象とすべきであるのか」の疑問を呈した。②では「気持ちのそろった教職員集団」や「ビジョンと目標の共有」の要請は「教員の自己研鑽を妨げることにならないだろうか」という疑問を提示した。③では、「同僚関係が良好になっている一方で、中間管理職者の苦悩は大きくなっている」現状を踏まえて「中間管理職者を支える同僚性研究」の必要性を提起した。

浜田報告は、1980年代以降のアメリカで学校管理職のための州横断的なスタンダードが非政府的機関・団体の共同によって作成されていった経緯を整理した上で、日本教育経営学会が2009年に作成した『校長の専門職基準』（2012年一部改定）の作成経緯やその後の議論を紹介した。その上で、「『教職の専門性』(expertise in the teaching profession)を何らかのかたちで明示することは、教職が『学識ある専門職』(learned profession)であるための必須要件」だが、その手続きは単純ではないと問題提起した。そして、「『専門家としての研究者』『専門家としての実践者』『市民』『行政』という四者関係を想定して『教職の専門性』の正統化装置のあり方を構想すべきであろう」と主張した。

４．ディスカッション

3名が報告を終えた後、数多くの会員から疑問の提示や意見、今後の議論への期待に関する発言がなされた。紙幅の関係で発言者名や内容の詳細を挙げることは難しいが、主な発言の内容を列挙しておく。

・近年の「一体的改革」施策は教員養成を一県一大学に限定して養成に対する教育委員会の統制を強めており、疑問である。
・ハンドブック全体の部・章構成のあり方を検討する必要がある。
・教師教育学会は研究対象を定めているが研究方法は多様であってよいはずである。
・研究方法に関係する第二部の構成はありきたりだったかもしれない。教師教育研究の方法をどう捉えるべきか、さらに検討する必要がある。
・「教職の専門性」の定義が難しいと考えすぎているのではないか。ミニマムスタンダードを明らかにする研究は必要である。
・教師自身の考えに耳を傾けるだけでなく、「市民」がどんなことを求めているかも視野に入れるべきではないか。
・教頭の研究が必要ではないか。
・「同僚性」という言葉で括ることの難しさがある。新たな概念を生み出さなければならないのではないか。
・「市民」とは何か？ 教師も子どもも「市民」に含まれる。子どもが学ぶための環境をつくることが「教職の専門性」ではないか。

ここで出された意見を意識しながら今後の議論を進めていきたい。

（文責・浜田博文／筑波大学）

課題研究 II

教師教育改革の国際動向と比較教育の課題
── 教師教育における社会的公正の観点と課題 ──

1．課題設定の趣旨

　教師教育の国際比較研究を行う本課題研究は、今期（2018～20年度）のテーマとして「教師教育における社会的公正の観点と課題」を選定した。教師教育の国際的動向としては、教員養成の質的向上策、教員スタンダードの定式化、教職キャリアを通貫する養成・研修体制の確立など、各国に共通する注目すべきテーマが存在するが、本課題研究ではこれまで取り上げられる機会が比較的少なかったこのテーマを選んだ。

　今日の教師教育改革にとって、基本的人権の尊重、市民性の確立、民族・宗教的対立の克服、社会的弱者に対する配慮など、総じて社会的公正あるいは社会正義（social justice）の実現をめざす観点はきわめて重要な要素となっている。しかしその具体的な重点は、国により地域により異なっており、それを保証するための制度・政策、実践レベルでの取り組み、ガバナンスの構造は多様である。各国の教師教育において、社会的公正の理念・概念はどのように捉えられどのように実現されようとしてきているのか、そしてわが国においてそれはどのように自覚化され政策化されようとしているのか。本年は考察の1回目として、アメリカ合衆国の状況を検討した。発表者とテーマは以下の通りである。
(1) 佐藤仁（福岡大学）「集団的自己規制としてのアメリカの教員養成評価システム—社会的公正に向けた教員養成を支える機能—」
(2) 百合田真樹人（(独)教職員支援機構）「教師教育機関の自律性とアカウンタビリティ—自律性の保証装置としてのアカウンタビリティ—」
(3) 北田佳子（埼玉大学）「アカウンタビリティ政策が教師の教育実践に及ぼす影響—セントラル・パーク・イースト小・中等学校の事例を手がかりに—」

2．報告の概要

　佐藤報告は、アメリカにおける教員養成評価システムであるアクレディテーションに着目し、集団的自己規制としてのアクレディテーションが社会的公正に向けた教員養成をどのように支えることができるのかについて検討したものであった。

　アメリカでは今日、多くの大学が「社会正義の教師教育（social justice teacher education）」に向けて教員養成を行っていると表明している。しかし、その概念や意図するところは多様であり、必ずしも実態を伴っているとは言いがたい現状がある。

　報告ではまず、社会正義に向けた教師教育の枠組みとして、教員養成と社会正義の理念・概念との関係について整理が行われ、続いて教員養成におけるアクレディテーションの概要および社会正義に向けたその可能性と課題が検討された。アクレディテーションの実施団体であるNCATE（1954年創設）とTEAC（2002年創設）、および両者を統合したCAEP（2010年）は、これまで評価基準のなかに「多文化教育」「多様性」「ケアリング」などの事項、あるいは多様な背景を有する人物をリクルートすることなどを盛り込んできており、これらを通じて社会正義の実現とそのための教員養成機関の自律性の確保がめざされてきたということができる。

　百合田報告は、ミシガン州立大学教師認証課

程を事例としながら、教師の認証機関としての性格を持つ養成機関の認証課程の設計と運用のあり方について、わが国との比較を念頭に検討を行ったものであった。

　他のアメリカの諸州と同様、ミシガン州は教師の認証要件を独自に設定する。州政府は、教師候補者の基礎的知識を確認する認証資格基準の策定と、養成機関の教師認定課程の設置認可および機関評価を行う。ただし、具体的な認証課程の設計と実施の責任は各養成機関が負うことになっている。つまり、各養成機関は、養成する教師の資質能力を保証する責任機関の役割を担うという特徴を持っている。

　ミシガン州では、厳しい認証資格基準が求められているが、これに加えてミシガン州立大学では、教師としての「人格」を倫理的に評価・判断することが行われている。たとえば教職教養基礎科目「社会組織の多様性、権力と機会」は、教育の政治性に対する教師のあり方についての意識を鍛える科目として位置づけられている。このように大学の養成課程は確固とした自律性を保持しており、それはアカウンタビリティによって保証されているということができる。

　北田報告は、進歩主義教育の実践をめざしてニューヨークのハーレムに設立されたセントラル・パーク・イースト小学校（1974年設立）および中学校（1985年設立）の変容を事例に、アメリカにおけるスタンダードとテストによるアカウンタビリティ政策が、「社会的公正」をめぐる教師の実践にどのような影響を及ぼしているのかを具体的に検討したものであった。

　同校は、リスクを抱えた子どもたちに対して質の高い教育を提供することを使命とした公立学校であり、進歩主義教育に基づいて子どもの興味・関心を重視するその実践は全米で大きな注目を集めていた。しかし90年代以降、連邦政府主導で展開されたスタンダードとテストによるアカウンタビリティ政策は、この実践に大きな影響を与えた。これにより低い評価を受け続けた中学校は2015年に閉校に追い込まれ、小学校においては新校長の「一般的・伝統的な授業により基礎学力を定着させる」という教育方針をめぐって教師や保護者の間で深刻な対立が生じることとなった。報告は、これらの経過を具体的に紹介するとともに、教育方針の対立自体が問題ではなく、より重要なのは、アカウンタビリティ政策のもとで、学校と教師の自律性がどこまで保証されているのか、そのなかで「社会的公正」という視点がどこまで貫かれているのかを問うことであると指摘した。

3．討論の概要

　討論はきわめて多岐にわたったが、質疑が集中したのは、①アメリカにおける近年のアカウンタビリティ政策の実相をどのように評価するのか、すなわち新自由主義的政策が展開されるなかで「民主的参加」がどのように取り組まれているのか、また外部に対する保証と内的な保証がどのような責任体制のもとで自律的に行われているのか、についてであり、また、②教育・教師に対するスタンダード化の政策のなかで、社会的公正（社会正義）がどのように担保あるいは発展させられるか、という点であった。

　加えて社会的公正の理念・概念と関わって、人種差別問題の存在と教育実践の課題、アメリカにおける公民権運動や女性参政権運動などの歴史的経過と到達点について、貧困地域の教育の改善と地域における大学および教職課程の役割、さらには教師教育の「哲学」と社会的公正の理念の関係などについての議論がなされた。

　全体を通じて、討論は、現代アメリカの教師教育における社会的公正、あるいは社会正義をめぐる現状と課題に関する知見を獲得するための貴重な機会となった。しかし同時にこの問題をわが国の教師教育の現状と課題と結びつけてさらに実りある議論とするためには、論点のさらなる提示と深化が必要であることも共通の認識となった。次年度以降の課題として議論を発展させたい。

（文責・吉岡真佐樹／京都府立大学）

課題研究III

「教育学部」の30年：事例に学ぶ

1．課題の設定

第10期の課題研究III部会は、「教師教育「高度化」の政策的検討」をテーマとし、近年の教師教育の動向を構造的に把握すべく、主に(1)近年の教師教育政策が生じるメカニズムを解析するとともに、(2)そうした政策が教師教育の実際の現場（実践）にどう投影されているかを検証し、(3)その上で今後の教師教育の政策と実践を考える上で重要な論点を提示することを企図している。具体的には、2008年に創設され、近年の教師教育の「高度化」と政策的にリンクしながら展開されてきている教職大学院にフォーカスし、その動向を主な素材として、政策と実践の双方から検討を行っていくことを基軸に想定している。

この第28回大会では、第1日（9月29日）の本セッションにおいて『日本教師教育学会年報』第27号の特集「教育学部の30年」（以下「特集」）とタイアップする形で、いわゆる国立の教員養成系大学・学部における、1980年代以降の動向を構造的に検討することを企図した。

2．本セッションの概要

本セッションでは、「特集」の執筆者3名を報告者として、日本の高等教育政策・教員養成政策の中で国立の教員養成系大学・学部がどう対応してきたのかについて、具体的な状況を共有し、その上でディスカッションを行った。報告のタイトルと報告者は以下のとおりである。

・報告1：日本の「教育学部」：1980年代以降の動向
　　　　　　岩田康之（東京学芸大学）
・報告2：新潟大学教育学部の事例—教科の基礎学問の大幅な縮小による教員養成の変容の危険性—
　　　　　　岡野　勉（新潟大学）
・報告3：大阪教育大学の事例—教養学科発足と消滅のポリティクス—
　　　　　　長尾彰夫（元大阪教育大学）

コーディネータは、世話人である岩田康之（東京学芸大学）と、「特集」の企画を立てた年報の編集委員でもある船寄俊雄（神戸大学）の両理事が務めた。参加者は約50名であった。

報告1は、世話人の立場から、冒頭に基本概念としての「教育学部」という用語の定義（＝大学の中で教育学研究・教育学教育・教員養成の少なくとも一つを担うセクション[1]）を行うとともに、国立の教員養成系大学・学部を見る上では【拡大・焦点化】の時期（戦後改革期〜80年代）と【縮小・多様化】の時期（80年代以降）とに区分を行った。そしてその後半期（＝「特集」で対象とした時期）においては教員養成課程の規模の削減が、抑制策の対象となった他の分野（医師・歯科医師・獣医師等）に比べて著しく大きいこと、そしてその削減分の大半が新課程（「教育学部」にあって教員免許状取得を要件としない教育組織）と大学院に移行したものの、両者の創設・拡充は必ずしも実際のニーズを踏まえてはおらず、むしろ政策の辻褄合わせ的な側面が強く、その後の迷走を生んでいると指摘した。

これを受けた報告2では、新潟大学を事例に、教育学部における新課程の創設→改廃の動

向、および大学院教育学研究科の拡充→廃止・後継組織の不在といった実情が生々しく語られた。同大学の教員養成課程は、1997年度までは435名の入学定員を持っていたが、翌98年度にこれを180名に減ずるとともに4つの新課程を立ち上げ（合計定員200）、教育人間科学部と改称した。その後2008年度に教員養成課程の規模を増す（定員200）とともに新課程を縮小して再び教育学部となり、同時に大学院教育学研究科の拡大を図った。しかしながらその後の政策的要請に沿って新課程は2017年度より学生募集を停止し、また大学院教育学研究科は2018年度より専門職学位課程（定員15）のみとなった。こうした一連の動きは、総合大学の「教育学部」における、教科の基礎学問（特に芸術・スポーツ系）の衰退を招いているとの指摘がなされた。

続く報告3は、大阪教育大学の学長（在任2008年4月～2014年3月）として政策的なプレッシャーに直面した経験を踏まえ、同大学の組織的な変遷と背後の政策力学（ポリティクス）に切り込んで率直に述べたものであった。同大学においてはいわゆる新課程をリベラル・アーツ重視の教養学科という形で1988年に立ち上げ、その時点では政策に「従順ならざる大学」であった。しかしその後の政策的プレッシャーに対しては「従順にならざるを得ない大学」として、同学科は2017年度から教育協働学科に改組された。また、教職大学院にも反対してきたものの、2018年より連合教職大学院（関西大学・近畿大学との3大学で構成）を立ち上げることとなった。同大学には脱「師範」の志向が強かったが、文部科学省が政策立案能力を欠く中で、「軍門に下る」こととなったと語られた。

3．主な論点と次なる課題

以上の報告を受けたディスカッションでは様々な意見が出されたが、概括すれば(a)教員養成とアカデミズムとの関係（あるいは広く言って教育と学問との関係）、および(b)リベラル・アーツと脱「師範」化、の二つが軸となっていたようである。(a)については、教職大学院と博士課程の接続に関する問題提起（村上忠幸会員・京都教育大学）や、学生にとって教科専門のアカデミズムの意義を知る重要さの指摘（荒井篤子会員・時事通信社）などがあった。この論点は(b)にも関わり、脱「師範」との関係でリベラル・アーツをきちんと定義する必要性（油布佐和子理事・早稲田大学）の指摘もあった。これについては、特に新課程に関わってリベラル・アーツをきちんと位置づけてこなかったことが昨今の混迷の背景にあり、大学の側にも責任の一端があるのではないか、とコーディネーター（船寄）も引き取った。とは言え論じ尽くすには時間が足りず、こうした論点の多くは今後に持ち越されることとなった。今後は、教職大学院における「理論と実践の往還」の具体相を基に、「これからの30年」を考えよう（佐々木司理事・山口大学）という方向性が共有されて幕となった。

注

(1)TEES研究会（2001）『「大学における教員養成」の歴史的研究―戦後「教育学部」史研究―』学文社。17ページ。

（文責・岩田康之／東京学芸大学）

特別課題研究 I

防災・学校安全・教師教育

1．研究の目的と経緯

先の特別課題研究「震災・学校危機と教師教育」を引き継いだ研究部会である。災害や事件・事故等により学校危機に直面した、または予防として学校安全を意図した学校・教師たちや関係者による体験・実践、研究者たちの活動やそれらについての語りなどから学び、現場を支え未来に活かしていく。そのため防災教育や安全教育（以下、防災・安全教育）の理論や方法を探り、教職課程における防災教育、学校安全に関するカリキュラムを構想してきた。

多くの教育系の学会が震災関係プロジェクトを終了した今でも、被災地は復興したとは未だにいえない。かつ風水害、土砂災害、大地震、噴火などさまざまな災害も発生し続けている。

2017年、約3年の区切りとして報告集を発行し、数々の研究課題を明らかにしたのを受けて、研究会と公開研究会を開いてきた。
(1)第1回研究会　2018年3月25日（日）、横浜国立大学にて、6名。報告集の合評会で、研究テーマや対象を改めて設定した。
(2)第1回公開研究会　2018年6月10日（日）、武蔵大学にて、非学会員や地域防災を担う市民も含めて20名。矢守克也氏（京都大学防災研究所巨大災害研究センター教授）をお招きし、近年の災害からの教訓、大学や学校での実践について伺った。視点と実践例（クロスロードというカードを使った討論ワークショップ）も得た。

2．東京学芸大学大会でのシンポジウム

以上を受けた大会では、課題研究の枠で、「防災・安全教育を教員養成・研修において考える―専門研究と学校、地域からの示唆」と題して、専門研究者（室崎益輝氏＝兵庫県立大学減災復興政策研究科科長）、実践家・地域起業家（徳水博志氏＝石巻市立雄勝小学校元教諭、一般社団法人雄勝花物語共同代表）をお招きした。阪神・淡路大震災と東日本大震災を中心的な例としつつ、防災と安全の教師教育をイメージするとともに、風水・土砂災害、不審者対応などへの示唆も引き出すことをめざした。

3．大会での報告と得られた知見

徳水報告は「東日本大震災から学ぶ防災教育および復興教育の学びのプログラム」と題し、学校教育の訓練主義から脱却し、一人一人の津波防災能力を高めることをめざすものだった。津波・震災に関する具体的な知見が豊富に示され、大学の教職課程に組み込むべき知識・技能、見方や考え方として受け取ることができた。

徳水が当時勤務した雄勝小学校の教訓は、避難マニュアルを教師・子ども、保護者も共有していたために、住民が学校側の判断ミスを修正できたことだったという。大津波警報10mとは平均的な値であり、海岸地形や陸上地形・構造物によっては、より高い津波が押し寄せる。自分の地域でどのような形態の津波が襲ってくるかをイメージして、防災対策を立てる必要性が主張された。自治体のハザードマップも、条件を超える自然現象が起これば過信できない。加えて、津波の言い伝え・経験知（津波てんでんこなど）も有効で、地域ぐるみの防災・減災を自分事で試みる必要がある、とされた。

熊本地震、首都直下型地震、南海トラフ地震、大川小学校の例も、図表とともに解説された。他人事にせず、全国各地で学び、考えなければならないと実感させられた。被災者の心のケア

と自らの実践例も語られ、被災者の喪失感の本質は5つのつながりの喪失で、癒しを得るためにはわけと意味を問うことと、新しいつながり（関係性）の再構築が必要とされた（徳水『震災と向き合う子どもたち』2018年も参照）。

室崎報告は「防災・減災研究―阪神・淡路大震災や最近の災害に学ぶ」と題し、防災の研究かつ実践の専門家、また学生たちと被災現場に常駐する教育者としての視点を示した。

避難所運営については、アメリカなどでは学校を避難所にせず、教師は子どものそばにいるべき存在とされ、被災者のケアは仕事なのかとの疑問や、阪神・淡路大震災からの教訓を示された。それは自然災害から「正しく学ぶ」こと（少数の特異な事例から、いかに普遍的な教訓を引き出すか）、受け身の守りでなく、人間の可能性を引き出し「正しく構える」こと、専門家が落下傘のようでなく、地域の人に寄り添って率先的に応え考える、減災の協働システムの担い手として「正しく関わる」ことである。

大災害は社会の矛盾を顕在化する。ならば学校教育をどう変えるのか。ハードというよりソフトである医・職・住・育・連・治が大切で、専門家の役割が社会的歪みとして問われ、行政へのサポートを通じて研究を市民に返すよりも、市民に顔を向ける研究をすべきと変わった、教育者でいえば、児童生徒に向き合うことで、科学や教育の未熟さも問われ始めたという。

大きな自然に対して小さな人間ができることは限られるが、教育はヒューマン・ウェアで重要だ。対策（時間、空間、人間、手段）の足し算による被害の引き算、「減災の8段階活用」（諦める、祈る、避ける、逃げる、逸らす、和らげる、耐える、退ける）との教訓も示された。

レジリエンスは強大な堤防を造ることでなく、助け合い・支え合いのしくみを作っていくことという。「しなやかな強靭さ」「柔らかな防災」で、社会の脆弱性を総合的に解消するようなソフト面の研究がもっといる。土の人・水の人（教師も）・風の人、集団主義、総合主義、現場主義という専門家倫理を、との話で締められた。

4．大会での質疑・論議と課題

論議は、風水害、通学路の安全にも及び、学校、大学が子どもや若者を守るために何をすべきか、すべきでないかも見通せるものだった。

室崎は、失敗ばかりでなく成功事例を共有すべきなどとした。質問に答えて、自助、共助だけでなく公助も必要で、国際基準より悪い現状を指摘した。その上で、避難所運営を通じても、被災者自身が、被災者の環境を支え、決められるよう、背中を押すような対応が必要とした。

徳水は、教師の仕事は膨大な書類をつくることではない、防災能力を基本に据えてスリム化していくべき、また復興教育は徳水の造語とし、自己形成のモデルをつくる教育だとした。

フロアーからは、被災地に赴き、サークル、クラブ活動、コンサートをやりまくってきたとの発言があった。徳水は、被災者が起こったことを整理できない心情でいる中、自分の感情が溶けていき、涙を流す人もいたと語った。室崎は、災害と音楽、美術・図工も課題と指摘した。

交流は、教師が入れ替わるために「恒例行事化」し、意図が薄まって形骸化しかねないと発言した参加者もいた。続いて、過密な授業時数確保要求のもとでの、台風・大雨時の「臨時休校」の判断が議論になった。避難情報や継承すべき知識の質、地震の抜き打ち訓練、爆破予告への対応、メール配信などと発言が続いた。元委員長の和井田は、大学で活き活きと避難訓練を実施し、自分の命を守るだけでなく、地域の人を助けるんだよ、と伝えているという。

司会の金馬からは、本学のキャンパス内外の木が台風や地震で倒れたことが何度もあって、日常生活に安全の課題があることを強調した。

大阪の地震で、学校のブロック塀の崩落により小学生が圧死して以降、とくに通学路の安全性が問われてきた。大会後、児童が死傷した交通事故や通り魔事件も次々と起こっており、これら学校内外の安全課題と教師の役割についても研究・実践していく必要性が高まっている。

（文責・金馬国晴／横浜国立大学）

特別課題研究 II

大学教育と教職課程
―「教職課程の再課程認定についての教師教育学会会員アンケート」調査結果―

1．本課題研究設立の経緯

　特別課題研究 II「大学教育と教職課程」が設定される端緒となったのは、教育職員免許法施行規則の改正（2017年）に伴う再課程認定の過程において生じた「貸し借り問題」である[1]。この問題に関して、鹿毛雅治理事が2018年4月14日に開催されたミニ研究会および理事会において話題提供を行った。その後、当該問題を含む再課程認定に関するアンケート調査を実施することが決定され、2018年5月5日付で「教職課程の再課程認定についての教師教育学会会員アンケート」がメールにて実施された。この結果は、第28回大会総会において報告されるとともに、今後の方向性として再課程認定の問題にとどまることなく、大学教育における教職課程の問題について学問的な見地から検討を深めるため、本課題研究の設立が承認された[2]。

　2018年11月25日には、明治大学においてシンポジウム「今、再課程認定を再考する」（司会：牛渡淳研究部長、話題提供：鹿毛雅治理事・三村和則理事、指定討論：町田健一会員）が開催された。そこでは、上記アンケートの結果があらためて報告されるとともに、他大学の動向等を含む活発な議論が行われた。

2．アンケート結果の概要

＜分析対象＞
・設問1および2
□回答数：64件
□回収率：6.3%（64件／1020件）
□回答者所属内訳
国立大学：13件（20.3%）［うち2件は同一大学所属］／公立大学：4件（6.3%）／私立大学：45件（70.3%）／その他：2件（3.1%）

＜結果＞
・設問3：今回の再課程認定において、ご所属大学の学科間で旧「教科に関する科目」のいわゆる「貸し借り」が生じましたか？
→(1)生じていない：50.0%（32件）／(2)生じた 28.1%（18件）／(3)不明6.3%（4件）／(4)該当しない15.6%（10件）

・設問4－1（上記3-(2)の場合）：今回の再課程認定の事前相談の際に、文部科学省担当官からその点について問題であるとの指摘がありましたか？
→(1)なかった33.3%（6件）／(2)あった66.7%（12件）

・設問4－2（上記4-1(2)の場合）：具体的に指摘の際の状況と、その後、貴学がどのように対応されたのかを教えて下さい。
→指摘に対する対応をせずに提出（3/12件）／指摘に対して何らかの対応をして提出（9/12件）

・設問5－1：以前、課程認定・再課程認定を申請した際に指摘された。
→「貸し借り問題」が生じた大学18校のうち1校が「指摘された」と回答
「貸し借り問題」が生じていない大学32校のうち4校が「指摘された」と回答

・設問5－2：以前、実地視察の際に指摘された。
→64件中「指摘された」は2件のみ。

・設問5－3：上記以外の機会に指摘された。
→64件中「指摘された」は0件。

・設問6：「貸し借り問題」以外で、今回の再課程認定において、貴学において困難だと感じられた事柄を自由に記入して下さい。

＜課程全体について＞
・必修科目の増加による学生の負担が増えることが懸念される。
・科目の新設による教員の負担が増えることが懸念される。
・実質的には開放制免許制度の理念を手放すもののように感じられる。

＜コアカリキュラムについて＞
・大学の教育内容が著しく制約される。
・カリキュラムの専門水準を学問的見地から保証できない危険性がある。
・課程全体が体系性、整合性に欠ける。
・現実的な運用が困難だと思われる内容も含まれている。
・細部まで明記することにどれだけ意味があるのか疑問である。
・シラバス内容の調整、対応表の作成が困難であった。

＜共通開設科目について＞
・校種間の共通開設の特例が認められたが、今後はこの科目区分の運用について問題を指摘される可能性がある。

＜認定行政のあり方について＞
・指摘に一貫性がない。
・基準があいまいである。
・移行措置についての対応が定まらない。
・書式および作成上の注意が形式的機械的に過ぎる。
・大学側に申請のための過大な負担と労力がかかる。
・大学側の準備期間が不足するようなスケジュールだった。
・学内の調整が困難であった。
・教職課程の運営が非常に粗雑な大学に対してのみ再課程認定をさせればよい。

＜科目担当者について＞
・担当者（専任、非常勤）の確保が難しい（複数回答）。

＜その他＞（略）
・設問7：その他、「貸し借り問題」や再課程認定にかかわる情報、および学会へのご意見などありましたらお願いいたします。

＜認定行政のあり方＞（略）
＜課程認定の影響＞（略）
＜学会に対する意見＞（略）

3．今後に向けて

「貸し借り問題」については、教員養成部会課程認定委員会における「教職課程の基準に関する検討事項について」（2018年12月17日）の中で、「複数の学科等間の複数の教職課程における授業科目の共通開設の拡大について」として、基準の見直しが提言された。2019年からは教員養成部会において、教職課程の基準および教員養成のフラッグシップ大学に関する検討ワーキンググループが発足している。

また、「教科に関する専門的事項のコアカリキュラム」のあり方や、日本学術会議における「大学教育の分野別質保証のための教育課程編成上の参照基準（教育学分野）」の作成といった、教師教育に関する大きな改革への対応も迫られている。本課題研究においても、すでにこれらに関する研究会やシンポジウムも開催しており、今後も大学教育における教職課程の意義および本質について検討を進めていきたい。

注
(1)「貸し借り問題」とは、中学校、高等学校の旧「教科に関する科目」については、他学科設置科目を自学科科目として半数（の系列）まで充てることが認められている（教職課程認定基準4-3(2)、4-4(2)）が、この点に関して、「A学科で設置されている科目をB学科の科目として申請する際、A学科が教職課程の科目として申請する場合には、B学科の科目としてその科目を『借りてくること』は認められない」という解釈に関する問題を指す。
(2)部会長は鹿毛理事が務めたが、2019年4月より在外研究で不在となる期間、理事である樋口が運営を引き継いでいる。本稿も、鹿毛理事作成の引き継ぎ資料をもとに執筆した。

（文責・樋口直宏／筑波大学）

日本教師教育学会年報
第28号

5

〈日本教師教育学会関係記事〉

1　日本教師教育学会　第10期（2017.10－2020.大会時）役員・幹事等一覧

(50音順、＊は常任理事、2019年8月1日現在)

【会長（理事長）】
　　＊高野和子

【全国区理事（定員数7）】
　　＊新井保幸　＊岩田康之　＊牛渡　淳　＊高野和子　＊浜田博文　＊矢野博之
　　＊油布佐和子

【地方区理事（定員数33）】
　1　北海道（定員数1）
　　　玉井康之
　2　東北（定員数2）
　　　遠藤孝夫　福島裕敏
　3　関東・甲信越（東京を除く）（定員数7）
　　　安藤知子　＊金馬国晴　＊田中昌弥　＊樋口直宏　＊伏木久始
　　　＊八尾坂　修　＊和井田節子
　4　東京（定員数8）
　　　＊鹿毛雅治　＊勝野正章　＊佐藤千津　＊清水康幸　＊武田信子
　　　＊前田一男　＊山﨑準二　＊森山賢一
　5　東海・北陸（定員数3）
　　　＊紅林伸幸　子安　潤　森　透
　6　近畿（定員数7）
　　　小柳和喜雄　木原俊行　久保富三夫
　　　原　清治　船寄俊雄　別惣淳治　吉岡真佐樹
　7　中国・四国（定員数3）
　　　赤星晋作　佐々木　司　高旗浩志
　8　九州・沖縄（定員数2）
　　　高谷哲也　三村和則

【事務局次長】
　　＊内田千春
【監査（定員数2）】
　　　岡野　勉　村井尚子
【幹事】
　　　沖　奈保子　小田郁予　田中里香　望月耕太　渡邉　巧
【書記】
　　　出口知巳

2　日本教師教育学会　活動履歴　−2018.9.28〜2019.9.22−

【2018年】

9月28日（金）第72回理事会（会場：東京学芸大学）・第6回研究部会

9月28日（金）年報第27号『教育学部の30年』発刊

9月28日（金）第28回研究大会企画（会場：附属小金井小学校）「附属小金井小学校教育実習授業参観」

9月29日〜30日　第28回研究大会（会場：東京学芸大学）大会テーマ「教師教育の射程を問い直す」大会実行委員長：大田伸也、大会事務局長：岩田康之

9月30日（日）第28回総会。総会終了後、特別課題研究Ⅱによるアンケート結果報告（「教職課程の再課程認定についての教師教育学会会員アンケート」集計結果と今後のとりくみについて）

11月10日（土）国際研究交流部主催第3回公開研究会（会場：アットビジネスセンターPREMIUM新大阪）

11月11日（日）課題研究Ⅰ主催第3回研究会（会場：学習院大学）「日本における教員養成・採用・研修の史的展開と現状に関する考察―教師教育研究ハンドブック第一部第9章および第11章の検討を中心に―」報告：朝倉雅史（早稲田大学）

11月25日（日）第92回常任理事会（会場：明治大学）・第7回研究部会

11月25日（日）特別課題研究Ⅱ主催公開シンポジウム「再課程認定を再考する」（会場：明治大学）話題提供：鹿毛雅治（慶應義塾大学）・三村和則（沖縄国際大学）、指定討論：町田健一（前・北陸学院大学）

12月8日（土）研究倫理規程ワーキンググループ主催会員対象公開ミーティング（会場：明治大学）「教師教育の研究倫理を問う」話題提供：羽野ゆず子（大阪成蹊大学）・長谷川哲也（岐阜大学）・百合田真樹人（教職員支援機構）

12月16日（日）課題研究Ⅲ主催第2回会員対象公開研究会「日本の『教職大学院』の今後を考える」話題提供：佐藤学（学習院大学）、コメンテータ：浜田博文（筑波大学）

【2019年】

1月6日（日）課題研究Ⅰ主催第4回研究会（会場：学習院大学）「教師教育研究ハンドブックの検討［第四部第3章の3および4］話題提供：田中里佳（上野学園大学）

2月10日（日）特別課題研究Ⅰ主催第2回公開研究会（会場：横浜国立大学）「兵庫県立舞子高等学校環境防災科と国内外の実践・交流から考える教師教育カリキュラム」話題提供：諏訪清二（兵庫県立大学）

3月4日（月）課題研究Ⅰ主催第4回研究会（会場：学習院大学）「教師教育研究ハンドブックの検討［第一部第4章・第10章］」村井大介（静岡大学）

3月9日（土）第4回教師教育変容の実態をつかむ情報交流・研究会『ミニ研究会』（会場：明治大学）「教員養成と教育学研究の関係を考える」話題提供：油布佐和子（早稲田大学）

3月9日（土）第93回常任理事会（会場：明治大学）・第8回研究部会

3月17日（日）研究推進・若手交流支援企画主催第5回公開企画（会場：立教大学）「教師教育の実践と研究（4）―教師の力量形成における教科の固有性と横断―」話題提供：①「教師教育の展開と教科横断的な教科指導力―体育科教育の視点から―」川口諒（びわ

こ学院大学）②「私たちはどのようにして『国語の教師』になるのか」沖奈保子（都立国際高校）、指定討論：渡辺貴裕（東京学芸大学）、司会：望月耕太（神奈川大学）・渡邉巧（広島大学）（前半）、小田郁予（東京大学大学院生）（後半）

3月30日（土） 課題研究Ⅱ主催第4回研究会（会場：早稲田大学）「中国における小中高校教員の国家研修プログラムについて―教師教育の専門化の社会正義の実現への意味合い―」話題提供：張揚（北海道大学）

4月13日（土） 第4回教師教育変容の実態をつかむ情報交流・研究会『ミニ研究会』（会場：明治大学）「教育学分野の参照基準について」話題提供：油布佐和子（早稲田大学）

4月13日（土） 第73回理事会（会場：明治大学）・第9回研究部会

4月20日（土） 課題研究Ⅰ主催第6回研究会（会場：学習院大学）「教師教育研究ハンドブックの検討［第五部第9章第3節、第4節pp. 382-385、第10章pp. 386-389］」中尾豊喜（大阪体育大学）

5月25日（土） 課題研究Ⅱ主催第6回研究会（会場：早稲田大学）話題提供：①「教員養成における『社会的公正』とは」田中潤一（大谷大学）②「OECDにおける『多様性のための教育（TED）』の成果および課題」斎藤里美（東洋大学）

6月2日（日） 特別課題研究Ⅰ主催第2回公開研究会（会場：白百合女子大学）話題提供：①「高知県の実践から学ぶ防災教育」諏訪清二（兵庫県立大学）②「教員養成のカリキュラムにおける防災教育」金馬国晴（横浜国立大学）

6月2日（日） 国際研究交流部主催「WERA2019に向けての翻訳プロジェクト」第3回研究会（会場：大妻女子大学）

6月15日（土） 日本教師教育学会・日本教育学会東京地区共催公開シンポジウム（特別課題研究Ⅱが中心となって企画準備。運営は研究部）（会場：明治大学）テーマ『教師教育改革を問い直す』【第1部】「教科コアカリキュラムの在り方を問う」①「英語コアカリキュラム」髙橋和子（明星大学）②「理科コアカリキュラム」和泉研二（山口大学）③「社会科コアカリキュラム」小嶋茂稔（東京学芸大学）④「教科カリキュラムの課題」町田健一（元国際基督教大・前北陸学院大学）、司会：浜田博文（筑波大学）【第2部】「教職課程の質保証を考える」話題提供：①教員養成評価機構：川手圭一（東京学芸大学）②大学基準協会：早田幸政（中央大学）③全国私立大学教職課程協会：田中保和（大阪人間科学大学）④質保証の課題：岩田康之（東京学芸大学）、司会：牛渡淳（仙台白百合女子大学）

6月15日（土） 第94回常任理事会（会場：明治大学）

6月30日（日） 課題研究Ⅰ主催第7回研究会（会場：学習院大学）「教師教育研究ハンドブックの検討［第二部第6章、第7章］」長谷川哲也（岐阜大学）、「［第二部第8章］」三品陽平（愛知県立芸術大学）

7月20日（土） 課題研究Ⅱ主催第6回研究会（会場：早稲田大学）話題提供：①「ドイツの学力向上政策と社会的公正のための取り組み」中山あおい（大阪教育大学）、話題提供②「『正義論』と教師教育」田中潤一（大谷大学）

7月27日（土） 学会ニュース第57号・会員名簿2019年度版発行

7月28日（日） 第10回研究部会（会場：明治大学）

8月7日（水） 国際交流研究部主催 世界教育学会（WERA 10th）におけるミニシンポジウム（会場：学習院大学） Missing Rhetorics of Education in Japan: Dialogue on Rethinking Education and Teacher Education in Japan、話題提供：①香川奈緒美（島根大学）Persistence of Utilitarian Ideology in Japan: Call for a New Paradigm②荒巻恵子（帝京大学）Rhetoric and Practice of Inclusiveness in Japan's Teacher Education③金井香里（武蔵大学）Reinstating the Diversity as a Medium for Rethinking Education and Teacher Education in Japan、司会：矢野博之（大妻女子大学）・森久佳（大阪市立大学）、指定討論者：矢野博之

9月20日（金）倫理規程WG主催 研究倫理規程を考える公開研究会「開かれた教師教育学における開かれた研究倫理の可能性」（会場：岡山大学）、話題提供：①蔵原清人（工学院大学・名誉教授）「今求められている教師教育の研究倫理」②羽野ゆつ子（大阪成蹊大学）「フィールドワーク型研究における『倫理許容度』と『他者配慮性』」③長谷川哲也（岐阜大学）「協働の『教員育成』における連接点としての教師教育研究」、司会：紅林伸幸（常葉大学）

9月20日（金）第74回理事会（会場：岡山大学）・第11回研究部会

9月20日（金）年報第28号『開放制の教員養成を考える』発刊

9月21日（土）〜22日（日）第29回研究大会（会場：岡山大学）研究テーマ「教員養成・教師教育研究の高度化」大会実行委員長：尾上雅信、大会事務局長：高旗浩志

9月21日（土）第29回総会（会場：岡山大学）総会前に、研究部・研究倫理規程WG主催「研究倫理規程学習会」を実施　話題提供：紅林伸幸（常葉大学）「教師教育の今日的状況と研究倫理」、司会：牛渡淳（仙台白百合女子大学）

3　日本教師教育学会会則

(1991年8月30日、創立総会決定)
(1993年10月30日、第3回総会一部改正)
(1998年10月24日、第8回総会一部改正)
(2009年10月3日、第19回総会一部改正)

(名称)
第1条　本学会は、日本教師教育学会(The Japanese Society for the Study on Teacher Education)と称する。
(目的)
第2条　本学会は、学問の自由を尊重し、教師教育に関する研究の発展に資することを目的とする。
(事業)
第3条　本学会は、前条の目的を達成するため、次の各号に定める事業を行なう。
　一　研究集会等の開催
　二　研究委員会の設置
　三　国内及び国外の関係学会・機関・団体等との研究交流
　四　学会誌、学会ニュース等の編集及び刊行
　五　その他理事会が必要と認めた事業
(会員)
第4条　本学会の会員は、本学会の目的に賛同し、教師教育に関する研究を行なう者、及び教師教育に関心を有する者とする。
　2　会員になろうとする者は、会員1名以上の推薦を受けて、事務局に届け、理事会の承認を受けるものとする。
　3　会員は、入会金及び年会費を納めなければならない。
　4　3年間にわたって会費を納入しなかった会員は、理事会の議を経て退会したものとみなされる。
　　　　　　　　　　　　　　　　　　　　　　　　(1998.10.24、第8回総会一部改正)
(役員)
第5条　本学会の役員は、会長(理事長)1名、理事若干名、及び監査2名とする。
(役員の選任)
第6条　会長及び理事は、会員の投票により会員から選出される。当該選出方法は、別に定める。但し、学際的研究活動の発展及び理事の専門分野の均衡等のため、理事会が推薦する理事を置くことができる。
　2　監査は、会長が会員より推薦し、総会の承認を経て委嘱する。
　3　会長、理事及び監査の任期は3年とする。いずれの任期も、選出定期大会終了の翌日より3年後の大会終了日までとする。会長及び理事については、再任を妨げない。
　4　理事会は、理事の中から事務局長及び常任理事を選出し、総会の承認を受ける。
　　　　　　　　　　　　　　　　　　　　　　　　(1998.10.24、第8回総会一部改正)
(役員の任務)
第7条　会長は、本学会を代表し、理事会を主宰する。会長に事故あるときは、あらかじめ会長が指名した全国区選出理事がこれに代わる。　　　(2009.10.3、第19回総会一部改正)

2　理事は、理事会を組織し、本学会の事業を企画し執行する。
　　3　監査は、会計及び事業状況を監査する。
（事務局）
第8条　本学会に事務局を置く。
　　2　本学会の事務局は、事務局長及び常任理事並びに理事会の委嘱する書記及び幹事若干名によって構成される。　　　　　　　　　　　　　　（1998.10.24、第8回総会一部改正）
（総会）
第9条　総会は、会員をもって構成し、本学会の組織及び運営に関する基本的事項を審議決定する。
　　2　定期総会は、毎年1回、会長によって招集される。
　　3　会長は、理事会が必要と認めたとき、又は会員の3分の1以上が要求したときは、臨時総会を招集しなければならない。
（総会における議決権の委任）
第10条　総会に出席しない会員は、理事会の定める書面により、他の出席会員にその議決権の行使を委任することができる。
（会計）
第11条　本学会の経費は、会費その他の収入をもって充てる。
　　2　会費は、年額7,000円（学会誌代を含む）、入会金は1,000円とする。
　　3　本学会の会計年度は、4月1日より翌年3月31日までとする。
　　　　　　　　　　　　　　　　　　　　　　　　　　　（1993.10.30、第3回総会一部改正）
（会則の改正）
第12条　本会則の改正には、総会において出席会員の3分の2以上の賛成を必要とする。
附　　則
　　1　本会則は、1991年8月30日より施行する。
　　2　第4条第1項に該当する者が、創立総会に際し入会を申し込んだ場合には、同条第2項の規定にかかわらず、会員とする。
　　3　第6条の規定にかかわらず、本学会創立当初の役員は、創立総会の承認を経て選出される。
附　　則　　（1993年10月30日、第3回総会）
　　本会則は、1994年4月1日より施行する。
附　　則　　（1998年10月24日、第8回総会）
　　本会則は、1998年10月24日より施行する。
附　　則　　（2009年10月3日、第19回総会）
　　本会則は、2009年10月3日より施行する。

4　日本教師教育学会役員選出規程

(1992年9月26日、第6回理事会決定)
(1996年6月22日、第19回理事会一部改正)
(1998年2月28日、第25回理事会一部改正)
(1998年10月23日、第27回理事会一部改正)
(2002年2月23日、第37回理事会一部改正)

(目的)
第1条　本規程は、日本教師教育学会会則第6条第1項後段に基づき、日本教師教育学会の役員を会員中から選出する方法を定めることを目的とする。

(選出理事の種類及び定員数)
第2条　本学会の理事は、会員の投票によって選出される別表に定める定員数40を標準とする理事、並びに学際的研究活動の発展及び専門分野の均衡等のため必要に応じて理事会が推薦する若干名の理事とする。

(理事の選出方法及び任期)
第3条　投票による理事の選出は、本規程の別表の様式に従い選挙管理委員会が定める選挙区別の理事の定員数に基づき、全会員（全国区）及び地方区は当該地区の会員（各会員の勤務先等の所属地区）による無記名郵便投票によって行なう。
　2　全国区は7名連記、各地区は当該地区の理事の定員数と同数の連記によって投票するものとする。ただし、不完全連記も有効とする。
　3　当選者で同順位の得票者が複数にわたるときは、選挙管理委員会の実施する抽選によって当選者を決定する。
　4　地方区で選出された理事が全国区でも選出された場合には、その数に相当する当該地方区の次点のものを繰り上げて選出するものとする。
　5　理事に欠員が生じた場合には、その数に相当する当該選挙区の次点のものを繰り上げて選出するものとする。ただし、その任期は、前任者の残任期間とする。

(推薦による理事の選出方法)
第4条　第2条の規定する推薦による理事は、理事会が会員中よりこれを推薦し、総会において承認するものとする。

(会長の選出方法)
第5条　会長の選出は、全会員による無記名郵便投票によって行なう。
　2　会長の選出は、1人の氏名を記す投票によるものとする。2人以上の氏名を記入した場合には無効とする。

(選挙管理委員会)
第6条　第3条及び第5条に規定する選挙の事務を執行させるため、理事会は会員中より選挙管理委員会の委員3人を指名する。選挙管理委員は、互選により委員長を決定する。

(選挙権者及び被選挙権者の確定等)
第7条　事務局長は、理事会の承認を受けて、第3条及び第5条に規定する理事選挙における選挙権者及び被選挙権者（ともに投票前年度までの会費を前年度末までに完納している者）を確定するための名簿を調製しなければならない。
　2　事務局長は、選挙管理委員会の承認を受けて、第3条及び第5条の理事選挙が円滑に行な

われる条件を整えるため、選挙説明書その他必要な資料を配布することができる。
（細目の委任）
第8条　日本教師教育学会の理事選出に関する細目は、理事会の定めるところによる。
附　　則（1992年9月26日、第6回理事会）
　　　この規程は、制定の日から施行する。
附　　則（1996年6月22日、第19回理事会）
　　　この規程は、制定の日から施行する。
附　　則（1998年2月28日、第25回理事会）
　　　この規程は、制定の日から施行する。
附　　則（1998年10月23日、第27回理事会）
　　　この規程は、1998年10月24日から施行する。
附　　則（2002年2月23日、第37回理事会）
　　　この規程は、制定の日から施行する。

別　表（日本教師教育学会役員選出規程第2条関係）

地方区名	左欄に含まれる都道府県名	理事定数	有権者数
北　海　道	北海道		
東　　　北	青森・岩手・宮城・秋田・山形・福島		
関東・甲信越（東京を除く）	茨城・栃木・群馬・埼玉・千葉・神奈川・山梨・長野・新潟		
東　　　京	東京		
東　海・北　陸	静岡・愛知・岐阜・三重・富山・石川・福井		
近　　　畿	滋賀・京都・大阪・兵庫・奈良・和歌山		
中　国・四　国	鳥取・島根・岡山・広島・山口・香川・徳島・愛媛・高知		
九　州・沖　縄	福岡・佐賀・長崎・熊本・大分・宮崎・鹿児島・沖縄		
地　方　区		33	
全　国　区		7	
定　数　合　計		40	

備　考
1．地方区理事の定数は、8つの地方区に1名ずつを割り振った後、残りの定数25について、選挙前年度最終理事会までに承認された会員（有権者に限る）の勤務先所在地（主たる勤務先の届け出がない場合は所属機関の本部、所属機関がない場合は住所）を基準とする地方区の所属会員数を基に、「単純ドント方式」で、各区に配分し決める。
2．有権者は、会費を選挙前年度末までに完納した者に限る。
3．会長は理事長でもある（会則第5条）ので、全国区理事を兼ねて投票し選出する。
4．所属機関、住所ともに日本国内に存しない会員は、全国区理事の選挙権のみを有する。

5　日本教師教育学会年報編集委員会関係規程等

(1)　日本教師教育学会年報編集委員会規程

(1992年6月6日、第5回理事会決定)
(1999年6月5日、第29回理事会一部改正)
(2008年9月13日、第52回理事会一部改正)

第1条　この委員会は、本学会の機関誌『日本教師教育学会年報』の編集および発行に関する事務を行う。
第2条　この委員会は、理事会が会員の中より選出し、委嘱した編集委員16名によって構成される。
　　2　編集委員のうち原則として4名は学会常任理事とする。
　　3　編集委員の任期は3年とし、交替の時期は当該年度の総会時とする。
第3条　この委員会に、委員長および副委員長各1名、常任委員若干名をおく。
　　2　委員長、副委員長、常任委員は、編集委員の互選により選出する。
　　3　委員長は委員会を代表し、編集会議を招集し、その議長となる。副委員長は委員長を補佐し、委員長事故ある場合は、その職務を代行する。
　　4　委員長、副委員長、常任委員は、常任編集委員会を構成し、常時編集の実務に当たる。
第4条　委員会は、毎年度の大会開催に合わせて定例編集会議を開き、編集方針その他について協議するものとする。また、必要に応じ随時編集会議を開くものとする。
第5条　編集に関する規程、及び投稿に関する要領は、別に定める。
第6条　編集及び頒布に関する会計は本学会事務局において処理し、理事会及び総会の承認を求めるものとする。
第7条　委員会は、事務を担当するために、若干名の編集幹事を置く。編集幹事は、委員会の議を経て、委員長が委嘱する。
第8条　委員会の事務局は、原則として委員長の所属機関内に置く。
附　則（1992年6月6日、第5回理事会）
　　この規程は、1992年6月6日より施行する。
附　則（1999年6月5日、第29回理事会）
　　この規程は、1999年6月5日より施行する。
附　則（2008年9月13日、第52回理事会）
　　この規程は、2008年9月13日より施行する。

(2)　日本教師教育学会年報編集規程

(1992年6月6日、第5回理事会決定)
(1999年6月5日、第29回理事会一部改正)
(2003年4月12日、第41回理事会一部改正)
(2005年9月23日、第46回理事会一部改正)
(2017年9月29日、第70回理事会一部改正)

1　日本教師教育学会年報は、日本教師教育学会の機関誌であり、原則として年1回発行される。
2　年報は、本学会会員による研究論文、実践研究論文および研究・実践ノート、会員の研究・教育活動、その他会則第3条に定める事業に関する記事を編集・掲載する。
3　年報に投稿しようとする会員は、所定の投稿要領に従い、編集委員会宛に原稿を送付する。
4　投稿原稿の掲載は、編集委員2名以上のレフリーの審査に基づき、編集委員会の審議を経て決定する。なお、編集委員会がその必要を認めた場合は、編集委員以外の会員にレフリーを委嘱することができる。
5　掲載予定の原稿について、編集委員会は執筆者との協議を通じ、一部字句等の修正を求めることがある。
6　編集委員会は、特定の個人または団体に対して原稿の依頼を行うことができる。
7　年報に関する原稿は返却しない。
8　執筆者による校正は、原則として初校のみとする。その際、大幅な修正を認めない。
9　図版等の特定の費用を要する場合、執筆者にその費用の負担を求めることがある。
10　抜き刷りについては、執筆者の実費負担とする。

(3) 日本教師教育学会年報投稿要領

(1992年6月6日、第5回理事会決定)
(1999年6月5日、第29回理事会一部改正)
(2000年6月17日、第32回理事会一部改正)
(2003年10月3日、第42回理事会一部改正)
(2005年9月23日、第46回理事会一部改正)
(2013年9月14日、第62回理事会一部改正)
(2015年9月18日、第66回理事会一部改正)
(2017年9月29日、第70回理事会一部改正)
(2019年4月13日、第73回理事会一部改正)

1　投稿原稿は原則として未発表のものに限る。但し、口頭発表、およびその配付資料はこの限りではない。
2　投稿をする会員は、当該年度までの会費を完納しているものとする。
3　投稿原稿は以下の3ジャンルとし、会員が投稿原稿送付時にジャンルを申告するものとする。ジャンル申告のない投稿原稿は受け付けない。ジャンルの区分については、別に定める。
　研究論文（教師教育に関する研究）
　実践研究論文（会員個人および勤務校での教師教育に関する実践の研究）
　研究・実践ノート（教師教育に関する研究動向・調査・情報・実践を紹介し考察・問題提起を行ったもの）
4　投稿原稿はＡ4判用紙縦置き、横書き、日本語によるものとし、編集委員会で別に指定する場合以外は、総頁数は研究論文および実践研究論文については10頁以内、研究・実践ノートについては4頁以内とする。なお、図表類は、その印刷位置及び大きさをあらかじめ表示しておくものとする。
　1）題目、図表・空欄・罫線、引用・注等も含めて指定頁数に収める。

2）投稿原稿は、本学会ホームページからの「原稿執筆フォーマット」（一太郎ファイルあるいはワードファイル）をダウンロードして使用することを原則とする。

　　様式は、引用・注を含めて10.5ポイントで1頁を20字×40行×2段組みとし、題目欄については1段組で10行分とする。

　　なお、掲載決定後に電子データファイルを提出する。

3）執筆者は、編集委員会作成の「投稿論文執筆確認シート」（本学会ホームページよりダウンロード）に記入・確認したものを添えて、所定部数の投稿原稿と別紙を提出する。

　　注・図表等も含めて指定字数に収め、本文中の引用・注も字の大きさは変えないこと。

5　投稿原稿には、氏名・所属は書き入れない。下記7の別紙2、3についても同様。

6　投稿原稿は4部作成し（コピー可）、1部ずつページ順に綴じること。

7　投稿にあたっては、投稿原稿4部の他に、次の別紙（A4判用紙）を添付して送付すること。

　別紙1　投稿ジャンル、題目、氏名、所属、連絡先（住所、電話（＋fax）、E-mail）

　別紙2　英文タイトル、英文摘要（300語前後）、英語キーワード（5項目以内）

　別紙3　別紙2の邦訳

　なお、別紙1は1部、別紙2および別紙3は各4部送付すること。

8　投稿原稿の送付期限は、毎年1月15日（消印有効）とする。送付先は、日本教師教育学会「年報編集委員会」委員長宛。投稿原稿は返却しない。

9　注および引用文献の表記形式については、別途編集委員会で定める。

10　著作権について

1）本誌に掲載する著作物の著作権は、日本教師教育学会年報編集委員会（以下「委員会」）に帰属する。

2）委員会は、原稿が本誌に掲載されることが決定した時点で、執筆者との間で著作権譲渡に関する「著作権譲渡書」（別紙）を取り交わすものとする。執筆者は、本「著作権譲渡書」を、当該著作物が掲載された本誌の発行前に委員会に提出するものとする。「著作権譲渡書」の提出を掲載の条件とする。

3）執筆者自身が当該著作物の再利用を希望する場合は、「著作権譲渡書」にある内容を了解の上、所定の手続きを取るものとする。委員会は、再利用が学術及び教育の進展に資するものである限り、異議申し立て、もしくは妨げることをしない。

4）第三者から論文等の複製、転載などに関する許諾要請があった場合、委員会は許諾することができる。

（備考）

1）投稿者は、投稿原稿中に、投稿者が特定されるような記述（注を含む）は行わないよう留意すること。

2）第7項別紙2の英文については、予めネイティブ・チェックを受けるなど、質の向上に努めること。

(4)　「研究論文」と「実践研究論文」の区分に関する申し合わせ

(2005年9月23日、年報編集委員会)

1　「実践研究論文」は、「研究論文」と並立する別ジャンルの文献である。

2 「研究論文」とは科学文献の分類における原著論文（オリジナル・ペーパー）のことであり、教師教育の分野において、執筆者が自己の行った研究活動について明確に記述し解説し、その成果として得た結論を述べたもの。

　その要件としては、次のことがあげられる。

1）それまでに知られている先行研究に照らしてのオリジナリティ（教師教育の分野における新しい事実、既知の事実間の新しい関係、既知の事実や関係をめぐる新しい解釈、および新しい開発などの独創性）があること。

2）オリジナリティを根拠づける論理・実証性があること。

3 「実践研究論文」とは、教師教育の分野において、執筆者が自己の行った教育活動（教育実践・自己教育などを含む）について明確に記述し解説し、その成果として得た結果を述べたもの。

　その要件としては、次のことがあげられる。

1）教師教育をめぐって客観的に解決のせまられている現実問題に照らしての有意味性があること。

2）有意味性を確認するために必要十分な情報が提供されていること（記録性）。

3）実践上のユニークな視点・方法・工夫などが盛り込まれていること。

(5) 投稿原稿中の表記について

(2003年10月3日、年報編集委員会決定)
(2005年9月23日、年報編集委員会決定一部改正)
(2013年9月14日、第62回理事会一部改正)

1　注および引用文献の表記については、論文末に一括して掲げる形式をとる。

〔論文の提示方法〕著者、論文名、雑誌名、巻号、年号、ページ。

1）梅根悟「教員養成問題と日本教育学会」『教育学研究』第34巻第3号、1967年、235ページ。

2）Karen Zumwalt, "Alternate Routes to Teaching." *Journal of Teacher Education,* Vol.42, No.2, 1991, pp.83-89.

〔単行本の提示方法〕著者、書名、発行所、年号、ページ。

1）大田堯『教育とは何かを問いつづけて』岩波書店、1983年、95-96ページ。

2）Kevin Harris, *Teachers and Classes*, Routledge, 1982, pp.32-38.

2　記述中の外国語の表記について

　外国人名、地名等、固有名詞には原語を付ける。また、叙述中の外国語にはなるべく訳語を付ける。外国語（アルファベット）は、大文字・小文字とも半角で記入するものとする。中国語、ハングル等、アルファベット表記以外の文字も、これに準ずる。

6　日本教師教育学会申し合わせ事項

1　日本教師教育学会の会費納入に関する申し合わせ

（2001年10月5日、第36回理事会決定）
（2003年4月12日、第41回理事会一部改正）
（2011年9月16日、第58回理事会改正）

1　会員は、新年度の会費を5月末日までに払い込む（もしくは振り込む）ものとする。ただし、5月末日までに自動引き落としの手続きをした会員は、実際の引き落とし期日にかかわらず、5月末日までに会費を完納したものとみなして扱う。

2　会費は、規定額を払い込むものとする。払込額が当該年度会費に満たない場合は、追加払込みで満額になるまで未納として扱う。次年度会費規定額に届かない超過額を払い込んだ場合は、手数料を差し引いて一旦返却することを原則とする。

3　研究大会における発表申込者（共同研究者を表示する場合はその全員）は、前項により会費を完納した会員でなければならない。発表を申し込む入会希望者の場合は、5月末までに入会金及び会費を払い込み、必要事項を記入した入会申込書が学会事務局により受理されていなければならない。

4　学会費を完納していない会員は、研究大会及び学会総会に出席できない。

5　学会年報投稿者（共同執筆者がいる場合はその全員）は、投稿締め切り日までに当該年度までの会費を完納している会員でなければならない。投稿を申し込む入会希望者の場合は、投稿締め切り日までに入会金及び会費を払い込み、必要事項を記入した入会申込書が学会事務局により受理されていなければならない。

6　役員選挙における有権者は、選挙前年度までの会費を前年度末までに会費を完納している会員に限る。

7　退会を希望する場合は、退会を届け出た日の属する年度まで会費を完納していなければならない。退会の意向は、事務局宛に直接、書面（e-mail、ファクシミリを含む）で届け出なければならない。

以　上

2　会費未納会員に関する申し合わせ

（1998年2月28日、第25回理事会決定）
（2011年9月16日、第58回理事会改正）
（2018年9月28日、第72回理事会改正）

日本教師教育学会会則第4条第4項に関する申し合わせを、次のように定める。

1　会費未納者に対しては、その未納会費の年度に対応する学会年報を送らない。期限後に会費納付があった場合、年報を除き、納付日以前に一般発送した送付物（ニュース、会員名簿等）は、原則として送らない。

2 会費が3年度にわたって未納となっている会員は、次の手続により脱退したものと見なす。
　① 未納3年目の会計年度終了に先立ち、学会事務局が十分な時間があると認める時期において、当該会費未納会員に対し、会費未納の解消を催告する。
　② 学会事務局は、未納3年目の年度末までに会費未納を解消しなかった会員の名簿を調製し、翌年度最初の理事会の議を経て除籍を決定する。
　③ 会費未納による脱退者は、除籍の決定をもって会員資格を失うものとする。
3 会費が2年間にわたって未納となり、届け出られた連絡手段すべてにおいて連絡が取れない会員については、前項にかかわらず未納2年目末をもって、催告無しに前項に準じた脱退手続きを行なうことができる。
4 会費未納により除籍となった者が本学会の再入会を希望する場合は、通常の入会手続きに加えて、除籍に至った未納分の会費も納入しなければならない。

以　上

3　理事選挙の被選挙権辞退に関する申し合わせ

(1993年6月19日、第9回理事会決定)
(2011年9月16日、第58回理事会改正)

1 理事選挙の行われる年度末において、満70歳以上の会員は、被選挙権を辞退することができる。
2 日本教師教育学会会則第6条第3項に関し、選出区が全国区・地方区にかかわらず連続3期理事をつとめた会員は、役員選挙にあたって被選挙権を辞退することができる。
3 被選挙権を辞退する会員は、役員選挙のつど、辞退の意向を日本教師教育学会事務局宛に直接、書面（e-mail、ファクシミリを含む）で届け出なければならない。

以　上

4　常任理事に関する申し合わせ

(2002年6月22日、第38回理事会決定)
(2017年9月29日、第70回理事会一部改正)

日本教師教育学会会則第8条に規定する「常任理事」について次のように申し合わせる。
1（選出方法）
　① 常任理事は、次の理事をもってあてることを原則とする。
　　ア　全国区選出理事
　　イ　事務局長所属都道府県選出理事
　　ウ　事務局所属都道府県に隣接した都道府県に住所もしくは所属機関を有する理事
　　エ　その他の理事のうち、理事会が委嘱する理事
　② 前項イ及びウに該当する理事で、相当な理由があり理事会の承認を得た場合は、常任理事になることを辞退することができる。
　③ 前項イの理事で、所属機関の変更等により、前項ウの規定にも該当しなくなった場合は任

期途中でも辞任することができる。
　　　また前項ウの規定によって選出された常任理事は、他地区に転居した場合、常任理事を辞任することができる。
２（常任理事の任務）
　常任理事は、次の任務を持つ。
　ア　常任理事は、常任理事会を構成し、理事会の審議・議決に則り、具体的な事項を審議・決定する。
　イ　常任理事は、事務局の構成員となり、本学会の事業を執行する。
３（常任理事会）
　常任理事会は、次の場合に招集する。
　ア　常任理事会は、会長が招集する。
　イ　常任理事の３分の１以上の常任理事が要求したときは、会長は要求受理後一ヶ月以内の日時に、常任理事会を招集しなければならない。

以　　上

5　入会承認手続きに関する申し合わせ

（2004年４月17日、第43回理事会決定）

日本教師教育学会会則第４条第２項の運用に関して、以下のように申し合わせる。
１　会員資格は、原則として理事会の承認の後に得られるものとする。
２　前項の申し合わせにかかわらず、理事会が必要と認める場合、常任理事会の承認をもってこれに代えることができるものとする。

以　　上

6　地方区理事の委嘱に関する申し合わせ

（2004年９月17日、第44回理事会決定）

日本教師教育学会役員選出規程第３条第５項の運用に関して次のように申し合わせる。
１　地方区選出の理事は、当該地方区に所属する会員でなくなった際には理事資格を喪失する。
２　地方区選出の理事に欠員が生じた際の、後任の委嘱については次の通りとする。
　(1)　欠員が生じた際は、理事会および常任理事会は、速やかに後任の委嘱についての協議を行う。
　(2)　繰り上げによる後任の委嘱は、当期選挙の選挙管理委員会が決定した次々点者までとする。
　(3)　欠員が生じた時点で、当該の理事任期が既に２年６月経過している際には、後任の理事の委嘱を原則として行わない。

以　　上

7　学会研究費として使用可能な用途に関する確認

(2018年9月28日、第72回理事会決定)

学会研究費として使用可能な用途として以下を定める。
　1　研究会にかかわること
　　・講師謝金　・講師・参加者の交通費、宿泊費　・受付等のアルバイト代（時給1,000円を目安とする）・会場使用料　・研究会の飲み物代・茶菓子代　・資料印刷費
　2　研究大会にかかわること
　　・スタッフ、報告者の弁当代
　3　研究にかかわること
　　・書籍代
　4　報告集制作等にかかわること
　　・報告集制作費　・郵送費　・音声おこし費、英文校閲料
なお、備品になるような耐久消費財は、原則として購入対象外とする。

以　上

7　日本教師教育学会　入会のご案内
－研究と実践の創造をめざして－

　日本教師教育学会は、1991年8月30日に創立されました。
　子どもや父母・国民の教職員への願いや期待に応え、教育者としての力量を高めるための研究活動を多くの人々と共同ですすめたいというのが学会創立の趣旨です。
　わたくしたちは「教師」という言葉に、学校の教職員はもとより、社会教育や福祉・看護・医療・矯正教育などに携わるさまざまな分野の教育関係者を含めて考えています。
　また、その「教育」とは、大学の教員養成だけでなく、教職員やそれをめざす人たちの自己教育を含め、教育者の養成・免許・採用・研修などの力量形成の総体と考えています。
　このような学会の発展のため、広い分野から多くの方々がご参加くださいますようご案内申し上げます。

1　大学などで教師教育の実践や研究に携わっている方々に

　大学設置基準の大綱化のもとで、「大学における教員養成」も大学独自の創意工夫が求められる時代となりました。このような状況の変化のもとで、本学会は、各大学、各教職員が、国公私立大学の枠を越え、全国的規模で教師教育の実践や研究について交流し、カリキュラム開発などの共同の取り組みをすすめることに寄与したいと念じております。
　大学における教師教育は、教育学、教育心理学、教科教育法などの教職科目だけではなく、教科に関する諸科目、一般教育を担当する方々との共同の事業です。多彩な専門分野からのご参加を呼びかけます。

2　学校の教職員の方々に

　社会が大きく変化し、さまざまな教育問題が起こるなかで、「学校はどうあるべきか」がきびしく問われています。それだけに、学校で働く教職員の方々が、子どもや父母の願いをくみとり、教育・文化に携わる広い分野の方々との交流・共同により、生涯を通じて教育者としての力量を高めていく研究活動とそのための開かれた場が求められています。教育実習生の指導などを通してすぐれた後継者、未来の教師を育てることも現職教職員の大きな責任と考えます。そのような学会の発展のため学校教職員のみなさんの積極的な参加を期待いたします。

3　社会教育、福祉、看護、医療・矯正教育などの分野の職員の方々に

　人間が生涯を通じて豊かに発達し尊厳を実現するには、学校ばかりでなく、保育所・児童館、教育相談所、家庭裁判所・少年院、公民館・図書館・博物館、スポーツ施設、文化・芸術施設、医療施設などさまざまな教育・文化・福祉・司法などの分野の職員の方々の協力が欠かせません。よき後継者を育てることも大切な仕事です。そのためには、それぞれの分野の垣根を越えて、実践や理論を交流し、教育者としての力量を共同して高める研究活動の場が必要です。この学会がその役目を果たせますよう、みなさんの入会を期待します。

4　教育行政や教育運動に携わっている方々に

　教師教育は、大学やその他の学校だけでなく、教育行政とも密接な関連があり、教育運動の動向にも影響を受けます。これらの組織に関わる方々の参加が得られるならば、教師教育研究のフィー

ルドはいっそうひろがります。すすんで参加・参画いただき、その充実を図りたいと思います。

5　教育問題に関心をもつ学生や将来、教育関係の職業をめざす方々に
　教職員をめざし、または、教育問題に関心をもつみなさんが、在学中や就職前から、専門的力量の向上について研究的関心をもちつづけることは、進路の開拓にも大きな力になるでしょう。本学会の諸事業にもすすんで参加してください。

6　父母・マスコミ関係者ほか、ひろく国民のみなさんに
　よい教師は、よい教師を求める国民的期待の中で育まれるといえるでしょう。他の分野の教職員についても同様です。会員として、また、会員外の立場から、本学会について率直な意見を寄せていただければ幸いです。

7　教育者養成・研修に関心をもつ外国の方々に
　教師教育研究の国際交流は、本学会の事業の大きな目標のひとつです。会員資格に国籍は問いません。入会を歓迎いたします。

　会員になりますと、研究集会、研究委員会活動、その他の諸行事への参加、学会誌・学会ニュースへの投稿やその無料郵送、研究業績の紹介、会員名簿の配布など、会則に定める本学会の多彩な事業の利益を受けることができます。
　いま、社会は大きく変化し、新しい教育者像が求められています。この学会が、その探究のための「研究のネットワーク」「研究の広場」として発展するよう、多くのみなさんのご協力をお願いいたします。

《入会申込みの方法》
1　本学会の趣旨に賛同し、入会を希望する場合は、「入会申込書」（学会ホームページ上にあります）に必要事項を記入し、推薦者1名（既会員）の署名を添え、ホームページ上にある入会申込フォームから、または郵送でお申し込みください。（既会員の推薦者がいらっしゃらない場合には無記入のままで結構です。）
　【申し込み郵送の場合の送付先】　日本教師教育学会事務局
2　入会金1,000円及び当該年度会費7,000円（合計8,000円）を下記郵便振替口座もしくは銀行口座へご送金下さい。（学生も同額になります。）
　【郵便振替】　00140-7-557708
　【ゆうちょ銀行】　（機関コード9900）〇一九店（店番号019）当座預金　口座番号　０５５７７０８
3　入会申込書、及び入会金、年会費が事務局宛に届いた時点で「入会希望者」として受付しまして、受付受理されましたことをメールでお知らせ致します。
4　理事会で承認されましたら、メールで承認のお知らせをさせていただきます。メールが届かない場合は、大変お手数ではございますが、事務局までお問い合わせいただきますようお願い申し上げます。

＊　事務局は基本的に３年交代です。最新の事務局情報は、本学会ホームページをご覧ください。

編集後記

　第10期編集委員会より教師教育学会年報第28号をお届けします。
　年報第28号は「開放制の教員養成を考える」を特集企画といたしました。「開放制」とは基本的には、制度上の概念です。しかしながら、これを「閉鎖制」概念に対置して戦前の「師範教育」を批判することで、もう一つの原則である「学問の自由」や「大学の自治」とセットで用いられてきた歴史があります（日本教師教育学会編『教師教育研究ハンドブック』）。今世紀に入り、200校を大きく上回る国公私立大が、小学校一種の課程認定を得るなど「開放制」の実質化は進展しています。一方で教職課程コアカリキュラムの制定や課程認定行政の厳格化などによって、現在の教員養成は、「学問の自由」「大学の自治」を侵食してきているのではないかという疑問の声も聞かれるようになりました。本学会には、現在の教育施策に関わっている研究者が少なからず存在しますし、また、課題研究ではこの問題について深く掘り下げる部会も作られています。教員養成の二大原則をこうした活動と連動させて考えるべく、本特集を企画するに至りました。会員の皆様の今後の研究に寄与する特集となっていれば幸いです。
　また、今回は、この特集に関連して2本の投稿論文がありました。編集委員による査読の結果、残念ながら掲載には至りませんでしたが、今後も会員からのこのような積極的な投稿が寄せられることを期待しています。
　自由投稿論文については、32本の投稿がありました。第一次査読では8本の投稿論文が残りましたが（研究論文7本、実践研究論文1本）、厳正な審査の結果、最終的には、5本の研究論文を掲載するに至っています。
　「日本教師教育学会」は、「教師教育」という社会的事実を研究する人々による専門学会ですが、対象へのアプローチの仕方は多様です。教師教育の行われている大学や、施策・行政、現職の教育に関連する領域、具体的なカリキュラムや内容・方法の領域など、研究でどのようなレベルを対象とするかは様々ですし、また、歴史学、社会学、心理学など対象へのアプローチの仕方も多様です。査読にあたっては、複数での協議、全体での協議も重ねて、慎重な審議を重ねてきました。しかしながら、投稿論文の中には、編集委員の専門領域外の論稿も少なからず存在しており、今後は、編集委員以外の協力を得てきた歴史を踏まえ（年報第16～20号編集後記）、適宜外部専門委員を登用し、査読委員を依頼することも考えていきたいと思っています。同時に、学会の性格上「論文」の作法になじまない投稿が散見される状況に対して、どのような支援が必要なのかを考えていくことも重要な課題となっていることも記しておきたいと思います。
　最後に、J-STAGEへの掲載が決定したこともあり、英文抄訳がこれまで以上に重要さを増しています。投稿の際には、是非、専門の校正業者に依頼するなど完成度の高い英文抄訳を提出していただけますようお願いいたします。

（文責：編集委員長　油布佐和子）

年報第28号　第10期編集委員会活動記録

2018年11月25日（日）　第5回編集委員会（常任編集委員会）（明治大学駿河台キャンパス）
　　　　　　　　　　・第27号の編集について
　　　　　　　　　　　　刊行についての意見交換（総括）
　　　　　　　　　　・第28号の編集について
　　　　　　　　　　　　特集企画についての意見交換
　　　　　　　　　　・その他
2019年1月27日（日）　第6回編集委員会（早稲田大学14号館）
　　　　　　　　　　・年報第28号特集論文の内容検討及び執筆候補者の選定
　　　　　　　　　　・投稿論文査読について
　　　　　　　　　　　　投稿締切日についての検討
　　　　　　　　　　・書評及び文献紹介　対象図書の決定
　　　　　　　　　　・その他
2019年4月13日（土）　第7回編集委員会（明治大学駿河台キャンパス）
　　　　　　　　　　・年報第28号の編集について
　　　　　　　　　　　　投稿論文の審議（第一次査読）
　　　　　　　　　　　　投稿規定の改定等
　　　　　　　　　　　　その他（特集論文の確認等）
　　　　　　　　　　・J－STAGE関係
　　　　　　　　　　　　著作権等編集規定についての確認と検討
　　　　　　　　　　　　その他（作業日程等）
　　　　　　　　　　・その他
2019年6月15日（土）　第8回編集委員会（常任編集委員会）（明治大学駿河台キャンパス）
　　　　　　　　　　・年報第28号について
　　　　　　　　　　　　再査読（第二次査読）結果の審議、掲載論文の確定
　　　　　　　　　　・特集企画について
　　　　　　　　　　　　依頼論文の進捗状況
　　　　　　　　　　　　投稿論文の審査結果
　　　　　　　　　　・書評と文献紹介
　　　　　　　　　　・その他
　　　　　　　　　　　　臨時の編集委員（外部委員）についての検討
　　　　　　　　　　・第29号の特集について
　　　　　　　　　　・J－STAGEの作業等について
2019年9月20日（金）　第9回編集委員会（予定）（岡山大学）
　　　　　　　　　　・編集委員の交代について
　　　　　　　　　　・第28号の編集・刊行についての意見交換（総括）
　　　　　　　　　　　　投稿論文の英文要旨と英文校閲について
　　　　　　　　　　　　書評・文献紹介について
　　　　　　　　　　・第29号の編集方針について
　　　　　　　　　　・その他

年報編集委員会

（○は常任委員）

委員長	○油布佐和子（早稲田大学）		
副委員長	○吉岡真佐樹（京都府立大学）		
委員	安藤　知子（上越教育大学）	○清水　康幸（青山学院女子短期大学）
	○新井　保幸（育英大学）	添田久美子（和歌山大学）
	岡野　勉（新潟大学）	○樋口　直宏（筑波大学）
	○勝野　正章（東京大学）	福島　裕敏（弘前大学）
	子安　潤（中部大学）	藤原　顕（福山市立大学）
	○坂井　俊樹（開智国際大学）	船寄　俊雄（神戸大学）
	○佐久間亜紀（慶應義塾大学）	

英文校閲
　　百合田真樹人（独立行政法人　教職員支援機構）
　　香川奈緒美（島根大学）

日本教師教育学会年報　第28号
開放制の教員養成を考える

2019年9月21日　発行
編　集　日本教師教育学会年報編集委員会
発　行　日本教師教育学会
事務局　〒344-0061　埼玉県春日部市粕壁3-10-1-1705
　　　　Tel 070-6441-0943
　　　　郵便振替口座番号　00140-7-557708（557708は右詰で記入）
　　　　E-mail：office@jsste.jp
年報編集委員会
　　　　〒169-8050　東京都新宿区西早稲田1丁目6-1
　　　　早稲田大学教職大学院　油布佐和子研究室内
　　　　Tel & Fax 03-5286-1848
　　　　E-mail：sawakoy@waseda.jp
印　刷　学事出版株式会社
　　　　〒101-0021　東京都千代田区外神田2-2-3
　　　　Tel 03-3255-5471　Fax 03-3255-0248　　http://www.gakuji.co.jp/